調べ学習にも役立つ

日本の歴史 夫婦列伝

古代～戦国編

カルチャーランド 著

目次《もくじ》

この本《ほん》の使《つか》い方《かた》

時代《じだい》

そのページにおける時代《じだい》

タイトル

紹介《しょうかい》する人物《じんぶつ》の名前《なまえ》

二人《ふたり》の紹介《しょうかい》

平安
『源義経』と『静御前』
平安／『源義経』と『静御前』①
源義経は京都に滞在中、歌いながら舞を踊る白拍子の静御前と知り合いました。義経の正室である「郷御前」よりも、恋人としてのエピソードが有名なコンビです。
ー妾ー
戦の天才と踊り子
平氏を倒した
源氏勝利の立役者
源義経【1159～1189年】
京の都で舞を舞っていた
当代一の白拍子
静御前【1168～1190年ころ】
［出身］京都
［配偶者］郷御前
［出身］京都府京丹後市？
［親］父：不明、白拍子の磯禅師
［配偶者］源義経
弟で幼名は牛若丸。平治の
捕らえられていたが幼かっ
られ、京都郊外の鞍馬山に預
州の藤原秀衡にかくまわれ
頼朝が平氏打倒の兵をあげ
、一の谷、屋島、壇ノ浦など
、平家を滅ぼした。
母の磯禅師と同じく京都で公家を相手に舞を披露する白拍子であった静御前。白拍子とは、烏帽子をかぶり白の水干に緋の袴という男装で舞う妓女のことで、静はその際立った美貌と絶妙な舞で当代一の白拍子と評された。二人は「雨乞い祈願」の舞を奉納する場所で出会い、義経は静御前を見初めたという。
年表① 兄、頼朝との対面
兄上、ようやく会えて光栄です。源氏のために働きます
義経は9男で、父に源義朝、兄に源頼朝（3男）がいます。父が「平治の乱」で戦に敗れ生命を落としたとき、義経はまだ2歳でした。義経はお寺（京都）にあずけられます。義経は、父を殺され、母（常盤御前）をとられた平清盛への怨みを忘れませんでした。義経は強く心に誓い、明けても暮れても鍛錬を続けました。16歳になると、京都から奥州の平泉（岩手県）に行き、藤原秀衡のもとで過ごしました。大人になるまで、兄の頼朝とは顔を合わせたことがなかったといいます。1180年、いよいよ兄の頼朝が平氏を倒すために戦いをはじめると、22歳の義経は頼朝のもとへかけつけました。そして義経は、兄の頼朝から軍の指揮を任されて大活躍し勝利するのです。
年表② 静御前の生涯
静御前は、今の京都府京丹後市網野町磯で生まれたともいわれます。白拍子として公家や皇族の屋敷に出入りしていた時に、京で義経と出会いました。妾と
義経に嫁いだ時期は、頼朝との関係
くなってきた頃です。1185年、義経
からの退去に従いましたが吉野に
『吉野山
峰の白雪　踏みわけて
入りにし人の
あとぞ恋しき』
15

二人《ふたり》の特徴《とくちょう》と関係《かんけい》

名前《なまえ》と生没年《せいぼつねん》

プロフィール

出身地《しゅっしんち》、両親《りょうしん》（父《ちち》、母《はは》）、配偶者《はいぐうしゃ》など簡単《かんたん》なプロフィールを紹介《しょうかい》

本文《ほんぶん》

イラストや写真《しゃしん》などを使《つか》って、人物《じんぶつ》の紹介《しょうかい》や起《お》こった出来事《できごと》を詳《くわ》しく説明《せつめい》

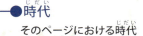

コラム
登場《とうじょう》する人物《じんぶつ》の出来事《できごと》や
おもしろいエピソード、
人物相関図《じんぶつそうかんず》などを紹介《しょうかい》

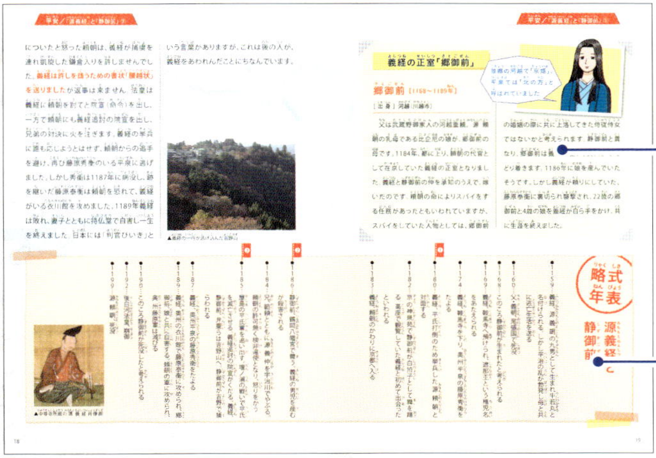

略式年表《りゃくしきねんぴょう》
人物《じんぶつ》の周《まわ》りに起《お》こった
出来事《できごと》を西暦《せいれき》で紹介《しょうかい》

※2016年《ねん》9月現在《がつげんざい》において書《か》かれたもので、出来事《できごと》に関《かん》する年号《ねんごう》などについては諸説《しょせつ》ある場合《ばあい》があり、その判断《はんだん》により異《こと》なってくるケースがあります。また、地名《ちめい》や人名《じんめい》などの呼《よ》び名《な》は、ほかの文献《ぶんけん》などと異《こと》なる場合《ばあい》もございますのでご了承《りょうしょう》ください。

『聖武天皇《しょうむてんのう》』と『光明皇后《こうみょうこうごう》』

—夫婦《ふうふ》—
同《おな》い年《どし》

東大寺《とうだいじ》の大仏《だいぶつ》の建立《こんりゅう》を
はじめ仏教文化《ぶっきょうぶんか》を広《ひろ》めた天皇《てんのう》

聖武天皇《しょうむてんのう》 [701～756年《ねん》]

[出 身《しゅっしん》] 藤原京《ふじわらきょう》(奈良県橿原市《ならけんかしはらし》)

[親《おや》] 文武天皇《もんむてんのう》、藤原宮子《ふじわらみやこ》

[配偶者《はいぐうしゃ》] 藤原光明子《ふじわらのこうみょうし》、県犬養広刀自《あがたのいぬかいのひろとじ》、他《ほか》

第《だい》45代天皇《だいてんのう》。14歳《さい》で皇太子《こうたいし》となるが病弱《びょうじゃく》だったため天皇《てんのう》に即位《そくい》したのは24歳《さい》のとき。都《みやこ》を転々《てんてん》と移《うつ》したことでも知《し》られる。遣唐使《けんとうし》を派遣《はけん》し唐《とう》の文化《ぶんか》を積極的《せっきょくてき》に導入《どうにゅう》。墾田永年《こんでんえいねん》私財法《しざいほう》で土地《とち》の開墾《かいこん》を進《すす》めたり、仏教《ぶっきょう》に篤《あつ》く、仏教《ぶっきょう》を通《つう》じて国《くに》をまとめようと、全国《ぜんこく》に国分寺《こくぶんじ》や国分尼寺《こくぶんにじ》を建立《こんりゅう》、さらに東大寺《とうだいじ》の大仏《だいぶつ》を造立《ぞうりゅう》した。

慈善事業《じぜんじぎょう》も熱心《ねっしん》に行《おこな》った
皇族以外《こうぞくいがい》で初《はつ》の皇后《こうごう》

光明皇后《こうみょうこうごう》 [701～760年《ねん》]

[出 身《しゅっしん》] 伝説《でんせつ》によると大阪府《おおさかふ》

[親《おや》] 藤原不比等《ふじわらのふひと》、県犬養三千代《あがたのいぬかいのみちよ》

[配偶者《はいぐうしゃ》] 聖武天皇《しょうむてんのう》

聖武天皇《しょうむてんのう》の后《きさき》。皇族以外《こうぞくいがい》ではじめての皇后《こうごう》となる。仏教《ぶっきょう》を深《ふか》く信心《しんじん》し、貧《まず》しいものを救済《きゅうさい》するための悲田院《ひでんいん》や施薬院《せやくいん》をつくったほか、多《おお》くの寺院《じいん》の創建《そうけん》や整備《せいび》に関《かか》わる。聖武天皇《しょうむてんのう》を助《たす》け仏教文化《ぶっきょうぶんか》を発展《はってん》させた。聖武天皇《しょうむてんのう》の死後《しご》、遺品《いひん》などを東大寺《とうだいじ》に寄進《きしん》、それを収《おさ》めるための正倉院《しょうそういん》がつくられた。

仏教《ぶっきょう》に厚《あつ》く帰依《きえ》した夫婦《ふうふ》で、疫病《えきびょう》や災害《さいがい》が次々《つぎつぎ》と起《お》こった時代《じだい》に仏教《ぶっきょう》で国《くに》を平和《へいわ》にしようと、国分寺《こくぶんじ》や東大寺《とうだいじ》の大仏《だいぶつ》を建立《こんりゅう》、施薬院《せやくいん》や悲田院《ひでんいん》を通《つう》じて慈善事業《じぜんじぎょう》を行《おこな》いました。

年表1 皇族《こうぞく》と藤原氏《ふじわらし》の対立《たいりつ》

聖武天皇《しょうむてんのう》は文武天皇《もんむてんのう》を父《ちち》、**藤原不比等《ふじわらのふひと》**の娘《むすめ》宮子《みやこ》を母《はは》に生《う》まれ、幼名《ようみょう》を首皇子《おびとのみこ》といいます。のちに后《きさき》となる光明子《こうみょうし》も藤原不比等《ふじわらのふひと》の娘《むすめ》で、首皇子《おびとのみこ》の母《はは》宮子《みやこ》の異母妹《いぼまい》です。714年《ねん》に首皇子《おびとのみこ》は皇太子《こうたいし》となり716年《ねん》に光明子《こうみょうし》と結婚《けっこん》、724年《ねん》に第《だい》45代天皇《だいてんのう》として即位《そくい》します。当時《とうじ》皇后《こうごう》には皇族《こうぞく》の女性《じょせい》しかなれない慣習《かんしゅう》があったため、光明子《こうみょうし》の立后《りっこう》を願《ねが》う不比等《ふひと》の息子《むすこ》**藤原四兄弟《ふじわらよんきょうだい》たちと長屋王《ながやおう》ら皇族《こうぞく》**との対立《たいりつ》が激《はげ》しくなりました。728年《ねん》、聖武天皇《しょうむてんのう》と光明子《こうみょうし》の間《あいだ》に生《う》まれた基皇子《もといのみこ》が亡《な》くなり、これは長屋王《ながやおう》の呪詛《じゅそ》によるものだとのうわさがたち、藤原四《ふじわらよん》兄弟《きょうだい》は長屋王《ながやおう》を攻《せ》めました（長屋王《ながやおう》の変《へん》）。この後《あと》光明子《こうみょうし》は**皇族以外《こうぞくいがい》で初《はじ》めての皇后《こうごう》**となりました。

年表2 仏教《ぶっきょう》で国《くに》をまとめよう

聖武天皇《しょうむてんのう》の時代《じだい》各地《かくち》で災害《さいがい》や反乱《はんらん》が相次《あいつ》ぎました。仏教《ぶっきょう》に帰依《きえ》していた聖武天皇《しょうむてんのう》と光明皇后《こうみょうこうごう》は、730年《ねん》に貧《まず》しいものや病人《びょうにん》、孤児《こじ》などを救《すく》うために**「施薬院《せやくいん》」**と**「悲田院《ひでんいん》」**をつくりました。また、正式《せいしき》な僧《そう》になるための戒律《かいりつ》をさずける授戒師《じゅかいし》を求《もと》めに、遣唐使船《けんとうしせん》で僧《そう》を唐《とう》に派遣《はけん》しました。

737年《ねん》疫病《えきびょう》が流行《りゅうこう》し、藤原四兄弟《ふじわらよんきょうだい》をはじめ、政府高官《せいふこうかん》のほとんどが死亡《しぼう》しました。天皇《てんのう》は災《わざわ》いから逃《のが》れ、政治《せいじ》を安定《あんてい》させようと遷都《せんと》を繰《く》り返《かえ》しました。また仏教《ぶっきょう》

の力《ちから》で国《くに》をまとめ、人々《ひとびと》を救《すく》おうと741年《ねん》に日本各地《にっぽんかくち》に**国分寺《こくぶんじ》・国分尼寺《こくぶんにじ》を建立《こんりゅう》の詔《みことのり》**を、743年《ねん》には**東大寺盧舎那仏像《とうだいじるしゃなぶつぞう》建立《こんりゅう》の詔《みことのり》**（奈良《なら》の大仏《だいぶつ》）を出《だ》しました。さらに、耕《たがや》されない荒《あ》れ地《ち》が多《おお》かったので、**「墾田永年私財法《こんでんえいねんしざいほう》」**を制定《せいてい》し、自分《じぶん》で開墾《かいこん》した耕地《こうち》の私有《しゆう》を認《みと》めるなど、さまざまな政策《せいさく》を行《おこな》いました。そして**752年《ねん》、大仏《だいぶつ》が完成《かんせい》**し、インド出身《しゅっしん》の僧菩提僊那《そうぼだいせんな》による開眼供養《かいげんくよう》が盛大《せいだい》に催《もよお》されました。

年表③ 鑑真《がんじん》と出家《しゅっけ》

754年《ねん》、唐《とう》から招《まね》いた**授戒師《じゅかいし》の「鑑真《がんじん》」が平城京《へいじょうきょう》に到着《とうちゃく》し、東大寺大仏殿《とうだいじだいぶつでん》に戒壇《かいだん》を築《きず》き、聖武上皇《しょうむじょうこう》・光明皇太后《こうみょうこうたいごう》をはじめ400名《めい》に授戒《じゅかい》**をしました。これで上皇《じょうこう》と皇太后《こうたいごう》は正式《せいしき》に出家《しゅっけ》をしました。

756年《ねん》、聖武上皇《しょうむじょうこう》が崩御《ほうぎょ》しました。皇太后《こうたいごう》は上皇《じょうこう》の愛用《あいよう》した品々《しなじな》を東大寺《とうだいじ》盧舎那仏《るしゃなぶつ》に追善供養《ついぜんくよう》のため奉献《ほうけん》しました。**その品々《しなじな》の一部《いちぶ》は東大寺《とうだいじ》の正倉院《しょうそういん》に保管《ほかん》され、当時《とうじ》の美術《びじゅつ》や工芸《こうげい》などを現在《げんざい》に伝《つた》えています。**光明皇太后《こうみょうこうたいごう》も4年後《ねんご》の760年《ねん》に崩御《ほうぎょ》、お墓《はか》は聖武上皇《しょうむじょうこう》のお墓《はか》の隣《となり》に寄《よ》り添《そ》うようにつくられました。

③

- 754…聖武上皇《しょうむじょうこう》と光明皇太后《こうみょうこうたいごう》、鑑真《がんじん》から受戒《じゅかい》して出家《しゅっけ》する
- 756…聖武上皇《しょうむじょうこう》、崩御《ほうぎょ》
- 760…光明皇太后《こうみょうこうたいごう》、崩御《ほうぎょ》

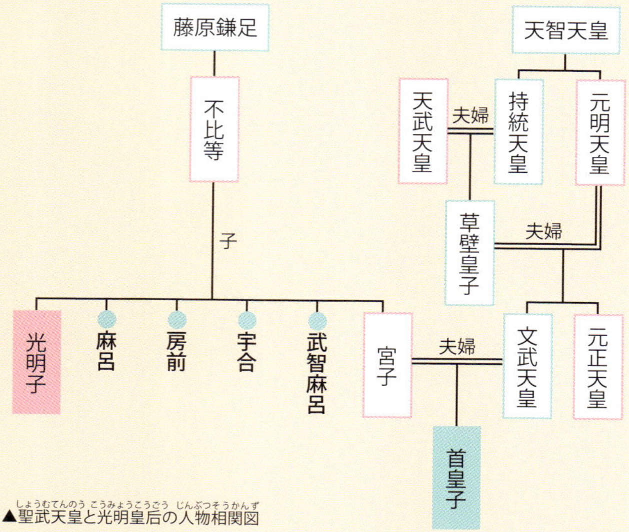

▲聖武天皇《しょうむてんのう》と光明皇后《こうみょうこうごう》の人物相関図《じんぶつそうかんず》

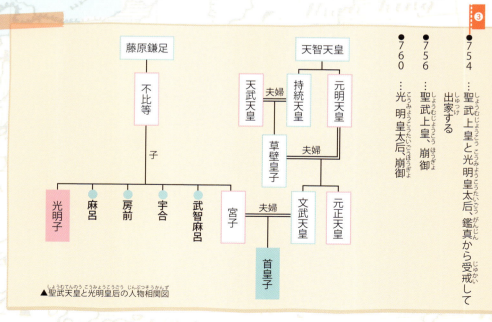

不屈《ふくつ》の人鑑真和上《ひとがんじんわじょう》

鑑真和上《がんじんわじょう》［688～763年《ねん》］

唐《とう》からの帰化僧《きかそう》、日本《にっぽん》での律宗《りっしゅう》の開祖《かいそ》

鑑真《がんじん》は律宗《りっしゅう》・天台宗《てんだいしゅう》を学《まな》んだ僧侶《そうりょ》で、4万人以上《まんにんいじょう》に授戒《じゅかい》を行《おこな》ったといわれています。唐《とう》の揚州大明寺《ようしゅうだいみょうじ》の住職《じゅうしょく》だった742年《ねん》に、聖武天皇《しょうむてんのう》の命令《めいれい》で日本《にっぽん》から授戒師《じゅかいし》を探《さが》しに来《き》た僧栄叡《そうようえい》、普照《ふしょう》から日本《にっぽん》に戒律《かいりつ》を伝《つた》えて欲《ほ》しいと懇請《こんせい》されました。しかし鑑真《がんじん》の弟子《でし》たちに危険《きけん》を冒《おか》してまで日本《にっぽん》に渡《わた》ろうとするものがいなかったため、鑑真自《がんじんみずか》らが日本《にっぽん》へ行《い》くことを決意《けつい》しました。

鑑真《がんじん》から授戒《じゅかい》を受《う》ける聖武上皇夫妻《しょうむじょうこうふさい》と娘《むすめ》の孝謙天皇《こうけんてんのう》

その後日本《ごにっぽん》への渡海《とかい》を5回試《かいこころ》みましたが、密告《みっこく》や悪天候《あくてんこう》などでいずれも失敗《しっぱい》。5回目《かいめ》の渡海《とかい》では悪天候《あくてんこう》や激《はげ》しい疲労《ひろう》のため、両目《りょうめ》を失明《しつめい》。しかし753年《ねん》、6回目《かいめ》の渡海《とかい》でついに日本《にっぽん》に到着《とうちゃく》、日本《にっぽん》での戒律《かいりつ》の確立《かくりつ》に貢献《こうけん》しました。

略式《りゃくしき》年表《ねんぴょう》

聖武天皇《しょうむてんのう》と光明皇后《こうみょうこうごう》

● 701……首皇子《おびとのみこ》は文武天皇《もんむてんのう》の長男《ちょうなん》として、光明子《こうみょうし》は藤原不比等《ふじわらのふひと》の娘《むすめ》として生《う》まれる

● 710……都《みやこ》を平城京《へいじょうきょう》に移《うつ》す

● 716……首皇子《おびとのみこ》と光明子《こうみょうし》が結婚《けっこん》 ①

● 724……首皇子《おびとのみこ》が第《だい》45代聖武天皇《だいしょうむてんのう》となる

● 729……長屋王《ながやおう》の変《へん》、光明子皇族以外《こうみょうしこうぞくいがい》で初《はじ》めて皇后《こうごう》となる

● 730……光明皇后《こうみょうこうごう》、施薬院《せやくいん》・悲田院《ひでんいん》をつくらせる

● 740……都《みやこ》を恭仁京《くにきょう》に移《うつ》す

● 741……聖武天皇《しょうむてんのう》、国分寺《こくぶんじ》・国分尼寺《こくぶんにじ》をつくらせる ②

● 743……聖武天皇《しょうむてんのう》、大仏《だいぶつ》をつくる 詔《みことのり》 をだす

● 745……都《みやこ》を平城京《へいじょうきょう》に戻《もど》す

● 749……娘《むすめ》の阿倍内親王《あべないしんのう》に譲位《じょうい》（孝謙天皇《こうけんてんのう》）、上皇《じょうこう》となる

● 752……東大寺大仏《とうだいじだいぶつ》が完成《かんせい》

平安《へいあん》

『平清盛《たいらのきよもり》』と『時子《ときこ》』

—夫婦《ふうふ》—
武家《ぶけ》と公家《くげ》の結婚《けっこん》

平氏《へいし》の全盛期《ぜんせいき》を築《きず》き
独裁政権《どくさいせいけん》を樹立《じゅりつ》

平清盛《たいらのきよもり》 [1118～1181年《ねん》]

[出身《しゅっしん》] 京都《きょうと》

[親《おや》] 平忠盛《たいらのただもり》、白河院女房《しらかわいんにょうぼう》（祇園女御《ぎおんにょうご》の妹《いもうと》?）

[配偶者《はいぐうしゃ》] 高階基章《たかしなのもとあき》の娘《むすめ》
継室《けいしつ》：平時子《たいらのときこ》 側室《そくしつ》：厳島内侍《いつくしまないし》、常盤御前《ときわごぜん》

平忠盛《たいらのただもり》の長男《ちょうなん》として生《う》まれる。異例《いれい》の出世《しゅっせ》スピードから白河法皇《しらかわほうおう》が実父《じっぷ》ではないかと噂《うわさ》されていたという。日宋貿易《にっそうぼうえき》を行《おこな》い、宋銭《そうせん》を日本国内《にっぽんこくない》で流通《りゅうつう》させ通貨経済《つうかけいざい》の基礎《きそ》を築《きず》き、日本初《にほんはつ》の武家政権《ぶけせいけん》を打《う》ち立《た》てた。武士《ぶし》として初《はじ》めて太政大臣《だいじょうだいじん》となり繁栄《はんえい》するも、源氏《げんじ》との戦《たたか》いの途中《とちゅう》に病《やまい》に倒《たお》れた。

平氏一門《へいしいちもん》の支柱《しちゅう》と
して活躍《かつやく》した女性《じょせい》

平時子《たいらのときこ》 [1126～1185年《ねん》]

[出身《しゅっしん》] 不明《ふめい》

[親《おや》] 平時信《たいらのときのぶ》、藤原家範《ふじわらのいえのり》の娘《むすめ》

[配偶者《はいぐうしゃ》] 平清盛《たいらのきよもり》

平時信《たいらのときのぶ》の娘《むすめ》、平清盛《たいらのきよもり》の妻《つま》。正室《せいしつ》・高階基章《たかしなのもとあき》の娘《むすめ》に先立《さきだ》たれた平清盛《たいらのきよもり》の継室《けいしつ》となり、平宗盛《たいらのむねもり》、平知盛《たいらのとももり》、平徳子《たいらのとくこ》（建礼門院《けんれいもんいん》）、平重衡《たいらのしげひら》らを生《う》む。1168年清盛《ねんきよもり》とともに出家《しゅっけ》し、従二位《じゅうにい》をおくられて二位尼《にいのあま》とよばれた。平氏《へいし》一門《いちもん》とともに都落《みやこお》ちし、壇《だん》ノ浦《うら》の戦《たたか》いで平氏《へいし》が滅亡《めつぼう》した際《さい》、安徳天皇《あんとくてんのう》を抱《だ》いて海《うみ》に身《み》をなげた。

平清盛《たいらのきよもり》は、公家《くげ》の流《なが》れをくむ鳥羽天皇《とばてんのう》に仕《つか》えていた平時信《たいらのときのぶ》の娘《むすめ》・時子《ときこ》を妻《つま》に迎《むか》えたことで、貴族社会《きぞくしゃかい》で上昇気流《じょうしょうきりゅう》に乗《の》ります。夫《おっと》は力《ちから》で、妻《つま》は愛《あい》で武士《ぶし》の時代《じだい》を切《き》り開《ひら》きました。

年表① 武家《ぶけ》と公家《くげ》の縁組《えんぐみ》

平安時代末期《へいあんじだいまっき》、混乱《こんらん》した貴族政治《きぞくせいじ》の時代《じだい》を終《お》わらせ、武士《ぶし》の世《よ》を開《ひら》いた人物《じんぶつ》として、平清盛《たいらのきよもり》は源頼朝《みなもとのよりとも》と並《なら》び日本史《にほんし》に、大《おお》きな足跡《そくせき》を残《のこ》します。当時《とうじ》、武士《ぶし》の中《なか》でも源氏《げんじ》は関東《かんとう》で勢力《せいりょく》を伸《の》ばし、平氏《へいし》は中部《ちゅうぶ》から西《にし》を拠点《きょてん》にしました。清盛《きよもり》は伊勢平氏《いせへいし》といわれるように、伊勢《いせ》が本拠《ほんきょ》です。清盛《きよもり》の父《ちち》・忠盛《ただもり》が院政《いんせい》を敷《し》いた**白河法皇《しらかわほうおう》に重用《ちょうよう》されたことで、平氏《へいし》は勢力《せいりょく》を伸《の》ばしました**。皇室《こうしつ》と縁組《えんぐ》みし身分《みぶん》をあげるため、清盛《きよもり》に妻《つま》・時子《ときこ》をめとります。時子《ときこ》の父《ちち》・時信《ときのぶ》は貴族《きぞく》として都《みやこ》に居《い》ついた平氏《へいし》の一族《いちぞく》で、娘《むすめ》の滋子《しげこ》（時子《ときこ》の妹《いもうと》）が後白河院《ごしらかわいん》の后《きさき》になり、高倉天皇《たかくらてんのう》を産《う》みました。清盛《きよもり》はそんな時子《ときこ》を妻《つま》に迎《むか》えたことで、貴族《きぞく》社会《しゃかい》で上昇気流《じょうしょうきりゅう》に乗《の》ったのです。

年表② 時子《ときこ》の役割《やくわり》

後白河法皇《ごしらかわほうおう》と二条天皇《にじょうてんのう》は対立関係《たいりつかんけい》でした。時子《ときこ》は二条天皇《にじょうてんのう》の乳母《うば》となることで二条側《にじょうがわ》であることを示《しめ》しました。しかし二条天皇《にじょうてんのう》が亡《な》くなった後《あと》は、時子《ときこ》の妹《いもうと》の滋子《しげこ》が後白河《ごしらかわ》の寵妃《ちょうき》となったことから、清盛《きよもり》と後白河法皇《ごしらかわほうおう》を結《むす》びつける役割《やくわり》をも果《は》たしました。難《むずか》しい時代《じだい》を清盛《きよもり》が上手《じょうず》に渡《わた》っていくことに、たいへん貢献《こうけん》したと考《かんが》えられます。**時子《ときこ》は宗盛《むねのり》、知盛《とももり》、徳子《とくこ》、重衡《しげひら》らを相次《あいつ》ぎ出産《しゅっさん》します**。時子《ときこ》の産《う》ん

だ子供《こども》たちは、その後《ご》、平氏一門《へいしいちもん》を支《ささ》える存在《そんざい》となります。

年表③ 平氏《へいし》の全盛期《ぜんせいき》を築《きず》く

清盛《きよもり》は保元《ほうげん》の乱《らん》、平治《へいじ》の乱《らん》で源氏《げんじ》をおさえて中央政界《ちゅうおうせいかい》に進出《しんしゅつ》しました。1167年《ねん》に太政大臣《だいじょうだいじん》となり、娘《むすめ》の徳子《とくこ》を高倉《たかくら》天皇《てんのう》の后《きさき》としました。この間《あいだ》に一族《いちぞく》を朝廷《ちょうてい》の高位高官《こういこうかん》につけ、西国《さいごく》に500あまりの荘園《しょうえん》を持《も》ち、30余《よ》か国《こく》を知行国《ちぎょうこく》として全盛《ぜんせい》を誇《ほこ》りました。清盛《きよもり》は父《ちち》の代《だい》から関係《かんけい》した日宋貿易《にっそうぼうえき》に積極的《せっきょくてき》に取《と》り組《く》み、大輪田泊《おおわだのとまり》(神戸港《こうべこう》)を修築《しゅうちく》し、瀬戸内海《せとないかい》の水運《すいうん》を盛《さか》んにしました。のち、後白河法皇《ごしらかわほうおう》と対立《たいりつ》して院制《いんせい》をやめさせ、徳子《なりこ》の産《う》んだ安徳天皇《あんとくてんのう》を即位《そくい》させ、外祖父《がいそふ》(母方《ははかた》の祖父《そふ》)として独裁政治《どくさいせいじ》を行《おこな》いました。そのため反感《はんかん》を抱《いだ》くものが増《ふ》え、各地《かくち》で源氏《げんじ》が挙兵《きょへい》するさなか、熱病《ねつびょう》で倒《たお》れ亡《な》くなりました。

- 1173…大輪田泊《おおわだのとまり》を修築《しゅうちく》し、日宋貿易《にっそうぼうえき》を発展《はってん》させる
- 1177…鹿ヶ谷事件《ししがたにじけん》が起《お》こる。このころより反平氏《はんへいし》運動活発《うんどうかっぱつ》
- 1179…清盛《きよもり》、後白河法皇《ごしらかわほうおう》を幽閉《ゆうへい》する
- 1180…徳子《とくこ》の産《う》んだ皇子《おうじ》が安徳天皇《あんとくてんのう》となる。各地《かくち》で反《はん》平氏勢力《へいしせいりょく》が兵《へい》をあげる
- 1181…清盛《きよもり》、熱病《ねつびょう》にかかり死没《しぼつ》
- 1183…倶利伽羅峠《くりからとうげ》の戦《たたか》いで平氏大敗《へいしたいはい》。平氏《へいし》、都落《みやこお》ち
- 1185…壇《だん》ノ浦《うら》の戦《たたか》いで源氏《げんじ》に敗《やぶ》れ平氏滅亡《へいしめつぼう》。時子《ときこ》、安徳天皇《あんとくてんのう》を抱《いだ》き入水《じゅすい》

▲平清盛《たいらのきよもり》(菊池容斎《きくちようさい》画《が》=明治時代《めいじじだい》)

幼《おさな》い天皇《てんのう》を抱《だ》いて入水《じゅすい》した時子《ときこ》

われは女《おんな》なりとも、
かたきの手《て》には
かかるまじ

清盛《きよもり》亡《な》き後《あと》、源氏勢力《げんじせいりょく》は平氏打倒《へいしだとう》の好機到来《こうきとうらい》ととらえ、攻《せ》めの動《うご》きが加速《かそく》します。時子《ときこ》は1185年《ねん》の「壇《だん》ノ浦《うら》の戦《たたか》い」で平氏一門《へいしいちもん》が滅亡《めつぼう》したとき、敗戦《はいせん》を知《し》るや幼《おさな》い安徳天皇《あんとくてんのう》を抱《だ》いて入水《じゅすい》しました。安徳天皇《あんとくてんのう》は清盛《きよもり》と時子《ときこ》の間《あいだ》に生《う》まれた徳子《とくこ》の子供《こども》で、この時《とき》わずか8歳《さい》でした。「どこへゆくの？」と聞《き》く安徳天皇《あんとくてんのう》に時子《ときこ》は、「浪《なみ》のしたにも都《みやこ》のさぶらうぞ（浪《なみ》の下《した》にも、きっと都《みやこ》がありますよ）」といい聞《き》かせ、幼帝《ようてい》をだいて海中《かいちゅう》に身《み》を投《とう》じて自害《じがい》したと『平家物語《へいけものがたり》』に記《しる》されています。『吾妻鏡《あづまかがみ》』では宝剣《ほうけん》を持《も》って、『平家物語《へいけものがたり》』『愚管抄《ぐかんしょう》』では神璽《しんじ》、宝剣《ほうけん》、安徳天皇《あんとくてんのう》を抱《だ》いて入水《じゅすい》したとしており、真実《しんじつ》は不明《ふめい》ですが、平氏一門《へいしいちもん》の精神的支柱《せいしんてきしちゅう》であり象徴的《しょうちょうてき》な存在《そんざい》であったことがうかがえます。

略式《りゃくしき》年表《ねんぴょう》

平清盛《たいらのきよもり》と時子《ときこ》

- 1118…平忠盛《たいらのただもり》の長男《ちょうなん》として清盛《きよもり》が生《う》まれる
- 1126…平時子《たいらのときこ》が生《う》まれる
- ① 1146…このころ清盛《きよもり》の後妻《ごさい》として、時子《ときこ》が迎《むか》えらたと考《かんが》えられる
- 1147…時子《ときこ》、宗盛《むねもり》を産《う》む
- 1153…平忠盛《たいらのただもり》が死没《しぼつ》し、清盛《きよもり》が平氏《へいし》の棟梁《とうりょう》となる
- 1156…保元《ほうげん》の乱《らん》が起《お》こる。後白河天皇側《ごしらかわてんのうがわ》について勝《か》つ
- 1159…源義朝《みなもとのよしとも》らが兵《へい》をあげ、平治《へいじ》の乱《らん》が起《お》こる。平氏《へいし》が勝《か》つ
- ② 1161…時子《ときこ》、高倉天皇《たかくらてんのう》の乳母《うば》となる
- 1165　二条天皇《にじょうてんのう》が崩御《ほうぎょ》
- ③ 1167…清盛《きよもり》、太政大臣《だいじょうだいじん》となる
- 1168…清盛《きよもり》、時子《ときこ》とともに出家《しゅっけ》する
- 1171…娘《むすめ》の徳子《とくこ》が高倉天皇《たかくらてんのう》の中宮《ちゅうぐう》となる。時子《ときこ》は徳子《とくこ》の生母《せいぼ》として従二位《じゅうにい》への昇進《しょうしん》を果《は》たす

『源義経《みなもとのよしつね》』と『静御前《しずかごぜん》』

―妾《めかけ》―
戦《いくさ》の天才《てんさい》と
踊《おど》り子《こ》

平氏《へいし》を倒《たお》した
源氏勝利《げんじしょうり》の立役者《たてやくしゃ》

源義経《みなもとのよしつね》 [1159〜1189年《ねん》]

[出身《しゅっしん》] 京都《きょうと》
[親《おや》] 源義朝《みなもとのよしとも》、常盤御前《ときわごぜん》
[配偶者《はいぐうしゃ》] 郷御前《さとごぜん》、静御前《しずかごぜん》

源頼朝《みなもとのよりとも》の異母弟《いぼおとうと》で幼名《ようみょう》は牛若丸《うしわかまる》。平治《へいじ》の乱《らん》のあと、平氏《へいし》に捕《と》らえられていたが幼《おさな》かったため命《いのち》を助《たす》けられ、京都郊外《きょうとこうがい》の鞍馬山《くらまやま》に預《あず》けられ、やがて奥州《おうしゅう》の藤原秀衡《ふじわらのひでひら》にかくまわれて成長《せいちょう》した。兄《あに》の頼朝《よりとも》が平氏打倒《へいしだとう》の兵《へい》をあげると、これに加《くわ》わり、一《いち》の谷《たに》、屋島《やしま》、壇《だん》ノ浦《うら》などの戦《たたか》いで活躍《かつやく》して、平家《へいけ》を滅《ほろ》ぼした。

京《きょう》の都《みやこ》で舞《まい》を舞《ま》っていた
当代一《とうだいいち》の白拍子《しらびょうし》

静御前《しずかごぜん》 [1168〜1190年《ねん》ころ]

[出身《しゅっしん》] 京都府京丹後市《きょうとふきょうたんごし》?
[親《おや》] 父《ちち》:不明《ふめい》、白拍子《しらびょうし》の磯禅師《いそのぜんじ》
[配偶者《はいぐうしゃ》] 源義経《みなもとのよしつね》

母《はは》の磯禅師《いそのぜんじ》と同《おな》じく京都《きょうと》で公家《くげ》を相手《あいて》に舞《まい》を披露《ひろう》する白拍子《しらびょうし》であった静御前《しずかごぜん》。白拍子《しらびょうし》とは、烏帽子《えぼし》をかぶり白《しろ》の水干《すいかん》に緋《ひ》の袴《はかま》という男装《だんそう》で舞《ま》う妓女《ぎじょ》のことで、静《しずか》はその際立《きわだ》った美貌《びぼう》と絶妙《ぜつみょう》な舞《まい》で当代《とうだい》一の白拍子《しらびょうし》と評《ひょう》された。二人《ふたり》は「雨乞《あまご》い祈願《きがん》」の舞《まい》を奉納《ほうのう》する場所《ばしょ》で出会《であ》い、義経《よしつね》は静御前《しずかごぜん》を見初《みそ》めたという。

源義経《みなもとのよしつね》は京都《きょうと》に滞在中《たいざいちゅう》、歌《うた》いながら舞《まい》を踊《おど》る白拍子《しらびょうし》の静御前《しずかごぜん》と知《し》り合《あ》いました。義経《よしつね》の正室《せいしつ》である「郷御前《さとのごぜん》」よりも、恋人《こいびと》としてのエピソードが有名《ゆうめい》なコンビです。

年表① 兄《あに》、頼朝《よりとも》との対面《たいめん》

兄上《あにうえ》、ようやく会《あ》えて光栄《こうえい》です。源氏《げんじ》のために働《はたら》きます

義経《よしつね》は9男《なん》で、父《ちち》に源義朝《みなもとのよしとも》、兄《あに》に源頼朝《みなもとのよりとも》（3男《なん》）がいます。父《ちち》が「平治《へいじ》の乱《らん》」で戦《いくさ》に敗《やぶ》れ生命《いのち》を落《お》としたとき、義経《よしつね》はまだ2歳《さい》でした。義経《よしつね》はお寺《てら》（京都《きょうと》）にあずけられます。義経《よしつね》は、父《ちち》を殺《ころ》され、母《はは》（常盤御前《ときわごぜん》）をとられた平清盛《たいらのきよもり》への怨《うら》みを忘《わす》れませんでした。義経《よしつね》は強《つよ》く心《こころ》に誓《ちか》い、明《あ》けても暮《く》れても鍛錬《たんれん》を続《つづ》けました。16歳《さい》になると、京都《きょうと》から奥州《おうしゅう》の平泉《ひらいずみ》（岩手県《いわてけん》）に行《い》き、藤原秀衡《ふじわらのひでひら》のもとで過《す》ごしました。大人《おとな》になるまで、兄《あに》の頼朝《よりとも》とは顔《かお》を合《あ》わせたことがなかったといいます。**1180年《ねん》、いよいよ兄《あに》の頼朝《よりとも》が平氏《へいし》を倒《たお》すために戦《たたか》い**をはじめると、22歳《さい》の義経《よしつね》は頼朝《よりとも》のもとへかけつけました。そして義経《よしつね》は、兄《あに》の頼朝《よりとも》から軍《ぐん》の指揮《しき》を任《まか》されて大活躍《だいかつやく》し勝利《しょうり》するのです。

年表② 静御前《しずかごぜん》の生涯《しょうがい》

静御前《しずかごぜん》は、今《いま》の京都府京丹後市網野《きょうとふきょうたんごしあみの》町磯《ちょういそ》で生《う》まれたともいわれます。白拍子《しらびょうし》として公家《くげ》や皇族《こうぞく》の屋敷《やしき》に出入《でい》りしていた時《とき》に、京《きょう》で義経《よしつね》と出会《であ》いました。妾《めかけ》として義経《よしつね》に嫁《とつ》いだ時期《じき》は、頼朝《よりとも》との関係《かんけい》が悪《わる》くなってきた頃《ころ》です。1185年《ねん》、義経《よしつね》は京《きょう》からの退去《たいきょ》に従《したが》いましたが吉野《よしの》に

『吉野山《よしのやま》
峰《みね》の白雪《しらゆき》　踏《ふ》みわけて
入《はい》りにし人《ひと》の
あとぞ恋《こい》しき』

逃《のが》れ、静御前《しずかごぜん》もつき従《したが》いました。しかし、後白河法王《ごしらかわほうおう》の義経追討《よしつねついとう》の院宣《いんぜん》が下《くだ》ったため、義経《よしつね》は静御前《しずかごぜん》に別《わか》れを告《つ》げ、平泉《ひらいずみ》へと向《む》かいました。静御前《しずかごぜん》は初冬《しょとう》の寒《さむ》い山《やま》の中《なか》を一人《ひとり》でさまよい蔵王堂《ざおうどう》で捕《と》らえられ、翌年母親《よくねんははおや》とともに鎌倉《かまくら》へ送《おく》られます。**頼朝《よりとも》と北条政子夫妻《ほうじょうまさこふさい》の求《もと》めで、鎌倉《かまくら》鶴岡八幡宮《つるがおかはちまんぐう》で、義経《よしつね》を恋《こ》い慕《した》う「しずやしず」の歌《うた》を舞《ま》って**人々《ひとびと》を感動《かんどう》させましたが、頼朝《よりとも》が激怒《げきど》します。しかし、頼朝《よりとも》を慕《した》って山中《やまなか》を駆《か》け抜《ぬ》けた我《わ》が身《み》を重《かさ》ね合《あ》わせた政子《まさこ》がとりなしたといいます。静御前《しずかごぜん》は義経《よしつね》の男児《だんじ》を出産《しゅっさん》しましたが頼朝《よりとも》の命令《めいれい》で殺《ころ》され、のちに母《はは》とともに京都《きょうと》に帰《かえ》りました。その後《ご》の消息《しょうそく》はよくわかっていません。

弁慶《べんけい》との出《で》会《あ》い

武蔵坊弁慶《むさしぼうべんけい》［生没年不詳《せいぼつねんふしょう》］

［出身《しゅっしん》］紀伊国《きいのくに》?

源義経《みなもとのよしつね》の家臣《かしん》である弁慶《べんけい》は、講談《こうだん》などで怪力無双《かいりきむそう》の荒法師《あらほうし》として描《えが》かれた人気者《にんきもの》です。五条《ごじょう》の大橋《おおはし》で義経《よしつね》と出会《であ》って以来《いらい》、彼《かれ》に最後《さいご》まで仕《つか》えたとされています。義経《よしつね》が18歳《さい》のある日《ひ》、京《きょう》の五条大橋《ごじょうおおはし》で（堀川小路《ほりかわこうじ》から清水寺《きよみずでら》でとも記《しる》されています）弁慶《べんけい》が千本《せんぼん》の太刀《たち》を集《あつ》めていて、たまたま通《とお》りかかった義経《よしつね》に「太刀《たち》をよこせ」と襲《おそ》いかかりました。ふたりの決闘《けっとう》は、あの京都屈指《きょうとくっし》の名所《めいしょ》・清水《きよみず》の舞台《ぶたい》で決行《けっこう》されたのです。結果《けっか》はもちろん、義経《よしつね》の勝《か》ちで、彼《かれ》は弁慶《べんけい》に馬乗《うまの》りになって、「家来《けらい》になるか?」と聞《き》くのです。ここで、義経《よしつね》と弁慶《べんけい》は君臣《くんしん》の契《ちぎ》りを結《むす》びました。以上《いじょう》は、『義経記《ぎけいき》』を中心《ちゅうしん》とした物語《ものがたり》によるものです。史実《しじつ》の弁慶《べんけい》は、義経一行《よしつねいっこう》の中《なか》に弁慶《べんけい》の名《な》がある以外《いがい》は、ほとんど明《あき》らかではありません。

年表③ 兄弟《きょうだい》の対立《たいりつ》

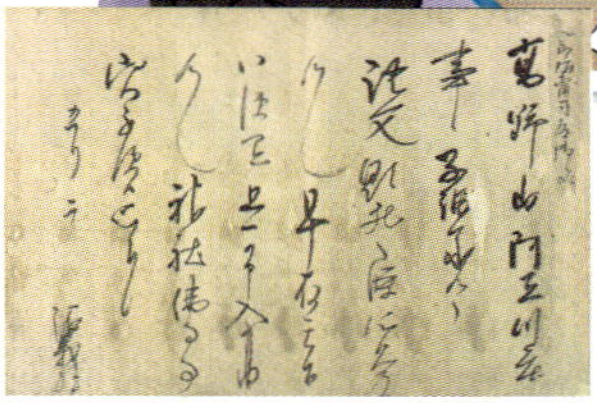

◀『源義経請文《みなもとのよしつねうけぶみ》』
義経自筆《よしつねじきひつ》（1184年《ねん》）

義経《よしつね》は「一《いち》の谷《たに》の戦《たたか》い」、「屋島《やしま》の戦《たたか》い」でも源氏《げんじ》に勝利《しょうり》をもたらします。時《とき》に正面《しょうめん》からぶつかる勇猛《ゆうもう》さを見《み》せ、時《とき》に断崖絶壁《だんがいぜっぺき》の崖《がけ》を馬《うま》で駆《か》け下《お》りて平家《へいけ》の将兵《しょうへい》の虚《きょ》をつき、相手《あいて》を手球《てだま》にとる戦術《せんじゅつ》で連戦連勝《れんせんれんしょう》し、**「壇《だん》ノ浦《うら》の戦《たたか》い」でついに平家《へいけ》を滅《ほろ》ぼし**最大《さいだい》の功労者《こうろうしゃ》となります。その後《ご》、頼朝《よりとも》の許可《きょか》を得《え》ることなく後白河《ごしらかわ》法皇《ほうおう》から検非違使《けびいし》という官位《かんい》を得《え》たことや、平氏《へいし》との戦《たたか》いにおける独断専行《どくだんせんこう》によって怒《いか》りを買《か》い、自立《じりつ》の動《うご》きを見《み》せたため対立《たいりつ》が深《ふか》まります。後白河法皇《ごしらかわほうおう》の側《がわ》

源義経《みなもとのよしつね》と静御前《しずかごぜん》の人物相関図《じんぶつそうかんず》

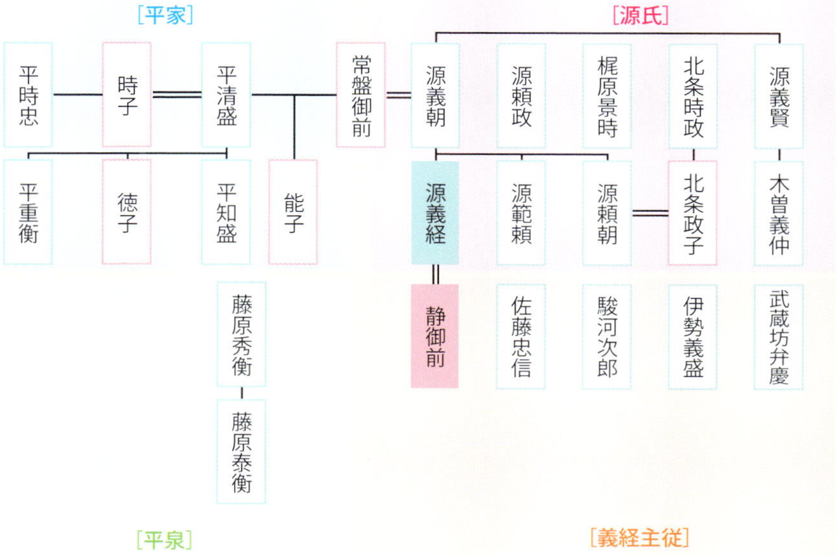

についたと怒《おこ》った頼朝《よりとも》は、義経《よしつね》が捕虜《ほりょ》を連《つ》れ凱旋《がいせん》した鎌倉《かまくら》入《い》りを許《ゆる》しませんでした。**義経《よしつね》は許《ゆる》しを請《こ》うための書状《しょじょう》「腰越状《こしごえじょう》」を送《おく》りました**が返事《へんじ》は来《き》ません。法皇《ほうおう》は義経《よしつね》に頼朝《よりとも》を討《う》てと院宣《いんぜん》（命令《めいれい》）を出《だ》し、一方《いっぽう》で頼朝《よりとも》にも義経追討《よしつねついとう》の院宣《いんぜん》を出《だ》し、兄弟《きょうだい》の対決《たいけつ》に火《ひ》を注《そそ》ぎます。義経《よしつね》の挙兵《きょへい》に誰《だれ》も応《おう》じようとはせず、頼朝《よりとも》からの追手《おって》を避《さ》け、再《ふたた》び藤原秀衡《ふじわらのひでひら》のいる平泉《ひらいずみ》に逃《に》げました。しかし秀衡《ひでひら》は1187年《ねん》に病没《びょうぼつ》し、跡《あと》を継《つ》いだ藤原泰衡《ふじわらのやすひら》は頼朝《よりとも》を恐《おそ》れて、義経《よしつね》がいる衣川館《ころもがわのたち》を攻《せ》めました。1189年《ねん》義経《よしつね》は敗《やぶ》れ、妻子《さいし》とともに持仏堂《じぶつどう》で自害《じがい》し一生《いっしょう》を終《お》えました。日本《にっぽん》には「判官《ほうがん》びいき」という言葉《ことば》がありますが、これは後《のち》の人《ひと》が、義経《よしつね》をあわれんだことにちなんでいます。

▲義経《よしつね》の一行《いっこう》が逃《に》げ込《こ》んだ吉野山《よしのやま》

②
- 1186…静御前《しずかごぜん》、鶴岡八幡宮《つるがおかはちまんぐう》で舞《ま》う。義経《よしつね》の男児《だんじ》を産《う》むが殺害《さつがい》される
- 1184…兄《あに》、範頼《のりより》とともに源義仲《みなもとのよしなか》を宇治川《うじかわ》でやぶる。頼朝《よりとも》の許可《きょか》無《な》く検非違使《けびいし》となり、怒《いか》りをかう

③
- 1185…屋島《やしま》の平氏軍《へいしぐん》を追《お》い出《だ》す。壇《だん》ノ浦《うら》の戦《たたか》いで平氏《へいし》を滅亡《めつぼう》させる。義経追討《よしつねついとう》の院宣《いんぜん》がくだる。義経《よしつね》、静御前《しずかごぜん》、弁慶《べんけい》らは吉野山《よしのやま》へ。静御前《しずかごぜん》が吉野《よしの》で捕《と》らわれる
- 1187…義経《よしつね》、奥州平泉《おうしゅうひらいずみ》の藤原秀衡《ふじわらのひでひら》をたよる
- 1189…義経《よしつね》、奥州《おうしゅう》の衣川館《ころもがわのたち》で藤原泰衡《ふじわらのやすひら》に攻《せ》められ、郷《さと》御前《ごぜん》、娘《むすめ》と共《とも》に自害《じがい》する。頼朝《よりとも》の軍《ぐん》に攻《せ》められ、奥州藤原軍《おうしゅうふじわらぐん》は滅《ほろ》びる
- 1190…このころ静御前《しずかごぜん》が死没《しぼつ》したと考《かんが》えられる
- 1192…後白河法皇《ごしらかわほうおう》、崩御《ほうぎょ》
- 1199…源頼朝《みなもとのよりとも》、死没《しぼつ》

▲中尊寺所蔵《ちゅうそんじしょぞう》の源義経肖像画《みなもとのよしつねしょうぞうが》

義経《よしつね》の正室《せいしつ》「郷御前《さとごぜん》」

故郷《こきょう》の河越《かわごえ》で「京姫《きょうひめ》」、平泉《ひらいずみ》では「北《きた》の方《かた》」と呼《よ》ばれていました

郷御前《さとごぜん》［1168～1189年《ねん》］

［出身《しゅっしん》］河越《かわごえ》（川越市《かわごえし》）

父《ちち》は武蔵野御家人《むさしのごけにん》の河越重頼《かわごえしげより》。源頼朝《みなもとのよりとも》の乳母《うば》である比企尼《ひきのあま》の娘《むすめ》が、郷御前《さとごぜん》の母《はは》です。1184年《ねん》、都《みやこ》に上《のぼ》り、頼朝《よりとも》の代官《だいかん》として在京《ざいきょう》していた義経《よしつね》の正室《せいしつ》となりました。義経《よしつね》と静御前《しずかごぜん》の仲《なか》を承知《しょうち》のうえで、嫁《とつ》いだのです。頼朝《よりとも》の命《めい》によりスパイをする任務《にんむ》があったともいわれていますが、スパイをしていた人物《じんぶつ》としては、郷御前《さとごぜん》の婚姻《こんいん》の際《さい》に共《とも》に上洛《じょうらく》してきた侍従侍女《じじゅうじじょ》ではないかと考《かんが》えられます。静御前《しずかごぜん》と異《こと》なり、郷御前《さとごぜん》は義経《よしつね》に従《したが》い、奥州《おうしゅう》までたどり着《つ》きます。1186年《ねん》に娘《むすめ》を産《う》んでいたそうです。しかし義経《よしつね》が頼《たよ》りにしていた、藤原泰衡《ふじわらのやすひら》に裏切《うらぎ》られ襲撃《しゅうげき》され、22歳《さい》の郷御前《さとごぜん》と4歳《さい》の娘《むすめ》を義経《よしつね》が自《みずか》ら手《て》をかけ、共《とも》に生涯《しょうがい》を終《お》えました。

略式《りゃくしき》年表《ねんぴょう》 源義経《みなもとのよしつね》と静御前《しずかごぜん》

- 1159…義経《よしつね》、源義朝《みなもとのよしとも》の九男《きゅうなん》として生《う》まれ牛若丸《うしわかまる》と名付《なづ》けられる。しかし平治《へいじ》の乱《らん》が勃発《ぼっぱつ》し母《はは》と共《とも》に逃亡生活《とうぼうせいかつ》を送《おく》る
- 1160…父《ちち》・義朝《よしとも》、尾張国《おわりのくに》で死没《しぼつ》
- 1168…このころ静御前《しずかごぜん》が生《う》まれたと考《かんが》えられる
- 1169…義経《よしつね》、鞍馬寺《くらまでら》へ預《あず》けられ、遮那王《しゃなおう》という稚児名《ちごめい》をあたえられる
- 1174…義経《よしつね》、鞍馬寺《くらまでら》を下《くだ》り、奥州《おうしゅう》平泉《ひらいずみ》の藤原秀衡《ふじわらのひでひら》をたよる
- 1180…義経《よしつね》、平氏《へいし》打倒《だとう》のため挙兵《きょへい》した源頼朝《みなもとのよりとも》と対面《たいめん》する
- 1182…京《きょう》の神泉苑《しんせんえん》で静御前《しずかごぜん》が白拍子《しらびょうし》として舞《まい》を踊《おど》る。高座《こうざ》で観覧《かんらん》していた義経《よしつね》と初《はじ》めて出会《であ》ったといわれる
- 1183…義経《よしつね》、頼朝《よりとも》のかわりに京都《きょうと》へ入《はい》る

戦国《せんごく》

『前田利家《まえだとしいえ》』と『まつ（芳春院《ほうしゅんいん》）』

—夫婦《ふうふ》—
歳《とし》の差《さ》カップル

戦国武将《せんごくぶしょう》であり、
加賀藩《かがはん》の祖《そ》となった人物《じんぶつ》

前田利家《まえだとしいえ》［1538～1599年《ねん》］

［出身《しゅっしん》］尾張国《おわりのくに》（愛知県《あいちけん》）
［親《おや》］前田利昌《まえだとしまさ》、長齢院《ちょうれいいん》
［配偶者《はいぐうしゃ》］まつ（芳春院《ほうしゅんいん》）

加賀藩《かがはん》（石川県《いしかわけん》）の祖《そ》。織田信長《おだのぶなが》に仕《つか》え、越前国府中《えちぜんのくにふちゅう》（今《いま》の福井県越前市《ふくいけんえちぜんし》）の城主《じょうしゅ》となったが、賤ヶ岳《しずがたけ》の戦《たたか》いから豊臣秀吉《とよとみひでよし》に服属《ふくぞく》し、天下統一《てんかとういつ》の事業《じぎょう》に協力《きょうりょく》、加賀《かが》を支配《しはい》する大大名《だいだいみょう》となった。のち五大老《ごたいろう》の1人《ひとり》に任《にん》じられ、秀吉《ひでよし》の死後《しご》は大坂城《おおさかじょう》で豊臣秀頼《とよとみひでより》を補佐《ほさ》し、豊臣家《とよとみけ》と徳川家《とくがわけ》との対立《たいりつ》の調整《ちょうせい》につくした。

「内助《ないじょ》の功《こう》」の代名詞《だいめいし》が
あるほどの良妻賢母《りょうさいけんぼ》

まつ（芳春院《ほうしゅんいん》）［1547～1617年《ねん》］

［出身《しゅっしん》］尾張国《おわりのくに》（愛知県《あいちけん》）
［親《おや》］篠原一計《しのはらかずえ》、母《はは》：不明《ふめい》（利家《としいえ》の母《はは》の姉《あね》）
［配偶者《はいぐうしゃ》］前田利家《まえだとしいえ》

前田利家《まえだとしいえ》の正室《せいしつ》。名《な》はまつ。戒名《かいみょう》は芳春院《ほうしゅんいん》。母《はは》が利家《としいえ》の母《はは》長齢院《ちょうれいいん》の姉《あね》であるため、利家《としいえ》とは従兄妹《いとこ》関係《かんけい》にあたる。学問《がくもん》や武芸《ぶげい》に通《つう》じており、社交的《しゃこうてき》で読《よ》み書《か》きそろばん、武芸《ぶげい》もたしなむ女性《じょせい》。利家《としいえ》と12歳《さい》で結婚《けっこん》。おね（北政所《きたのまんどころ》・豊臣秀吉《とよとみひでよし》の正室《せいしつ》）と大変仲《たいへんなか》が良《よ》く、自分《じぶん》の娘《むすめ》・豪姫《ごうひめ》を養子《ようし》に送《おく》るなどの交友《こうゆう》があった。

信長《のぶなが》、秀吉《ひでよし》、家康《いえやす》の時代《じだい》を生《い》き抜《ぬ》き、加賀百万石《かがひゃくまんごく》の礎《いしずえ》を築《きず》き上《あ》げた前田利家《まえだとしいえ》と妻《つま》まつ。テレビドラマの印象《いんしょう》もあり、出世前《しゅっせまえ》から苦楽《くらく》をともにした姿《すがた》が好感《こうかん》を呼《よ》ぶ有名《ゆうめい》な夫妻《ふさい》。

年表① 二人《ふたり》の出会《であ》い

14歳《さい》で信長様《のぶながさま》に仕《つか》え、
短気《たんき》で派手好《はでず》きだぞ

若《わか》い頃《ころ》の利家《としいえ》は**喧嘩好《けんかず》きのかぶき者《もの》**でした。かぶき者《もの》とは、当時《とうじ》の社会風潮《しゃかいふうちょう》で男伊達《おとこだて》を競《きそ》い、派手《はで》な身《み》なりや、行動《こうどう》を取《と》る者《もの》たちのことです。利家《としいえ》は細身《ほそみ》の美貌《びぼう》で、6尺《しゃく》（182㎝）あったといわれ、当時《とうじ》としてはかなりの長身《ちょうしん》です。若《わか》い頃《ころ》は**「槍《やり》の又左《またざ》」**としてその名《な》を轟《とどろ》かせました。6m以上《いじょう》もある槍《やり》を持《も》った利家《としいえ》を町《まち》で見《み》かけると、人々《ひとびと》は**「又左衛門《またざえもん》の槍《やり》」**が来《き》たと恐《おそ》れて、道《みち》を変《か》えて敬遠《けいえん》したそうです。まつは1550年《ねん》に父《ちち》が死去《しきょ》して以来《いらい》、母《はは》の妹《いもうと》が嫁《とつ》いでいる尾張《おわり》の荒子城主《あらこじょうしゅ》で利家《としいえ》の父《ちち》である、前田利昌《まえだとしまさ》に育《そだ》てられました。利家《としいえ》と同《おな》じ屋根《やね》の下《した》で暮《く》らすことになったまつは、幼《おさな》い頃《ころ》から気《き》になる存在《そんざい》だったことでしょう。利家《としいえ》とまつが結婚《けっこん》したのは1558年《ねん》、利家《としいえ》21歳《さい》、まつ12歳《さい》のときでした。

年表② 苦《くる》しい選択《せんたく》 秀吉《ひでよし》か勝家《かついえ》か

秀吉《ひでよし》と勝家《かついえ》が戦《たたか》った**賤ヶ岳《しずがたけ》の戦《たたか》い**（1583年《ねん》）において、利家《としいえ》は中立的《ちゅうりつてき》な立場《たちば》をとっています。彼《かれ》は最初《さいしょ》、**柴田軍《しばたぐん》として出陣《しゅつじん》**しますが、途中《とちゅう》で兵《へい》を引《ひ》き揚《あ》げ、越前府中城《えちぜんふちゅうじょう》に退却《たいきゃく》、秀吉《ひでよし》に下《くだ》っています。利家《としいえ》の立場《たちば》は複雑《ふくざつ》でした。勝家《かついえ》に

勝家殿《かついえどの》につくか、
秀吉《ひでよし》に従《したが》うべきか…
柴田《しばた》
勝《かつ》家《いえ》
豊臣《とみ》
秀《ひで》吉《よし》

は人質《ひとじち》として三女《さんじょ》を渡《わた》し、秀吉《ひでよし》には二人《ふたり》の娘《むすめ》を養女《ようじょ》に出《だ》してあり、しかも彼《かれ》は両方《りょうほう》と親《した》しい間柄《あいだがら》です。なににもまして、前田家《まえだけ》を守《まも》っていくため、**政治的《せいじてき》に最善《さいぜん》の選択《せんたく》をすること**が利家《としいえ》には課《か》せられていました。利家《としいえ》は、秀吉《ひでよし》に対《たい》して勝家《かついえ》の助命《じょめい》を願《ねが》い出《で》たようですが、かなえられず、柴田勝家《しばたかついえ》は北ノ庄《きたのしょう》で自害《じがい》し最期《さいご》を遂《と》げました。その後《ご》、利家《としいえ》は秀吉《ひでよし》に下《くだ》り、ナンバー2に昇格《しょうかく》。そのまま北陸《ほくりく》に留《とど》まり、金沢御坊《かなざわごぼう》（尾張御坊《おわりごぼう》とも）に本格的《ほんかくてき》な拠点《きょてん》・城《しろ》を建設《けんせつ》しました。大《おお》きな城下町《じょうかまち》を築《きず》き始《はじ》めたのです。そして今《いま》の**金沢城《かなざわじょう》**になるのです。そのまま前田家《まえだけ》は加賀《かが》を中心《ちゅうしん》に勢力《せいりょく》を伸《の》ばし最後《さいご》は、**豊臣秀吉《とよとみひでよし》の五大老《ごたいろう》の筆頭《ひっとう》**（表向《おもてむ》きは、徳川家康《とくがわいえやす》ですが）まで昇《のぼ》りつめ加賀前田藩《かがまえだはん》の祖《そ》となります。

二人《ふたり》の間《あいだ》にできた子《こ》どもは11人《にん》！

二人《ふたり》の結婚生活《けっこんせいかつ》は当初《とうしょ》から困難《こんなん》な状況《じょうきょう》でした。結婚《けっこん》の翌年《よくねん》に長女《ちょうじょ》・幸《こう》が生《う》まれ、これから幸《しあわ》せな結婚生活《けっこんせいかつ》が始《はじ》まろうとしたとき、妻《つま》からの贈《おく》り物《もの》を盗《ぬす》んだ同朋衆《どうほうしゅう》の十阿弥《じゅうあみ》を斬《き》り捨《す》てるという事件《じけん》を起《お》こします。これが信長《のぶなが》の怒《いか》りにふれ、無期限《むきげん》の謹慎《きんしん》を命《めい》じられてしまいます。

22歳《さい》で妻《つま》と乳飲《ちの》み子《ご》を抱《かか》える身《み》でのリストラでした。理由《りゆう》はともあれ、妻子《さいし》ある身《み》で職《しょく》を失《うしな》ってしまいます。本来《ほんらい》なら愛想《あいそ》を尽《つ》かされても当然《とうぜん》の状況《じょうきょう》ですが、二人《ふたり》は仲《なか》のいい夫婦《ふうふ》だったといわれています。そのことは二人《ふたり》の間《あいだ》にできた子《こ》どもの数《かず》がよくあらわしています。二人《ふたり》の間《あいだ》にできた子《こ》どもは2男《なん》9女《じょ》。11人《にん》も実子《じっし》をもつ戦国時代《せんごくじだい》の女性《じょせい》は、まつ以外《いがい》には伊達晴宗《だてはるむね》の正室《せいしつ》・久保姫《くぼひめ》だけといわれています。

年表3 前田利家《まえだとしいえ》とまつが作《つく》った加賀《かが》100万石《まんごく》

あの時《とき》のまつの
言葉《ことば》で反省《はんせい》したよ

利家《としいえ》は信長《のぶなが》より出仕停止《しゅっしていし》を言《い》い渡《わた》された2年《ねん》もの間《あいだ》、無職《むしょく》の状態《じょうたい》が続《つづ》いたとされています。二人《ふたり》はこの期間《きかん》も力《ちから》を合《あ》わせて乗《の》り切《き》りましたが、2年間《ねんかん》も苦《くる》しい生活《せいかつ》が続《つづ》いたせいか、利家《としいえ》は**蓄財《ちくざい》を第《だい》一《いち》と考《かんが》える大変《たいへん》な倹約家《けんやくか》**となったそうです。しかし、利家《としいえ》は金《かね》を大事《だいじ》にするあまり、最低限《さいていげん》の家臣《かしん》も雇《やと》わなかった事《こと》から、佐々成政《さっさなりまさ》との戦《いくさ》（1584年《ねん》 末森城《すえもりじょう》の戦《たたか》い）の際《さい》にまつは、蓄財《ちくざい》に努《つと》めていた利家《としいえ》に対《たい》し金銀《きんぎん》の入《はい》った袋《ふくろ》を投《な》げつけ**「この金銀《きんぎん》に槍《やり》を持《も》たせられてはどうか」**と、

前田利家《まえだとしいえ》とまつの人物相関図《じんぶつそうかんず》

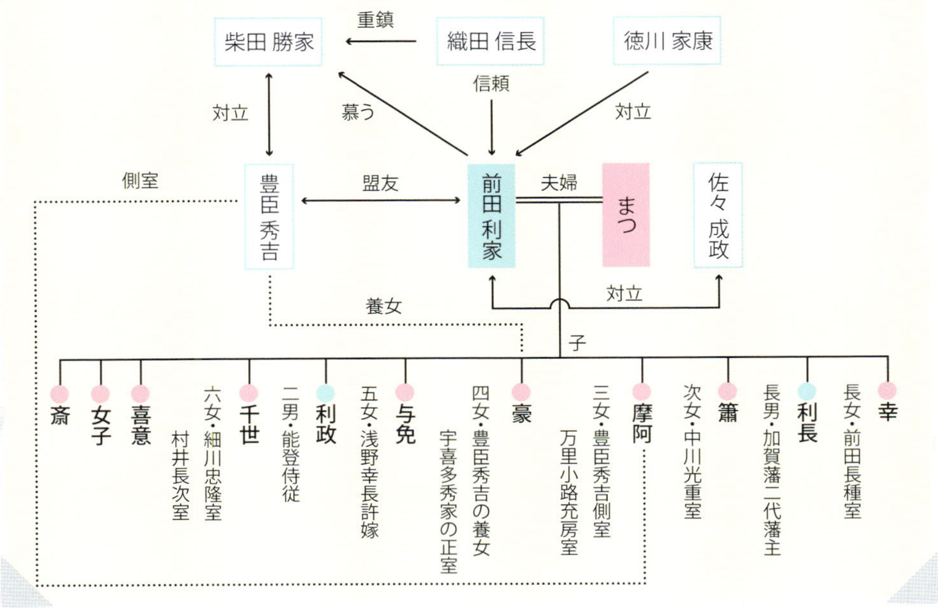
柴田 勝家
重鎮
織田 信長
徳川 家康
対立
慕う
信頼
対立
側室
豊臣 秀吉
盟友
前田 利家
夫婦
まつ
佐々 成政
養女
対立
子
幸
長女・前田長種室
利長
長男・加賀藩二代藩主
簫
次女・中川光重室
摩阿
三女・豊臣秀吉側室
万里小路充房室
豪
四女・豊臣秀吉の養女
宇喜多秀家の正室
与免
五女・浅野幸長許嫁
利政
二男・能登侍従
千世
六女・細川忠隆室
村井長次室
喜意
女子
斎

利家《としいえ》を戒《いまし》めたといわれています。まつは前田利家《まえだとしいえ》の正室《せいしつ》として常《つね》に寄《よ》り添《そ》い内助《ないじょ》の功《こう》を発揮《はっき》しました。その結果《けっか》が、**加賀《かが》100万石《まんごく》の大名《だいみょう》**でした。

その後《ご》、利家《としいえ》が亡《な》くなった後《あと》もまつは前田家《まえだけ》のために献身的《けんしんてき》に働《はたら》きました。前田家《まえだけ》は江戸時代《えどじだい》を通《つう》じて最大《さいだい》の石高《こくだか》を持《も》つ大名《だいみょう》として続《つづ》くことになります。前田家《まえだけ》の家督《かとく》を継《つ》いだ利長《としなが》が徳川家康《とくがわいえやす》に謀反《むほん》の嫌疑《けんぎ》をかけられた際《さい》には「加賀《かが》を守《まも》るために私《わたし》を人質《ひとじち》にしなさい」と指示《しじ》し、窮地《きゅうち》を脱《だっ》する事《こと》に成功《せいこう》しています。15年《ねん》にわたって人質《ひとじち》としての生活《せいかつ》を江戸《えど》で過《す》ごしたまつですが、伊勢神宮《いせじんぐう》へお参《まい》りや温泉《おんせん》へ行《い》く事《こと》を許《ゆる》されるなど、その生活《せいかつ》は人質《ひとじち》というイメージほどに酷《ひど》いものではなかったようです。利長《としなが》の死後《しご》、まつは金沢《かなざわ》に戻《もど》り71歳《さい》でその生涯《しょうがい》を終《お》えました。

▲金沢城《かなざわじょう》 三ノ丸《さんのまる》（別名《べつめい》：尾山城《おやまじょう》）

- 1574…四女豪《よんじょごう》（幼少《ようしょう》にして秀吉《ひでよし》の養女《ようじょ》に）生《う》まれる
- 1575…利家《としいえ》、越前一向一揆《えちぜんいっこういっき》を制圧《せいあつ》する
- 1581…利家《としいえ》、能登《のと》23万石《まんごく》を拝領《はいりょう》し、七尾城《ななおじょう》を居城《きょじょう》とする
- 1582…「6月《がつ》、本能寺《ほんのうじ》の変《へん》」　豪《ごう》、宇喜多秀家《うきたひでいえ》と婚約《こんやく》
- 1583…利家《としいえ》、勝家側《かついえがわ》として賤ケ岳《しずがたけ》の戦《たたか》いに参戦《さんせん》する。しかし降伏後《こうふくご》、秀吉《ひでよし》につき北ノ庄《きたのしょう》の勝家《かついえ》を自害《じがい》に追《お》い込《こ》む
- ② 1583…利家《としいえ》、加賀国《かがのくに》2郡《ぐん》を拝領《はいりょう》し金沢城《かなざわじょう》に居城《きょじょう》を移《うつ》す
- 1584…利家《としいえ》、佐々成政《さっさなりまさ》を末森城《すえもりじょう》の戦《たたか》いで破《やぶ》る
- ③ 1585…羽柴《はしば》（豊臣《とよとみ》）秀吉《ひでよし》の越中《えっちゅう》攻めに従軍《じゅうぐん》し功《こう》を立《た》てる。戦後《せんご》は、子《こ》の前田利長《まえだとしなが》に越中国《えっちゅうのくに》の4郡《ぐん》の内《うち》3郡《ぐん》、32万石《まんごく》が与《あた》えられる。これにより前田家《まえだけ》は、加賀国《かがのくに》、能登国《のとのくに》、越中国《えっちゅうのくに》の大部分《だいぶぶん》、合計約《ごうけいやく》115万石《まんごく》もの太守《たいしゅ》に
- 1598…豊臣秀吉没《とよとみひでよしぼっ》す
- 1599…利家《としいえ》、秀頼《ひでより》の後見人《こうけんにん》として大坂城《おおさかじょう》に入城《にゅうじょう》
- 1599…利家《としいえ》、大坂《おおさか》にて死《し》す（享年《きょうねん》62）
- 1600…まつ、人質《ひとじち》として江戸城《えどじょう》へ
- 1614…まつ、金沢帰国《かなざわきこく》を許《ゆる》される
- 1617…まつ、死《し》す（享年《きょうねん》71）

まつと秀吉《ひでよし》の妻《つま》おねの友情《ゆうじょう》

利家《としいえ》と豊臣秀吉《とよとみひでよし》の親密《しんみつ》な仲《なか》は有名《ゆうめい》ですが、妻《つま》のまつとおねも、それに勝《まさ》るとも劣《おと》らぬほど親《した》しい間柄《あいだがら》でした。彼《かれ》らは尾張《おわり》の清洲城《きよすじょう》下《か》にいたころ、住《す》まいは隣《とな》り合《あ》わせ、夫婦《ふうふ》ぐるみで気《き》がねのないつきあいをしていました。互《たが》いが行《い》き来《き》しやすいように、境界《きょうかい》の垣根《かきね》をこわしてあったという話《はなし》や、醤油《しょうゆ》の貸《か》し借《か》りなどは日常茶飯事《にちじょうさはんじ》であったという話《はなし》が伝《つた》えられています。やがて秀吉《ひでよし》は天下人《てんかびと》に、おねが北政所《きたのまんどころ》となったのちも、まつとおねは良《よ》き相談相手《そうだんあいて》でした。醍醐寺《だいごじ》の花見《はなみ》（1598年《ねん》）では、夫婦《ふうふ》で参列《さんれつ》したのは利家《としいえ》たちだけであり、しかもまつは豊臣《とよとみ》の一員《いちいん》と同様《どうよう》にもてなしを受《う》けています。まつ（芳春院《ほうしゅんいん》）は晩年《ばんねん》、人質《ひとじち》生活《せいかつ》を解放《かいほう》されると京都《きょうと》のおね（高台院《こうだいいん》）を訪《たず》ねています。二人《ふたり》の親《した》しい心《こころ》のこもった友情《ゆうじょう》は生涯《しょうがい》続《つづ》きました。

略式年表《りゃくしきねんぴょう》

前田利家《まえだとしいえ》とまつ

- 1538…前田利昌《まえだとしまさ》の子《こ》として荒子城《あらこじょう》で利家《としいえ》が生《う》まれる
- 1547…まつ（利家正室《としいえせいしつ》、芳春院《ほうしゅんいん》）、尾張沖ノ島《おわりおきのしま》・篠原家《しのはらけ》に生《う》まれる
- 1550…まつ、利家《としいえ》の父《ちち》利昌《としまさ》に養育《よういく》される
- 1551…利家《としいえ》、正月《しょうがつ》に織田信長《おだのぶなが》に仕《つか》える
- 1552…利家《としいえ》、萱津《かいづ》の戦《たたか》いで初陣《ういじん》を飾《かざ》る
- 1558…まつ（芳春院《ほうしゅんいん》）と結婚《けっこん》する
- 1559…6月《がつ》、長女幸《ちょうじょこう》生《う》まれる。茶坊主《ちゃぼうず》の十阿弥《じゅうあみ》と諍《いさか》いを起《お》こし斬《き》ったことから、信長《のぶなが》の怒《いか》りを買《か》い追放《ついほう》
- 1560…利家《としいえ》、桶狭間《おけはざま》の戦《たたか》いに参戦《さんせん》する　7月《がつ》、利家《としいえ》の父《ちち》利昌《としまさ》死没《しぼつ》
- 1561…利家《としいえ》、森部《もりべ》の戦《たたか》いで活躍《かつやく》、織田軍《おだぐん》への帰還《きかん》が許《ゆる》される
- 1569…利家《としいえ》、信長《のぶなが》の指示《しじ》で前田家《まえだけ》の家督《かとく》を継《つ》ぐ
- 1573…［室町幕府滅亡《むろまちばくふめつぼう》］ 11月《がつ》、利家《としいえ》の生母《せいぼ》 長齢院《ちょうれいいん》死没《しぼつ》

『浅井長政《あざいながまさ》』と『お市《いち》の方《かた》』

朝倉《あさくら》への義《ぎ》を選択《せんたく》し
信長《のぶなが》から離反《りはん》した北近江《きたおうみ》の領主《りょうしゅ》

浅井長政《あざいながまさ》 [1545～1573年《ねん》]

[出身《しゅっしん》] 近江国小谷城《おうみのくにおだにじょう》(滋賀県《しがけん》近江八幡市《おうみはちまんし》安土町《あづちちょう》)

[親《おや》] 浅井久政《あざいひさまさ》、小野殿《おのどの》

[配偶者《はいぐうしゃ》] 正室《せいしつ》:平井定武《ひらいさだたけ》の娘《むすめ》、継室《けいしつ》:お市《いち》の方《かた》、側室《そくしつ》:八重《やえ》の方《かた》

浅井久政《あざいひさまさ》の長男《ちょうなん》として生《う》まれる。南近江《みなみおうみ》の大名《だいみょう》・六角氏《ろっかくし》をやぶり、近江《おうみ》の大半《たいはん》を領《りょう》した。父《ちち》に代《か》わって三代目《さんだいめ》の当主《とうしゅ》となり、織田信長《おだのぶなが》の妹《いもうと》お市《いち》をめとって勢力《せいりょく》を拡張《かくちょう》していった。織田家《おだけ》と同盟《どうめい》を結《むす》んだが、のち信長《のぶなが》と対立《たいりつ》。1570年《ねん》「姉川《あねがわ》の戦《たたか》い」に敗《やぶ》れ、さらに本拠《ほんきょ》の小谷城《おだにじょう》を攻《せ》められて自害《じがい》した。

尾張国《おわりのくに》の戦国大名《せんごくだいみょう》・
織田信秀《おだのぶひで》の娘《むすめ》で、信長《のぶなが》の 妹《いもうと》

お市《いち》の方《かた》 [1547～1583年《ねん》]

[出身《しゅっしん》] 尾張国《おわりのくに》(愛知県《あいちけん》)

[親《おや》] 織田信秀《おだのぶひで》、土田御前《どたごぜん》

[配偶者《はいぐうしゃ》] 浅井長政《あざいながまさ》(前夫《ぜんぷ》)、柴田勝家《しばたかついえ》(後夫《うわお》)

織田信秀《おだのぶひで》の娘《むすめ》として生《う》まれる。織田信長《おだのぶなが》の 妹《いもうと》で、市《いち》、小谷《おだに》の方《かた》とも称《しょう》される。戦国一《せんごくいち》の美女《びじょ》と賞《しょう》され、聡明《そうめい》だったという。1567年《ねん》21歳《さい》の時《とき》に浅井長政《あざいながまさ》に嫁《とつ》ぎ、織田家《おだけ》と浅井家《あざいけ》は同盟《どうめい》を結《むす》んだ。長政《ながまさ》との間《あいだ》は睦《むつ》まじく大変仲《たいへんなか》が良《よ》かったとされ、長女《ちょうじょ》・茶々《ちゃちゃ》、次女《じじょ》・初《はつ》、三女《さんじょ》・江《ごう》の浅井三姉妹《あざいさんしまい》も設《もう》けた。

浅井長政《あざいながまさ》は、戦国時代《せんごくじだい》の武将《ぶしょう》。美男子《びだんし》であったといわれ、妻《つま》お市《いち》の方《かた》とは非常《ひじょう》に仲《なか》が良《よ》く、織田信長《おだのぶなが》との同盟《どうめい》が破綻《はたん》したあともお市《いち》と離縁《りえん》しようとはしなかった。

年表① 若《わか》くして才能《さいのう》を発揮《はっき》 長政《ながまさ》、三代目当主《だいめとうしゅ》へ

北近江《きたおうみ》を治《おさ》める浅井家《あざいけ》の三代目《さんだいめ》として長政《ながまさ》は生《う》まれました。浅井家《あざいけ》の初代当主《しょだいとうしゅ》であり、祖父《そふ》の浅井亮政《あざいすけまさ》は力《ちから》のある人物《じんぶつ》で、京極家《きょうごくけ》の配下《はいか》だった浅井家《あざいけ》を独立《どくりつ》に導《みちび》きます。その後《ご》、長政《ながまさ》の父《ちち》、浅井久政《あざいひさまさ》が当主《とうしゅ》となると浅井家《あざいけ》は京極家《きょうごくけ》からの反撃《はんげき》を受《う》けることになりました。もともと久政《ひさまさ》は才《さい》が無《な》いといわれていたためか、京極《きょうごく》家《け》だけでなく六角家《ろっかくけ》からも攻《せ》められることとなり、その結果浅井家《けっかあざいけ》は六角家《ろっかくけ》の属国《ぞっこく》となってしまいます。これには家臣《かしん》たちも不満《ふまん》が爆発《ばくはつ》。なんとかしてこの状況《じょうきょう》を打《う》ち破《やぶ》って欲《ほ》しいと、その希望《きぼう》を浅井長政《あざいながまさ》に託《たく》します。そして1560年《ねん》、16歳《さい》の若《わか》さで初陣《ういじん》を飾《かざ》った浅井長政《あざいながまさ》は六角家《ろっかくけ》を撃退《げきたい》し、これを機《き》に浅井家《あざいけ》の三代目当主《さんだいめとうしゅ》となりました。この頃《ころ》、そんな長政《ながまさ》に注目《ちゅうもく》する人物《じんぶつ》が現《あらわ》れます。それが織田信長《おだのぶなが》でした。

年表② 織田信長《おだのぶなが》の妹《いもうと》、お市《いち》の方《かた》を妻《つま》に

当時《とうじ》、信長《のぶなが》は尾張《おわり》を支配《しはい》していました。続《つづ》いて美濃《みの》の侵攻《しんこう》を予定《よてい》しており、それには美濃《みの》の隣国《りんごく》である近江《おうみ》と同盟《どうめい》を組《く》み、挟《はさ》み撃《う》ちにして支配《しはい》しようと信長《のぶなが》は考《かんが》えます。そのため1564年《ねん》に信長《のぶなが》は使者《ししゃ》

を浅井長政《あざいながまさ》に送《おく》り、同盟《どうめい》を持《も》ちかけます。その条件《じょうけん》は浅井家《あざいけ》にとっても良《よ》いものであったため、長政《ながまさ》もこれを承諾《しょうだく》。同盟《どうめい》の証《あかし》として長政《ながまさ》は**信長《のぶなが》の最愛《さいあい》の妹《いもうと》・市《いち》を妻《つま》として迎《むか》えます**。地《ち》の利《り》のための関係《かんけい》かと思《おも》われましたが、織田信長《おだのぶなが》は浅井長政《あざいながまさ》を信頼《しんらい》していたようで、婚礼費用《こんれいひよう》をすべて負担《ふたん》したともいわれています（当時《とうじ》は、婚礼費用《こんれいひよう》は全額《ぜんがく》浅井家《あざいけ》が出《だ》すのが普通《ふつう》）。その後《ご》、両者《りょうしゃ》の関係《かんけい》は良好《りょうこう》に続《つづ》いていくものと思《おも》われていましたが、ある事件《じけん》が起《お》こります。1570年《ねん》に織田信長《おだのぶなが》が越前《えちぜん》の朝倉氏《あさくらし》へ侵攻《しんこう》。朝倉氏《あさくらし》は浅井家《あざいけ》と古《ふる》くからの仲《なか》であり、信長《のぶなが》と同盟《どうめい》を組《く》んだ際《さい》に「朝倉氏《あさくらし》へは攻《せ》め入《い》らない」と取《と》り決《き》めもしていました。それを信長《のぶなが》は裏切《うらぎ》り、朝倉氏《あさくらし》討伐《とうばつ》を始《はじ》めます。こうして浅井長政《あざいながまさ》と織田信長《おだのぶなが》の仲《なか》は決裂《けつれつ》しました。

「戦国一《せんごくいち》の美女《びじょ》」といわれたお市《いち》の方《かた》

織田家《おだけ》は美男美女《びなんびじょ》の家系《かけい》といわれ、残《のこ》されているお市《いち》の方《かた》の肖像画《しょうぞうが》を見《み》ると、美《うつく》しく色白《いろじろ》で面長《おもなが》で実《じつ》の兄《あに》織田信長《おだのぶなが》とよく似《に》ています。また、聡明《そうめい》で器量《きりょう》良《よ》しであったともいわれており、両端《りょうたん》を縛《しば》った袋《ふくろ》を届《とど》けて浅井家《あざいけ》による攻撃《こうげき》（挟《はさ》み撃《う》ち）を織田信長《おだのぶなが》に伝《つた》えたという逸話《いつわ》があります。長政《ながまさ》とお市《いち》の方《かた》とのあいだには二男三女《になんさんじょ》の子《こ》を設《もう》けました。長男《ちょうなん》・万福丸《まんぷくまる》、次男《じなん》、娘《むすめ》たちの浅井三姉妹《あざいさんしまい》にも彼女《かのじょ》の美《うつく》しさは受《う》け継《つ》がれ、長女《ちょうじょ》の茶々《ちゃちゃ》は三人《さんにん》の中《なか》で母《はは》の面影《おもかげ》を色濃《いろこ》く持《も》っていたといいます。織田家《おだけ》と浅井家《あざいけ》が完全《かんぜん》に敵対《てきたい》してからも殺《ころ》されたり、離縁《りえん》されたりせずに初《はつ》や江《ごう》を産《う》んでいることから、長政《ながまさ》との夫婦仲《ふうふなか》はとても良《よ》かったと伝《つた》えられています。長政《ながまさ》は一度《いちど》六角家《ろっかくけ》の家臣《かしん》の娘《むすめ》と結婚《けっこん》していた時期《じき》があり、お市《いち》は後妻《ごさい》になります。

年表③ 反旗《はんき》を翻《ひるがえ》した長政《ながまさ》、信長包囲網《のぶながほういもう》を展開《てんかい》

朝倉《あさくら》につくか織田《おだ》につくか、悩《なや》んだ末《すえ》に浅井長政《あざいながまさ》は朝倉氏《あさくらし》と組《く》み、姉川《あねがわ》で織田《おだ》・徳川連合軍《とくがわれんごうぐん》と戦《いくさ》を繰《く》り広《ひろ》げました。猛攻《もうこう》を見《み》せたものの、敗北《はいぼく》。織田《おた》の軍勢《ぐんぜい》に攻《せ》め入《い》るには頭数《あたまかず》が必要《ひつよう》と考《かんが》えた浅井長政《あざいながまさ》は、比叡山延暦寺《ひえいざんえんりゃくじ》、石山本願寺《いしやまほんがんじ》の僧侶《そうりょ》や宗徒《しゅうと》らと連携《れんけい》を結《むす》びました。こうしてできあがったのが**「信長包囲網《のぶながほういもう》」**です。このまま織田信長《おだのぶなが》を追《お》い詰《つ》めるかと思《おも》いきや、当時《とうじ》の将軍《しょうぐん》・足利義昭《あしかがよしあき》から停戦《ていせん》するよう命令《めいれい》されます。実《じつ》はこの停戦命令《ていせんめいれい》を出《だ》すよう裏《うら》ではたらきかけ

浅井長政《あざいながまさ》とお市《いち》の方《かた》の人物相関図《じんぶつそうかんず》

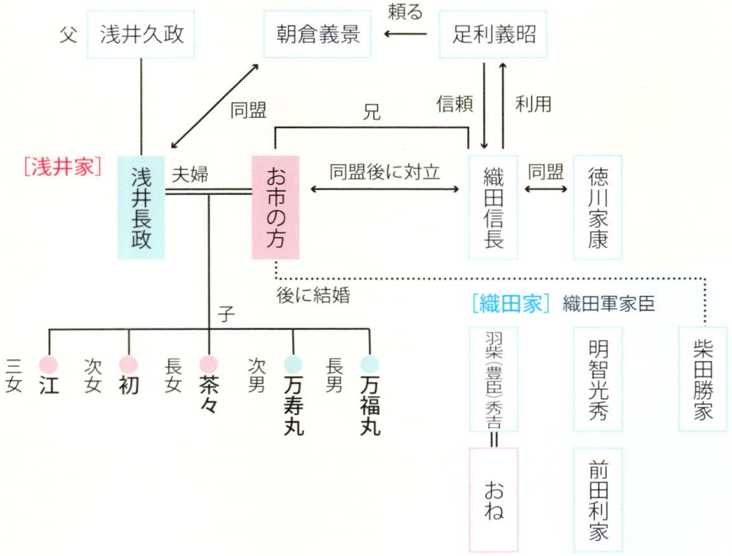

たのは織田信長《おだのぶなが》ともいわれており、彼《かれ》の策略家《さくりゃくか》の一面《いちめん》がうかがえます。その後《ご》、信長《のぶなが》は足利義昭《あしかがよしあき》を追放《ついほう》し、先《さき》の停戦命令《ていせんめいれい》を破棄《はき》して再《ふたた》び長政《ながまさ》への攻撃《こうげき》を始《はじ》めました。**姉川《あねがわ》の合戦《かっせん》**によって態勢《たいせい》を崩《くず》されていた長政《ながまさ》は小谷城《こだにじょう》にこもり援軍《えんぐん》を待《ま》ちますが、その甲斐《かい》虚《むな》しく織田軍《おだぐん》に城《しろ》を包囲《ほうい》されます。長政《ながまさ》はお市《いち》の方《かた》と三姉妹《さんしまい》（茶々《ちゃちゃ》、初《はつ》、江《ごう》）を逃《に》がしたのち、自害《じがい》し29歳《さい》で幕《まく》を閉《と》じました。お市《いち》の方《かた》は三姉妹《さんしまい》と共《とも》に織田家《おだけ》に引《ひ》き取《と》られ、9年余《ねんあま》りを平穏《へいおん》に過《す》ごしたようです。1582年《ねん》、明智光秀《あけちみつひで》による本能寺《ほんのうじ》の変《へん》で、織田信長《おだのぶなが》が死去後《しきょご》、お市《いち》の方《かた》は、織田家《おだけ》の筆頭家老《ひっとうかろう》だった柴田勝家《しばたかついえ》と再婚《さいこん》し、北ノ庄城《きたのしょうじょう》に三姉妹《さんしまい》と共《とも》に入《はい》りました。その後《ご》、柴田勝家《しばたかついえ》は羽柴秀吉《はしばひでよし》との戦《たたか》いに敗《やぶ》れ、城内《じょうない》で自害《じがい》し人生《じんせい》の運命《うんめい》を共《とも》にしました。

▲浅井長政像《あざいながまさぞう》（長浜城歴史博物館蔵《ながはまじょうれきしはくぶつかんぞう》）

を陣中見舞《じんちゅうみま》いと称《しょう》して信長《のぶなが》に送《おく》り、暗《あん》に長政《ながまさ》の裏切《うらぎ》りを伝《つた》える。信長《のぶなが》は羽柴《はしば》（豊臣《とよとみ》）秀吉《ひでよし》に殿《しんがり》を命《めい》じ、京都《きょうと》へ退却《たいきゃく》。（金ケ崎《かねがさき》の退《の》き口《くち》）姉川《あねがわ》の戦《いくさ》で、浅井長政《あざいながまさ》が敗北《はいぼく》

●1573…織田信長《おだのぶなが》に小谷城《おだにじょう》を攻《せ》められる（小谷城《おだにじょう》の戦《いくさ》）、妻《つま》のお市《いち》の方《かた》や三人《さんにん》の娘《むすめ》を羽柴《はしば》（豊臣《とよとみ》）秀吉《ひでよし》に引渡《ひきわた》し、義父《ぎふ》浅井久政《あざいひさまさ》と浅井長政《あざいながまさ》が自害《じがい》し、浅井氏《あざいし》は滅亡《めつぼう》

その後《ご》、お市《いち》は三人《さんにん》の娘《むすめ》とともに尾張国《おわりのくに》清洲城《きよすじょう》で過《す》ごす

●1582…織田信長《おだのぶなが》が、明智光秀《あけちみつひで》の謀反《むほん》（本能寺《ほんのうじ》の変《へん》）により自害《じがい》

お市《いち》、織田家《おだけ》筆頭家老《ひっとうがろう》柴田勝家《しばたかついえ》に再嫁《さいか》し、越前国北ノ庄城《えちぜんのくにきたのしょうじょう》へ

●1583…柴田勝家《しばたかついえ》が賤ケ岳《しずがたけ》の戦《いくさ》で羽柴《はしば》（豊臣《とよとみ》）秀吉《ひでよし》に敗戦《はいせん》、北ノ庄城《きたのしょうじょう》を攻《せ》められ夫《おっと》とともにお市《いち》、自害《じがい》。3人《にん》の娘《むすめ》は羽柴《はしば》（豊臣《とよとみ》）秀吉《ひでよし》が救出《きゅうしゅつ》、辞世《じせい》は「さらぬだに打《う》ちぬる程《ほど》も夏《なつ》の夜《よ》の別《わか》れをさそうほととぎすかな」

「柴田勝家《しばたかついえ》」との再婚《さいこん》

わしが61歳《さい》の時《とき》に
お市《いち》と結婚《けっこん》したのだ

柴田勝家《しばたかついえ》［1522～1583年《ねん》］

［出身《しゅっしん》］尾張国《おわりのくに》

柴田勝家《しばたかついえ》は織田信長《おだのぶなが》の父信秀《ちちのぶひで》の時代《じだい》から織田家《おだけ》に仕《つか》える重臣《じゅうしん》で、「権六《ごんろく》」の通称《つうしょう》でも親《した》しまれ織田家《おだけ》の顔《かお》とも言《い》える猛将《もうしょう》です。勝家《かついえ》は初《はじ》め、織田信長《おだのぶなが》の弟《おとうと》である織田《おだ》信行《のぶゆき》に属《ぞく》して信長《のぶなが》と敵対《てきたい》していました。その後《ご》、信長《のぶなが》にゆるされて信長《のぶなが》の家臣《かしん》となりました。勝家《かついえ》は信長《のぶなが》の下《もと》で働《はたら》き、浅井長政《あざいながまさ》・朝倉《あさくら》義景《よしかげ》との戦《たたか》いや北陸《ほくりく》の一向一揆《いっこういっき》の戦《たたか》い等《など》で活躍《かつやく》しました。信長《のぶなが》が明智光秀《あけちみつひで》に討《う》たれた本能寺《ほんのうじ》の変後《へんご》、清州会議《きよすかいぎ》の結果《けっか》豊臣秀吉《とよとみひでよし》の仲介《ちゅうかい》により、お市《いち》の方《かた》と夫婦《ふうふ》になり、お市《いち》の方《かた》の連《つ》れ子《こ》である三姉妹《さんしまい》の茶々《ちゃちゃ》、初《はつ》、江《ごう》の義理《ぎり》の父親《ちちおや》となりました。その後、権力者《けんりょくしゃ》争《あらそ》いで秀吉《ひでよし》に敗《やぶ》れた勝家《かついえ》は越前《えちぜん》の北ノ庄《きたのしょう》城《じょう》でお市の方《かた》とともに自害《じがい》しました。辞世《じせい》の句《く》：「夏《なつ》の夜《よ》の 夢路《ゆめじ》はかなき 後《あと》の名《な》を 雲井《くもい》にあげよ 山《やま》ほととぎす」

略式《りゃくしき》年表《ねんぴょう》 浅井長政《あざいながまさ》とお市《いち》の方《かた》

- 1545…北近江《きたおうみ》の大名《だいみょう》、浅井久政《あざいひさまさ》の子《こ》として長政《ながまさ》が生《う》まれる
- 1547…尾張国《おわりのくに》那古野《なごや》の領主《りょうしゅ》、織田信秀《おだのぶひで》の五女《ごじょ》としてお市《いち》、生《う》まれる
- ① 1559…長政《ながまさ》、父《ちち》の浅井久政《あざいひさまさ》を隠居《いんきょ》させ家督《かとく》を相続《そうぞく》服従《ふくじゅう》していた南近江《みなみおうみ》の六角承禎《ろっかくよしかた》（義賢《よしかた》）と対立《たいりつ》。六角家《ろっかくけ》から来《き》ていた妻《つま》を離別《りべつ》
- 1560…初陣《ういじん》である野良田《のらだ》の戦《いくさ》で六角義賢《ろっかくよしかた》を破《やぶ》り、北《きた》近江《おうみ》に独立《どくりつ》。その際援助《さいえんじょ》を受《う》けた越前国《えちぜんのくに》の朝倉《あさくら》義景《よしかげ》と同盟関係《どうめいかんけい》に
- ② 1567…織田信長《おだのぶなが》の妹《いもうと》、お市《いち》の方《かた》を正室《せいしつ》に迎《むか》える織田信長《おだのぶなが》が美濃国《みののくに》を攻略《こうりゃく》
- 1568…織田信長《おだのぶなが》が上洛《じょうらく》を果《は》たし、畿内《きない》を支配下《しはいか》に
- ③ 1570…金ケ崎《かねがさき》の退《の》き口《くち》（長政《ながまさ》が織田信長《おだのぶなが》を裏切《うらぎ》り朝倉《あさくら》義景《よしかげ》に味方《みかた》）この際《さい》、市《いち》は小豆《あずき》入《い》りの袋《ふくろ》の両端《りょうたん》を縛《しば》ったもの

絶世《ぜっせい》の美女《びじょ》といわれた
エジプト最後《さいご》の女王《じょおう》

クレオパトラ7世《せい》
[紀元前《きげんぜん》69～紀元前《きげんぜん》30年《ねん》]

ローマの領土《りょうど》を拡大《かくだい》した
悲劇《ひげき》の将軍《しょうぐん》

ガイウス・ユリウス・カエサル
[紀元前《きげんぜん》100～紀元前《きげんぜん》44年《ねん》]

古代《こだい》ローマの政治家《せいじか》で
カエサルの腹心《ふくしん》

マルクス・アントニウス
[紀元前《きげんぜん》83～紀元前《きげんぜん》30年《ねん》]

—恋人《こいびと》、夫婦《ふうふ》—
クレオパトラの
魅力《みりょく》にはまる

[番外編《ばんがいへん》①／エジプト]

『クレオパトラ』と『カエサル＆アントニウス』

カエサル、アントニウスと2人《にん》のローマの代表的将軍《だいひょうてきしょうぐん》を魅惑《みわく》したクレオパトラは、ローマ人《じん》から「ナイルの魔女《まじょ》」と罵《ののし》られましたが、その潔《いさぎよ》い最期《さいご》は評価《ひょうか》されました。

クレオパトラの野望《やぼう》と共《とも》に

クレオパトラはエジプトの女王《じょおう》でした。弟《おとうと》プトレマイオス13世《せい》と結婚《けっこん》しましたが、王宮《おうきゅう》の権力闘争《けんりょくとうそう》に敗《やぶ》れ、一時的《いちじてき》に王位《おうい》を失《うしな》っていました。この内乱《ないらん》にローマの将軍《しょうぐん》カエサルに保護《ほご》を求《もと》めます。カエサルは、同盟国《どうめいこく》エジプトの安定《あんてい》のため、クレオパトラの女王《じょおう》の地位《ちい》を保障《ほしょう》し回復《かいふく》させます。カエサルはクレオパトラを愛《あい》し、子《こ》を授《さず》かりますが、この後《あと》カエサルは暗殺《あんさつ》されてしましました。ローマからエジプトに帰《かえ》ったクレオパトラは、まもなくカエサルの腹心《ふくしん》であった将軍《しょうぐん》アントニウスと結婚《けっこん》しました。エジプトを守《まも》るため、アントニウスを巻《ま》き込《こ》みエジプトに寝返《ねがえ》らせ、地中海世界《ちちゅうかいせかい》の覇者《はしゃ》・超大国《ちょうたいこく》ローマに戦争《せんそう》を挑《いど》みました。アクティウムの海戦《かいせん》でオクタビアヌス軍《ぐん》に破《やぶ》れたクレオパトラは、女王《じょおう》の誇《ほこ》りを守《まも》るため自害《じがい》し、エジプトはローマの一部《いちぶ》となりました。

預言《よげん》する力《ちから》をもつ
邪馬台国《やまたいこく》の女王《じょおう》
卑弥呼《ひみこ》 [175?〜248?年《ねん》]

卑弥呼《ひみこ》を倭《わ》の女王《じょおう》として
後《うし》ろ盾《だて》になった魏《ぎ》の王《おう》
曹叡《そうえい》 [206〜239年《ねん》]

—親交《しんこう》、協力《きょうりょく》—
女王《じょおう》と
魏王《ぎおう》の交流《こうりゅう》

[番外編《ばんがいへん》②/弥生《やよい》]

『卑弥呼《ひみこ》』と『魏王《ぎおう》(曹叡《そうえい》)』

中国《ちゅうごく》の歴史書《れきししょ》「魏志《ぎし》」倭人伝《わじんでん》に登場《とうじょう》する邪馬台国《やまたいこく》の女王《じょおう》。中国《ちゅうごく》の魏王《ぎおう》の協力《きょうりょく》を得《え》ながら、生《う》まれもった呪術《じゅじゅつ》(まじない)の能力《のうりょく》で村人《むらびと》の平和《へいわ》を守《まも》ったといわれています。

邪馬台国《やまたいこく》を中心《ちゅうしん》とする連合国家《れんごうこっか》の女王《じょおう》に

　卑弥呼《ひみこ》は幼《おさな》いころから、まじないや占《うらな》いの力《ちから》があり、「神《かみ》と話《はなし》ができる」と崇《あが》められていました。180年頃《ねんごろ》、倭国内《わこくない》が乱《みだ》れて争《あらそ》いが起《お》こりますが、卑弥呼《ひみこ》が、邪馬台国《やまたいこく》を中心《ちゅうしん》とする連合国家《れんごうこっか》の女王《じょおう》になり平和《へいわ》が戻《もど》りました。邪馬台国《やまたいこく》は、近畿《きんき》または北九州《きたきゅうしゅう》にあったといわれています。239年《ねん》、魏《ぎ》に使者《ししゃ》「難升米《なんしょうめ》」をおくり、魏王《ぎおう》から「親魏倭王《しんぎわおう》」の称号《しょうごう》と金印《きんじるし》、銅鏡《どうきょう》100枚《まい》などを授《さず》かりました。その後《ご》、魏《ぎ》の使者《ししゃ》が倭《わ》の国《くに》を訪《おとず》れ外交《がいこう》は続《つづ》きました。倭《わ》の国《くに》のひとつである狗奴国《くなこく》と戦《たたか》いが始《はじ》まった際《さい》には、魏《ぎ》に助《たす》けを求《もと》め、実情《じつじょう》を聞《き》いた魏王《ぎおう》は役人《やくにん》の張政《ちょうせい》らを倭《わ》に向《む》かわせ、邪馬台国《やまたいこく》に協力《きょうりょく》しました。戦《たたか》いのさなか、卑弥呼《ひみこ》は亡《な》くなり、再《ふたた》び男性《だんせい》の王《おう》が現《あらわ》れますが、国《くに》はまとまりません。そこで卑弥呼《ひみこ》の親族《しんぞく》とされる壱与《いよ》が女王《じょおう》となり平和《へいわ》を取《と》り戻《もど》しました。

旧石器《きゅうせっき》〜飛鳥時代《あすかじだい》［紀元前《きげんぜん》1世紀頃《せいきごろ》▶708年《ねん》］

旧石器時代《きゅうせっきじだい》	約《やく》2万《まん》年前《ねんまえ》	・野尻湖周辺《のじりこしゅうへん》で旧石器人《きゅうせっきじん》がゾウ狩《が》り
	約《やく》1万《まん》8000年前《ねんまえ》	・港川人《みなとがわじん》が現《あらわ》れる
	約《やく》1万《まん》5000年前《ねんまえ》	・温暖化《おんだんか》により大型哺乳動物《おおがたほにゅうどうぶつ》が消滅《しょうめつ》
	約《やく》1万《まん》4000年前《ねんまえ》	・浜北人《はまきたじん》が現《あらわ》れる
	約《やく》1万《まん》3000年前《ねんまえ》	・現在《げんざい》の日本列島《にほんれっとう》が形成《けいせい》される
縄文時代《じょうもんじだい》	約《やく》1万《まん》2000年前《ねんまえ》	・縄文土器《じょうもんどき》が使《つか》われ始《はじ》める
	約《やく》5500年前《ねんまえ》	・三内丸山遺跡《さんないまるやまいせき》に見《み》られるような大規模《だいきぼ》な集落《しゅうらく》が成立《せいりつ》
	紀元前《きげんぜん》4〜5世紀頃《せいきごろ》	・日本《にほん》に稲作《いなさく》と鉄器《てっき》が伝来《でんらい》
弥生時代《やよいじだい》	紀元前《きげんぜん》1世紀頃《せいきごろ》	・倭《わ》は100あまりの国《くに》に分《わ》かれていた
	57年《ねん》	・倭《わ》の奴国王《なのこくおう》が後漢《ごかん》に遣使《けんし》
	2世紀後半《せいきこうはん》	・倭国内《わこくない》で戦乱《せんらん》が起《お》こる
古墳時代《こふんじだい》	239年《ねん》	・邪馬台国《やまたいこく》の卑弥呼《ひみこ》が魏《ぎ》に遣使《けんし》
	3世紀後半《せいきこうはん》	・前方後円墳《ぜんぽうこうえんふん》が各地《かくち》に分布《ぶんぷ》
	4世紀前半《せいきぜんはん》	・大和政権《やまとせいけん》が国内《こくない》を統一《とういつ》
	4世紀後半《せいきこうはん》	・倭国《わこく》が土地《とち》の利権確保《りけんかくほ》のため高句麗《こうくり》と対抗《たいこう》

約《やく》2400年前《ねんまえ》、日本列島《にほんれっとう》に稲作《いなさく》が伝《つた》わり、それまで狩猟生活《しゅりょうせいかつ》をしていた人々《ひとびと》も農業《のうぎょう》を中心《ちゅうしん》とした生活《せいかつ》をするよう変《か》わっていきました。やがて各地《かくち》に国《くに》ができ、王《おう》があらわれるようになりました。女王《じょおう》・卑弥呼《ひみこ》は、この弥生時代《やよいじだい》の後期《こうき》に登場《とうじょう》します。大《おお》きな古墳《こふん》の時代《じだい》に入《はい》り、倭《わ》の五王《ごおう》らにより大和朝廷《やまとちょうてい》が成立《せいりつ》。7世紀《せいき》はじめ、大和朝廷《やまとちょうてい》では、聖徳太子《しょうとくたいし》が蘇我氏《そがうじ》とともに仏教《ぶっきょう》を取《と》り入《い》れながら国《くに》づくりをめざしました。

古墳時代《こふんじだい》

5世紀前半《せいきぜんはん》 ・倭《わ》の五王《ごおう》が中国南朝《ちゅうごくなんちょう》の宋《そう》に遣使《けんし》

527年《ねん》 ・筑紫国造磐井《つくしのくにのみやつこいわい》の乱《らん》

538年《ねん》 ・百済《くだら》から仏教《ぶっきょう》が日本《にほん》に伝《つた》わる

飛鳥時代《あすかじだい》

562年《ねん》 ・伽耶《かや》が新羅《しらぎ》に滅《ほろ》ぼされる

587年《ねん》 ・蘇我馬子《そがのうまこ》、物部守屋《もののべのもりや》を滅《ほろ》ぼす

593年《ねん》 ・聖徳太子《しょうとくたいし》が推古天皇《すいこてんのう》の摂政《せっしょう》になる

603年《ねん》 ・冠位十二階《かんいじゅうにかい》を制定《せいてい》

604年《ねん》 ・十七条憲法《じゅうしちじょうけんぽう》を制定《せいてい》

607年《ねん》 ・小野妹子《おののいもこ》が隋《ずい》に送《おく》られる（遣隋使《けんずいし》）

630年《ねん》 ・犬上御田鍬《いぬがみのみたすき》が唐《とう》に送《おく》られる（遣唐使《けんとうし》）

646年《ねん》 ・大化《たいか》の改新始《かいしんはじ》まる

663年《ねん》 ・白村江《はくすきのえ》の戦《たたか》い

672年《ねん》 ・壬申《じんしん》の乱《らん》

689年《ねん》 ・飛鳥浄御原令《あすかきよみがはらりょう》施行《しこう》

701年《ねん》 ・大宝律令《たいほうりつりょう》の制定《せいてい》

708年《ねん》 ・和同開珎《わどうかいちん》が作《つく》られる

▲旧石器時代《きゅうせっきじだい》の狩《か》りの様子《ようす》

▲遮光器型土偶《しゃっこうきがたどぐう》

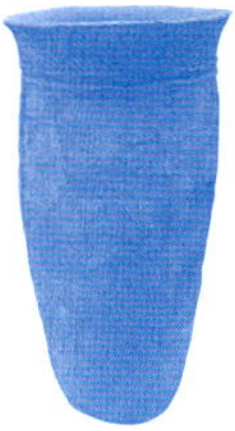

▲縄文土器《じょうもんどき》

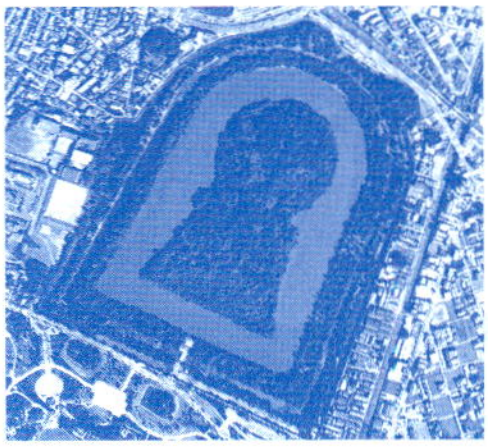

▲前方後円墳《ぜんぽうこうえんふん》

写真提供《しゃしんていきょう》/国土交通省《こくどこうつうしょう》

飛鳥《あすか》

『聖徳太子《しょうとくたいし》』と『推古天皇《すいこてんのう》』

—天皇《てんのう》と皇太子《こうたいし》—
叔母《おば》と甥《おい》、ビジネスパートナー

推古天皇《すいこてんのう》の信頼《しんらい》のもと
摂政《せっしょう》として政治手腕《せいじしゅわん》を発揮《はっき》

聖徳太子《しょうとくたいし》 [574～622年《ねん》]

[出身《しゅっしん》] 奈良県明日香村《ならけんあすかむら》

[親《おや》] 用明天皇《ようめいてんのう》、穴穂部間人皇女《あなほべのはしひとのひめみこ》

[配偶者《はいぐうしゃ》] 菟道貝蛸皇女《うじのかいたこのひめみこ》、刀自古郎女《とじこのいらつめ》、橘大郎女《たちばなのおおいらつめ》、膳部菩岐々美郎女《かしわでのほきみのいらつめ》

飛鳥時代《あすかじだい》の皇族《こうぞく》で、第《だい》31代用明天皇《ようめいてんのう》の第二《だいに》皇子《おうじ》。若《わか》い時《とき》は崇仏派《すうぶつは》の蘇我馬子《そがのうまこ》とともに排仏派《はいぶつは》の物部守屋《もののべのもりや》と戦《たたか》う。後《のち》に政治家《せいじか》として推古天皇《すいこてんのう》の摂政《せっしょう》となった。仏教《ぶっきょう》を篤《あつ》く信仰《しんこう》し四天王寺《してんのうじ》を建立《こんりゅう》、また「遣隋使《けんずいし》」の派遣《はけん》や「冠位十二階《かんいじゅうにかい》」、「十七条憲法《じゅうしちじょうけんぽう》」の制定《せいてい》など、仏法《ぶっぽう》を敬《うやま》い天皇《てんのう》に従《したが》う制度《せいど》づくりをすすめた。

日本初《にほんはつ》の女性天皇《じょせいてんのう》

推古天皇《すいこてんのう》 [554～628年《ねん》(没年《ぼつねん》は諸説《しょせつ》あり)]

[出身《しゅっしん》] 奈良県桜井市《ならけんさくらいし》

[親《おや》] 欽明天皇《きんめいてんのう》、蘇我堅塩媛《そがのきたしひめ》

[配偶者《はいぐうしゃ》] 敏達天皇《びだつてんのう》(585年《ねん》まで)

第《だい》33代天皇《だいてんのう》で第《だい》30代敏達天皇《だいびだつてんのう》の皇后《こうごう》。聖徳太子《しょうとくたいし》の父《ちち》用明天皇《ようめいてんのう》は兄《あに》、第《だい》32代崇峻天皇《だいすしゅんてんのう》は異母弟《いぼてい》。『日本書紀《にほんしょき》』には容姿端麗《ようしたんれい》であったと記《しる》されている。592年《ねん》崇峻天皇《すしゅんてんのう》が蘇我馬子《そがのうまこ》に暗殺《あんさつ》されたため、女性《じょせい》として日本初《にほんはつ》の天皇《てんのう》となる。聖徳太子《しょうとくたいし》とともに仏教《ぶっきょう》を保護《ほご》し、天皇中心《てんのうちゅうしん》の政治《せいじ》を目指《めざ》した。

日本初《にほんはつ》の女性天皇《じょせいてんのう》として即位《そくい》した推古天皇《すいこてんのう》と、摂政《せっしょう》として推古天皇《すいこてんのう》を補佐《ほさ》した聖徳太子《しょうとくたいし》。ふたりは「仏教《ぶっきょう》の保護《ほご》」や「冠位十二階《かんいじゅうにかい》」の制定《せいてい》、「遣隋使《けんずいし》の派遣《はけん》」などの政策《せいさく》を行《おこな》う。

年表① 疫病《えきびょう》と仏教《ぶっきょう》を巡《めぐ》る争《あらそ》い

炊屋姫尊《かしきやのひめみこと》（後《のち》の推古天皇《すいこてんのう》）は、第《だい》29代《だい》欽明天皇《きんめいてんのう》と蘇我堅塩媛《そがのきたしひめ》の娘《むすめ》として554年《ねん》に誕生《たんじょう》、若《わか》い時《とき》から容姿端麗《ようしたんれい》で立《た》ち居振《いふ》る舞《ま》いも優雅《ゆうが》な女性《じょせい》でした。18歳《さい》の時《とき》、第《だい》30代《だい》**敏達天皇《びだつてんのう》の皇后《こうごう》**となり、敏達天皇《びだつてんのう》との間《あいだ》に後《あと》に聖徳太子《しょうとくたいし》の妃《きさき》となる菟道貝蛸《うじのかいたこの》皇女《ひめみこ》をはじめ、2男《なん》5女《じょ》をもうけました。

この時代《じだい》、新《あたら》しく百済《くだら》から入《はい》ってきた仏教《ぶっきょう》を巡《めぐ》りその扱《あつか》いをどうするかで、**この仏教《ぶっきょう》を受《う》け入《い》れようとする崇仏派《すうぶつは》の蘇我馬子《そがのうまこ》と、排除《はいじょ》しようとする排仏派《はいぶつは》の**

物部守屋《もののべのもりや》の間《あいだ》で対立《たいりつ》が起《お》こります。この頃国内《ころこくない》に疫病《えきびょう》が流行《はや》り、物部氏《もののべし》はこれを古来《こらい》からの神々《かみがみ》をないがしろにしたたたりだと騒《さわ》ぎ、敏達天皇《びだつてんのう》から許可《きょか》を得《え》て寺《てら》や塔《とう》を焼《や》き払《はら》ってしまいます。しかしその後《ご》も疫病《えきびょう》はおさまらず、天皇《てんのう》も疫病《えきびょう》にかかり585年《ねん》に崩御《ほうぎょ》します。

年表② 太子《たいし》の戦勝祈願《せんしょうきがん》と蘇我《そが》の勝利《しょうり》

厩戸皇子《うまやどのおうじ》（聖徳太子《しょうとくたいし》）は574年《ねん》に橘豊日皇子《たちばなのとよひのみこと》（後《のち》の用明天皇《ようめいてんのう》）と穴穂部《あなほべの》間人皇女《はしひとのひめみこ》の皇子《おうじ》として誕生《たんじょう》しました。名前《なまえ》の由来《ゆらい》は母《はは》が厩《うまや》（馬小屋《うまごや》）の前《まえ》で産気《さんけ》づいたからという説《せつ》をはじめ諸説《しょせつ》あります。**小《ちい》さい頃《ころ》から聡明《そうめい》で仏教《ぶっきょう》を信仰《しんこう》**していました。

585年《ねん》に敏達天皇《びだつてんのう》の後《あと》をついで父《ちち》が第《だい》31代用明天皇《ようめいてんのう》として即位《そくい》しますが、用明天皇《ようめいてんのう》も病《やまい》がもとで587年《ねん》に崩御《ほうぎょ》しました。そして天皇《てんのう》の後継者《こうけいしゃ》を巡《めぐ》り、崇仏派《すうぶつは》の蘇我氏《そがし》と排仏派《はいぶつは》の物部氏《もののべし》との間《あいだ》で争《あらそ》いが始《はじ》まり、太子《たいし》も蘇我《そが》の軍《ぐん》に従軍《じゅうぐん》しました。太子《たいし》は**四天王《してんのう》の木像《もくぞう》をつくり**、「この戦《たたか》いに勝《か》てたら立派《りっぱ》な寺《てら》を建《た》て、仏教《ぶっきょう》を広《ひろ》めることを誓《ちか》います」と、**戦勝祈願《せんしょうきがん》をした**ところ、蘇我軍《そがぐん》は物部軍《もののべぐん》をうち破《やぶ》りました。太子《たいし》はその約束《やくそく》を守《まも》り593年《ねん》に四天王寺《してんのうじ》を建立《こんりゅう》しました。**政治《せいじ》の実権《じっけん》は馬子《うまこ》が握《にぎ》り**、用明天皇《ようめいてんのう》の後継《こうけい》に泊瀬部《はつせべの》皇子《みこ》が第《だい》32代崇峻天皇《だいすしゅんてんのう》として即位《そくい》しますが、馬子《うまこ》と対立《たいりつ》するようになったため馬子《うまこ》に暗殺《あんさつ》されてしまいます。

遣隋使小野妹子《けんずいしおののいもこ》

小野妹子《おののいもこ》 [生没年不詳《せいぼつねんふしょう》]

[出身《しゅっしん》] 近江《おうみ》(滋賀県《しがけん》)

近江《おうみ》の豪族《ごうぞく》の家《いえ》に生《う》まれた小野妹子《おののいもこ》は役人《やくにん》になりますが、家柄《いえがら》が低《ひく》かったため地位《ちい》も低《ひく》かった。しかし、聖徳太子《しょうとくたいし》が「冠位十二階《かんいじゅうにかい》」を定《さだ》め、役人《やくにん》の地位《ちい》を家柄《いえがら》から能力重視《のうりょくじゅうし》に変《か》えてからグングン出世《しゅっせ》をしました。そして太子《たいし》は中国《ちゅうごく》の隋《ずい》の皇帝《こうてい》に国書《こくしょ》を渡《わた》す使者《ししゃ》として妹子《いもこ》を任命《にんめい》しました。

隋《ずい》に着《つ》いた妹子《いもこ》は皇帝《こうてい》の煬帝《ようだい》に「日出《ひい》ずる処《ところ》の天子《てんし》、書《しょ》を日没《ひぼっ》する処《ところ》の天子《てんし》に致《いた》す。恙無《つつがな》しや、云々《うんぬん》」で始《はじ》まる国書《こくしょ》を渡《わた》し、煬帝《ようだい》から非常《ひじょう》に怒《いか》りを買《か》いますが、機転《きてん》と弁明《べんめい》で切《き》り抜《ぬ》け、返書《へんしょ》をもらうことに成功《せいこう》します。そして、隋《ずい》の進《すす》んだ制度《せいど》や文化《ぶんか》を日本《にほん》に持《も》ち帰《かえ》り、国《くに》づくりに役立《やくだ》てられました。また妹子《いもこ》は、返書《へんしょ》は帰国途中《きこくとちゅう》百済《くだら》で盗《ぬす》まれてしまったと弁明《べんめい》していますが、これは返書《へんしょ》の内容《ないよう》が日本《にほん》を臣下扱《しんかあつか》いする内容《ないよう》だったため、見《み》せられないと思《おも》った妹子《いもこ》が破棄《はき》したと推測《すいそく》されています。

年表3 仏教《ぶっきょう》による国《くに》づくり

592年《ねん》、崇峻天皇《すしゅんてんのう》の後継《こうけい》として炊屋姫《かしきやのひめ》尊《みこと》が**日本初《にほんはつ》の女性天皇《じょせいてんのう》**第《だい》33代《だい》推古天皇《すいこてんのう》として即位《そくい》、そして聖徳太子《しょうとくたいし》が皇太子《こうたいし》になりました。この時代力《じだいちから》のある豪族《ごうぞく》が天皇《てんのう》をないがしろにした政治《せいじ》を行《おこな》っていたので、推古天皇《すいこてんのう》は天皇《てんのう》を中心《ちゅうしん》とした政治《せいじ》にしようと593年《ねん》に聖徳太子《しょうとくたいし》を摂政《せっしょう》とし、蘇我馬子《そがのうまこ》と三者《さんしゃ》による政治《せいじ》を行《おこな》いました。

天皇《てんのう》は**仏教《ぶっきょう》を保護《ほご》**し、仏教《ぶっきょう》を中心《ちゅうしん》に据《す》えることで国政《こくせい》の安定《あんてい》を図《はか》りました。太子《たいし》は593年《ねん》、物部氏《もののべし》との戦《たたか》いの際《さい》の誓願《せいがん》を守《まも》り四天王寺《してんのうじ》を建立《こんりゅう》、施薬院《せやくいん》、療病院《りょうびょういん》、悲田院《ひでんいん》、敬田院《けいでんいん》も設置《せっち》したと伝《つた》えられ

推古天皇《すいこてんのう》と聖徳太子《しょうとくたいし》の人物相関図《じんぶつそうかんず》

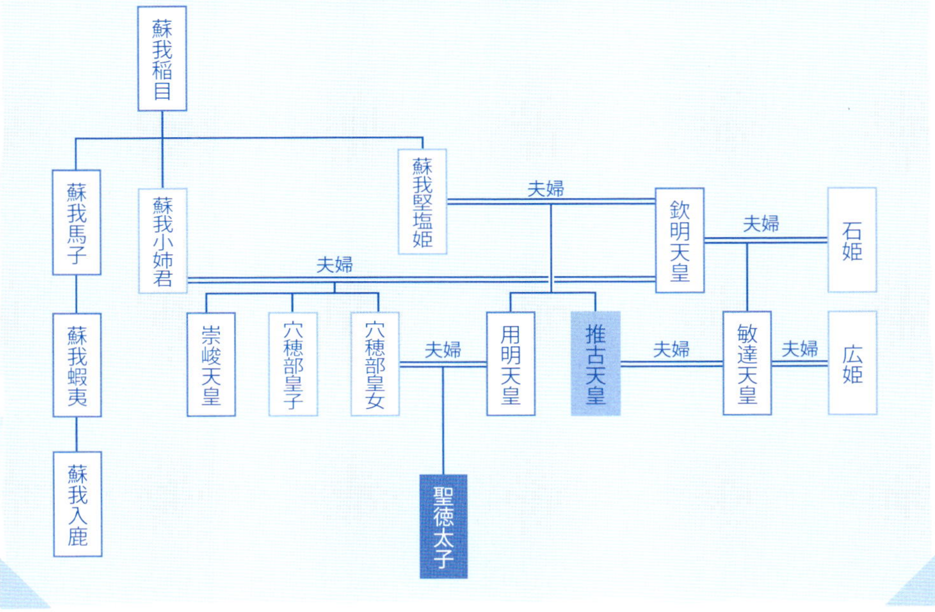

ています。594年《ねん》、天皇《てんのう》は太子《たいし》と馬子《うまこ》に命《めい》じ三宝《さんぽう》（仏《ぶつ》・法《ぽう》・僧《そう》）興隆《こうりゅう》の詔《みことのり》を出《だ》し、政治《せいじ》の基本《きほん》に仏教《ぶっきょう》を据《す》えることを宣言《せんげん》しました。ほかにも蘇我馬子《そがのうまこ》が法興寺《ほつこうじ》（現《げん》飛鳥寺《あすかでら》）を建立《こんりゅう》、595年《ねん》には高句麗《こうくり》より僧恵慈《そうえじ》が来日《らいにち》、太子《たいし》の仏教《ぶっきょう》の師《し》となりました。また天皇《てんのう》と太子《たいし》は607年《ねん》法隆寺《ほうりゅうじ》を建立《こんりゅう》し、ますます仏教《ぶっきょう》が広《ひろ》まりました。

年表④ 推古天皇《すいこてんのう》と聖徳太子《しょうとくたいし》の政治《せいじ》

推古天皇《すいこてんのう》は頭《あたま》もよく、機転《きてん》も利《き》いて聖徳太子《しょうとくたいし》と蘇我馬子《そがのうまこ》を同時《どうじ》にいさめることのできる女性政治家《じょせいせいじか》でした。聖徳太子《しょうとくたいし》は推古天皇《すいこてんのう》の信頼《しんらい》のもと政治手腕《せいじしゅわん》を発揮《はっき》、様々《さまざま》な制度《せいど》や政策《せいさく》を実現《じつげん》していきました。天皇中心《てんのうちゅうしん》の政治《せいじ》を行《おこ》なうため、603年《ねん》に「**冠位十二階**《かんいじゅうにかい》」を定《さだ》め、氏素性《うじすじょう》による地位《ちい》ではなく能力主義《のうりょくしゅぎ》で人材《じんざい》を登用《とうよう》するようになりました。翌《よく》604年《ねん》には**日本《にほん》で初《はじ》めての成文法《せいぶんほう》「十七条憲法《じゅうしちじょうけんぽう》」**を制定《せいてい》し、豪族《ごうぞく》たちに天皇《てんのう》の臣下《しんか》としての心構《こころがま》えを示《しめ》し、天皇《てんのう》に従《したが》い仏法《ぶっぽう》を敬《うやま》うことを命《めい》じ

●626…蘇我馬子《そがのうまこ》、死去《しきょ》（74歳《さい》）

●628…推古天皇崩御《すいこてんのうほうぎょ》（75歳《さい》）

▲推古天皇《すいこてんのう》

▲聖徳太子像《しょうとくたいしぞう》（菊池容斎《きくちようさい》『前賢故実《ぜんけんこじつ》』より）

ました。605年《ねん》、太子《たいし》は斑鳩宮《いかるがのみや》をつくって移《うつ》り住《す》みました。

607年《ねん》、太子《たいし》は大陸《たいりく》の隋《ずい》の進《すす》んだ政治《せいじ》や文化《ぶんか》を取《と》り入《い》れるために小野妹子《おののいもこ》を**遣隋使《けんずいし》として派遣《はけん》**し、持《も》ち帰《かえ》った文化《ぶんか》や制度《せいど》を国《くに》づくりに役立《やくだ》てました。611～615年《ねん》にかけ、太子《たいし》は法華経《ほけきょう》、維摩経《ゆいまきょう》、勝鬘《しょうまん》経《ぎょう》の3経典《きょうてん》の注釈書《ちゅうしゃくしょ》を執筆《しっぴつ》、「三《さん》経義疏《ぎょうぎしょ》」としてまとめられました。また620年《ねん》、馬子《うまこ》と協力《きょうりょく》して天皇家《てんのうけ》の歴史《れきし》を記《しる》した「天皇記《てんのうき》」、国全体《くにぜんたい》の歴史《れきし》を記《しる》した「国記《こっき》」など、国史《こくし》の編纂《へんさん》を行《おこな》いました。622年《ねん》、聖徳太子《しょうとくたいし》は病《やまい》に倒《たお》れ斑鳩宮《いかるがのみや》で息《いき》を引《ひ》き取《と》りました。626年《ねん》蘇我馬子《そがのうまこ》も亡《な》くなり、さらに628年《ねん》推古天皇《すいこてんのう》も崩御《ほうぎょ》、これにより推古天皇《すいこてんのう》、聖徳太子《しょうとくたいし》、蘇我馬子《そがのうまこ》の三者《さんしゃ》による政治《せいじ》は終《お》わりを告《つ》げました。

「冠位十二階《かんいじゅうにかい》」を制定《せいてい》し、個人《こじん》の
才能《さいのう》や功績《こうせき》によって位《くらい》を与《あた》えよう
冠《かんむり》の色《いろ》は区別《くべつ》しよう

略式《りゃくしき》年表《ねんぴょう》 推古天皇《すいこてんのう》と聖徳太子《しょうとくたいし》

- ① 554…推古天皇《すいこてんのう》誕生《たんじょう》
- ② 574…聖徳太子《しょうとくたいし》誕生《たんじょう》
- 587…用明天皇《ようめいてんのう》崩御《ほうぎょ》
  太子《たいし》、蘇我馬子軍《そがのうまこぐん》に従軍《じゅうぐん》し物部守屋《もののべのもりや》を討《う》つ
- ③ 592…推古天皇《すいこてんのう》が即位《そくい》
- 593…太子《たいし》、四天王寺《してんのうじ》を建立《こんりゅう》、推古天皇《すいこてんのう》の摂政《せっしょう》となる
- 595…高句麗《こうくり》より僧恵慈《そうえじ》が来日《らいにち》、太子《たいし》の仏教《ぶっきょう》の師《し》となる
- ④ 603…冠位十二階《かんいじゅうにかい》を制定《せいてい》
- 604…十七条憲法《じゅうしちじょうけんぽう》を制定《せいてい》
- 605…斑鳩宮《いかるがのみや》に移《うつ》る
- 607…太子《たいし》、法隆寺《ほうりゅうじ》を建立《こんりゅう》
  小野妹子《おののいもこ》を隋《ずい》に派遣《はけん》（第《だい》2回遣隋使《かいけんずいし》）
- 620…「天皇記《てんのうき》」と「国記《こっき》」を蘇我馬子《そがのうまこ》と協力《きょうりょく》して編纂《へんさん》
- 622…聖徳太子《しょうとくたいし》、病死《びょうし》（49歳《さい》）

『天武天皇《てんむてんのう》』と『持統天皇《じとうてんのう》』

—夫婦《ふうふ》—

同志《どうし》、二人《ふたり》で律令《りつりょう》国家《こっか》を確立《かくりつ》

兄《あに》のこころを継《つ》ぎ
中央政権《ちゅうおうせいけん》の政治《せいじ》をすすめる

天武天皇《てんむてんのう》［631?～686年《ねん》］

［出身《しゅっしん》］奈良《なら》

［親《おや》］舒明天皇《じょめいてんのう》、宝皇女《たからのひめみこ》（皇極天皇《こうぎょくてんのう》／斉明天皇《さいめいてんのう》）

［配偶者《はいぐうしゃ》］鸕野皇女《うののひめみこ》（持統天皇《じとうてんのう》）

舒明天皇《じょめいてんのう》の皇子《おうじ》で天智天皇《てんじてんのう》の弟《おとうと》。皇太弟《こうたいごう》だったが、鸕野皇女《うののひめみこ》とともに一時吉野《いちじよしの》に隠《かく》れ、皇位奪還《こういだっかん》の時期《じき》をうかがう。中大兄皇子崩御《なかのおおえのおうじほうぎょ》後《ご》の、壬申《じんしん》の乱《らん》で大友皇子《おおとものおうじ》を倒《たお》して飛鳥《あすか》の浄御原宮《きよみはらみや》で即位《そくい》。鸕野皇女《うののひめみこ》（持統天皇《じとうてんのう》）を右腕《みぎうで》とし天皇中心《てんのうちゅうしん》の政治《せいじ》の確立《かくりつ》をめざす。「飛鳥《あすか》浄御原令《きよみがはらりょう》」や「八色《やくさ》の姓《かばね》」などを制定《せいてい》した。

律令国家《りつりょうこっか》の建設《けんせつ》と
新《あら》たな都《みやこ》の造営《ぞうえい》につとめた

持統天皇《じとうてんのう》［645～702年《ねん》］

［出身《しゅっしん》］奈良《なら》

［親《おや》］天智天皇《てんじてんのう》、蘇我遠智娘《そがのおちのいらつめ》

［配偶者《はいぐうしゃ》］天武天皇《てんむてんのう》

天智天皇《てんじてんのう》の第《だい》2皇女《こうじょ》。天武天皇《てんむてんのう》の皇后《こうごう》。天皇《てんのう》と皇太子草壁皇子《こうたいしくさかべのみこ》があいついで没《ぼっ》したため即位《そくい》。夫《おっと》の遺業《いぎょう》である改新政治《かいしんせいじ》を引《ひ》き継《つ》ぎ、浄御原令《きよみがはらりょう》の制定《せいてい》、藤原京《ふじわらきょう》を造営《ぞうえい》など律令国家《りつりょうこっか》の推進《すいしん》につとめた。文武天皇《もんむてんのう》に譲位後《じょういご》は太上天皇《だじょうてんのう》（上皇《じょうこう》のこと）として政務《せいむ》をみる。万葉集《まんようしゅう》に歌《うた》を収《おさ》め、また仏教《ぶっきょう》を保護《ほご》し、薬師寺《やくしじ》を建《た》てさせた。

天武天皇《てんむてんのう》は浄御原令《きよみがはらりょう》を定《さだ》め、天皇《てんのう》を中心《ちゅうしん》とした律令国家《りつりょうこっか》をめざします。天皇《てんのう》の右腕《みぎうで》として活躍《かつやく》した鸕野皇女《うののひめみこ》は女帝初《じょていはつ》の太上天皇《だじょうてんのう》・持統天皇《じとうてんのう》となり藤原京《ふじわらきょう》をつくりました。

年表1 兄《あに》の思《おも》いを察《さっ》した大海人皇子《おおあまのおうじ》

大海人皇子《おおあまのおうじ》（天武天皇《てんむてんのう》）は中大兄皇子《なかのおおえのおうじ》（天智天皇《てんじてんのう》）の弟《おとうと》として生《う》まれました。幼少《ようしょう》の頃《ころ》から兄弟《きょうだい》は仲《なか》がよく、成長《せいちょう》してからも助《たす》け合《あ》って政治《せいじ》を行《おこな》いました。657年《ねん》、大海人皇子《おおあまのおうじ》と鸕野皇女《うののひめみこ》（持統天皇《じとうてんのう》）は結婚《けっこん》します。**668年《ねん》、兄《あに》が即位《そくい》して天智天皇《てんじてんのう》**になり、大海人皇子《おおあまのおうじ》は皇太子《こうたいし》となりました。しかし兄《あに》の子《こ》の大友皇子《おおとものおうじ》が成長《せいちょう》すると、皇位継承《こういけいしょう》させたい兄《あに》は、太政大臣《だいじょうだいじん》に任命《にんめい》し、大友皇子《おおとものおうじ》を補佐《ほさ》する体制《たいせい》を整《ととの》えます。671年《ねん》、病床《びょうしょう》についた天智天皇《てんじてんのう》から皇位継承《こういけいしょう》をすすめられた大海人皇子《おおあまのおうじ》は、兄《あに》の心中《しんちゅう》を見抜《みぬ》き、出家《しゅっけ》して、鸕野皇女《うののひめみこ》と一族《いちぞく》をひきつれ**吉野《よしの》にこもります**。やがて天智天皇《てんじてんのう》はなくなり、大友皇子《おおとものおうじ》は大海人皇子《おおあまのおうじ》との戦《たたか》いの準備《じゅんび》に取《と》り掛《か》かります。

▲『集古十種《しゅうこじっしゅ》』「天武帝御影《てんむていみえい》」

年表2 「壬申《じんしん》の乱《らん》」おこる

672年《ねん》、皇位争奪《こういそうだつ》の戦《たたか》い「壬申《じんしん》の乱《らん》」がおきます。大海人皇子《おおあまのおうじ》は吉野《よしの》で挙兵《きょへい》して、伊賀《いが》、伊勢《いせ》を経《へ》て美濃《みの》の不破《ふは》の関《せき》に陣取《じんど》りました。大海人皇子《おおあまのおうじ》の軍《ぐん》は1か月《げつ》にわたる各地《かくち》の戦《たたか》いに勝利《しょうり》をかさね、大津京《おおつきょう》にせまり大友皇子《おおとものおうじ》を自害《じがい》に追《お》いやりました。大海人皇子《おおあまのおうじ》は新《あたら》しくたてた飛鳥《あすか》の宮《みや》（飛鳥浄御原宮《あすかのきよみはらのみや》）で即位《そくい》し、**天武天皇《てんむてんのう》となり**、鸕野皇女《うののひめみこ》も皇后《こうごう》となります。天智天皇《てんじてんのう》の考《かんが》えた、皇室中心《こうしつちゅうしん》の政治《せいじ》が受《う》け継《つ》がれ

ていきます。684年《ねん》、「八色《やくさ》の姓《かばね》」を定《さだ》め、貴族《きぞく》の身分的《みぶんてき》な秩序《ちつじょ》を再編《さいへん》しました。

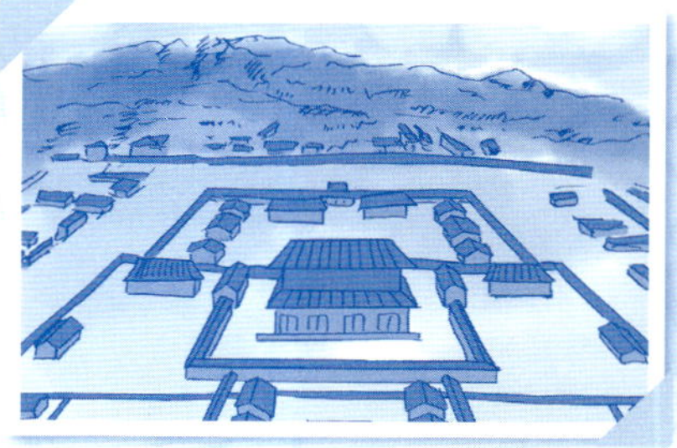

年表③ 中継《なかつ》ぎとして即位《そくい》し 藤原京《ふじわらきょう》を造営《ぞうえい》

草壁皇子《くさかべのみこ》を皇太子《こうたいし》とし、686年《ねん》に天武天皇《てんむてんのう》が病没《びょうぼつ》しました。689年《ねん》、皇太子《こうたいし》・草壁皇子《くさかべのみこ》が急死《きゅうし》したため翌年《よくねん》、**皇后《こうごう》が即位《そくい》し、持統天皇《じとうてんのう》**となります。高市皇子《たけちのみこ》を太政大臣《だいじょうだいじん》、また右大臣《うだいじん》を任命《にんめい》し、天武天皇《てんむてんのう》から引《ひ》き継《つ》いだ「浄御原律令《きよみがはらりつりょう》」を施行《しこう》します。**694年《ねん》、中国《ちゅうごく》の様式《ようしき》を取《と》り入《い》れた、大《おお》きな都《みやこ》「藤原京《ふじわらきょう》」を完成《かんせい》**させました。697年《ねん》、皇位《こうい》を軽皇子《かるのみこ》（文武天皇《もんむてんのう》）に譲《ゆず》り、太上天皇《だじょうてんのう》と称《しょう》し、若《わか》い文武天皇《もんむてんのう》の治安《ちあん》を支《ささ》えました。**701年《ねん》**には藤原不比等《ふじわらのふひと》らによる**「大宝律令《たいほうりつりょう》」が完成《かんせい》**し、翌年《よくねん》に施行《しこう》されました。この律令《りつりょう》によって朝廷《ちょうてい》の支配《しはい》は地方《ちほう》まで、いきわたりました。

- 673…大海人皇子《おおあまのおうじ》が第《だい》40代《だい》天武天皇《てんむてんのう》になる。鸕野皇女《うののひめみこ》も皇后《こうごう》となり、飛鳥浄御原宮《あすかのきよみはらのみや》に移《うつ》る
- 681…天武天皇《てんむてんのう》が浄御原令《きよみがはらりょう》をつくりはじめる。息子《むすこ》の草壁皇子《くさかべのみこ》を皇太子《こうたいし》にする。天皇《てんのう》とその皇族《こうぞく》たちによる政治《せいじ》を確立《かくりつ》する
- 682…天武天皇《てんむてんのう》が「古事記《こじき》」、「日本書紀《にほんしょき》」の編集《へんしゅう》を始《はじ》める
- 684…天武天皇《てんむてんのう》が八色《やくさ》の姓《かばね》を決《き》める。これまでの臣《しん》、連《れん》などを最高位《さいこうい》としていた姓《せい》を変《か》え、真人《しんじん》を最上位《さいじょうい》とした
- 686…天武天皇《てんむてんのう》、崩御《ほうぎょ》
- 689…皇太子《こうたいし》・草壁皇子《くさかべのみこ》死没《しぼつ》。飛鳥浄御原令《あすかきよみがはらりょう》の施行《しこう》
- 690…持統天皇《じとうてんのう》、即位《そくい》。高市皇子《たけちのみこ》を太政大臣《だいじょうだいじん》、丹比嶋《たじひのしま》を右大臣《うだいじん》とする
- 694…藤原京遷都《ふじわらきょうせんと》
- 696…太政大臣高市皇子《だいじょうだいじんたけちのみこ》死没《しぼつ》
- 697…孫《まご》・軽皇子《かるのみこ》（文武天皇《もんむてんのう》）立太子《りったいし》。文武天皇《もんむてんのう》に譲位《じょうい》、太上天皇《だじょうてんのう》（上皇《じょうこう》）となる
- 701…大宝律令《たいほうりつりょう》を制定《せいてい》。曾孫《ひまご》・首皇子《おびとのみこ》（聖武天皇《しょうむてんのう》）誕生《たんじょう》
- 702…持統天皇《じとうてんのう》、崩御《ほうぎょ》（檜隈大内陵《ひのくまおおうちりょう》に天武天皇《てんむてんのう》と合葬《がっそう》される）

春《はる》過《す》ぎて 夏《なつ》きにけらし しろたへの
衣《ころも》ほすてふ 天《あま》の香具山《かぐやま》

持統天皇《じとうてんのう》はどんな人《ひと》?

持統天皇《じとうてんのう》は、天智天皇《てんじてんのう》の娘《むすめ》で、天武天皇《てんむてんのう》と、天智天皇《てんじてんのう》は兄弟《きょうだい》です。つまり、姪《めい》と叔父《おじ》の関係《かんけい》にあたり、そのふたりが結婚《けっこん》しているのです。持統天皇《じとうてんのう》は、非常《ひじょう》に聡明《そうめい》で、実権《じっけん》を握《にぎ》りました。「壬申《じんしん》の乱《らん》」では、夫《おっと》の相談相手《そうだんあいて》になるなど、大友皇子軍《おおとものおうじぐん》との戦《たたか》いの勝利《しょうり》に貢献《こうけん》しました。そして、天皇《てんのう》の位《くらい》についた夫《おっと》を、陰《かげ》で支《ささ》え続《つづ》けたといいます。持統天皇《じとうてんのう》がしたことは、「法律《ほうりつ》を決《き》めた」、「藤原京《ふじわらきょう》を作《つく》った」、「戸籍《こせき》を作《つく》って税収《ぜいしゅう》があがるようした」などがあります。また、新羅《しらぎ》という朝鮮半島《ちょうせんはんとう》の国《くに》との関係《かんけい》も重視《じゅうし》していました。持統天皇《じとうてんのう》の有名《ゆうめい》な和歌《わか》があります。宮殿《きゅうでん》で執務《しつむ》をして、ふと外《そと》を眺《なが》め奈良《なら》の香具山《かぐやま》の山頂《さんちょう》に、「あら?衣《ころも》が干《ほ》してあるわ。もう夏《なつ》なのね」。と思《おも》ったのかもしれません。なんとも爽快《そうかい》で涼《すず》やかな歌《うた》ですね。

略《りゃく》式《しき》年《ねん》表《ぴょう》

天武天皇《てんむてんのう》と持統天皇《じとうてんのう》

- 631…天武天皇《てんむてんのう》、舒明天皇《じょめいてんのう》の子《こ》として生《う》まれる。名前《なまえ》は大海人皇子《おおあまのおうじ》
- 645…兄《あに》の中大兄皇子《なかのおおえのおうじ》（のちの天智天皇《てんじてんのう》）が蘇我入鹿《そがのいるか》を暗殺《あんさつ》し、大化《たいか》の改新《かいしん》が始《はじ》まる。鸕野皇女《うののひめみこ》（持統天皇《じとうてんのう》）が生《う》まれる
- 657…大海人皇子《おおあまのおうじ》（天智天皇《てんじてんのう》）と鸕野皇女《うののひめみこ》（持統天皇《じとうてんのう》）が結婚《けっこん》する
- 664…大海人皇子《おおあまのおうじ》が兄《あに》の中大兄皇子《なかのおおえのおうじ》を助《たす》けて、政治《せいじ》を行《おこな》う。冠位二十六階《かんいにじゅうろくかい》を定《さだ》める
- ① 668…兄《あに》の中大兄皇子《なかのおおえのおうじ》が天智天皇《てんじてんのう》になる。大海人皇子《おおあまのおうじ》が皇太子《こうたいし》になる
- 671…天智天皇《てんじてんのう》の息子《むすこ》の大友皇子《おおとものおうじ》が太政大臣《だいじょうだいじん》になる。大海人皇子《おおあまのおうじ》は僧《そう》になって、吉野《よしの》へ行《い》く。天智天皇《てんじてんのう》、崩御《ほうぎょ》
- ② 672…壬申《じんしん》の乱《らん》がおこる。大海人皇子《おおあまのおうじ》と大友皇子《おおとものおうじ》の天皇《てんのう》の地位《ちい》をめぐる戦争《せんそう》で大海人皇子《おおあまのおうじ》が勝利《しょうり》する

奈良《なら》～平安時代《へいあんじだい》［710年《ねん》▶1180年《ねん》］

奈良時代《ならじだい》	710年《ねん》	・平城京《へいじょうきょう》へ遷都《せんと》
	712年《ねん》	・日本最古《にほんさいこ》の歴史書《れきししょ》である古事記《こじき》が編纂《へんさん》される
	720年《ねん》	・日本書紀《にほんしょき》が完成《かんせい》する
	723年《ねん》	・三世一身法《さんぜいっしんのほう》が発布《はっぷ》される
	729年《ねん》	・長屋王《ながやおう》の変《へん》で長屋王《ながやおう》が謀殺《ぼうさつ》される
	741年《ねん》	・日本全国《にほんぜんこく》の国分寺《こくぶんじ》が造営《ぞうえい》の詔《みことのり》
	743年《ねん》	・墾田永年私財法《こんでんえいねんしざいほう》が発布《はっぷ》される これによって荘園《しょうえん》が生《う》まれた
	752年《ねん》	・奈良《なら》の大仏《だいぶつ》が建立《こんりゅう》される
	753年《ねん》	・鑑真和上来日《がんじんわじょうらいにち》
	756年《ねん》	・聖武天皇《しょうむてんのう》が崩御《ほうぎょ》
	781年《ねん》	・桓武天皇《かんむてんのう》が即位《そくい》
	784年《ねん》	・長岡京《ながおかきょう》へ遷都《せんと》
平安時代《へいあんじだい》	794年《ねん》	・平安京《へいあんきょう》に遷都《せんと》する
	797年《ねん》	・坂上田村麻呂《さかのうえのたむらまろ》を征夷大将軍《せいいたいしょうぐん》に任命《にんめい》
	798年《ねん》	・清水寺創建《きよみずでらそうけん》
	800年《ねん》	・空海帰朝《くうかいきちょう》

奈良時代《ならじだい》から平安時代末期《へいあんじだいまっき》の間《あいだ》は、権力者《けんりょくしゃ》が次々《つぎつぎ》と交代《こうたい》していった不安定《ふあんてい》な時期《じき》でした。聖武天皇《しょうむてんのう》は仏教《ぶっきょう》によってこの情勢《じょうせい》を乗《の》り切《き》ろうと国分寺《こくぶんじ》を造営《ぞうえい》させ、嵯峨天皇《さがてんのう》は唐《とう》から帰国《きこく》した空海《くうかい》に平安京《へいあんきょう》の守護《しゅご》をさせようと、京都《きょうと》にある東寺《とうじ》を託《たく》しました。

やがて武士《ぶし》と貴族《きぞく》による権力争《けんりょくあらそ》いが発生《はっせい》します。武士同士《ぶしどうし》である源氏《げんじ》と平氏《へいし》、藤原摂《ふじわらせっ》関家《かんけ》などを巻《ま》き込《こ》んだ戦《たたか》いのすえ平清盛《たいらのきよもり》が勝者《しょうしゃ》となり、平氏政権《へいしせいけん》を誕生《たんじょう》させたのです。

平安時代《へいあんじだい》

858年《ねん》 ・藤原氏《ふじわらし》が台頭《たいとう》、摂関政治《せっかんせいじ》が始《はじ》まる

894年《ねん》 ・遣唐使《けんとうし》が菅原道真《すがわらのみちざね》の建議《けんぎ》により廃止《はいし》となる

902年《ねん》 ・延喜《えんぎ》の荘園整理令《しょうえんせいりれい》が公布《こうふ》される

935年《ねん》 ・関東《かんとう》で平将門《たいらのまさかど》、瀬戸内海《せとないかい》で藤原純友《ふじわらのすみとも》がほぼ同時期《どうじき》に反乱《はんらん》をおこし、承平《じょうへい》・天慶《てんぎょう》の乱《らん》とよばれた

995年《ねん》 ・藤原道長《ふじわらのみちなが》が右大臣《うだいじん》になる

1051年《ねん》 ・前九年《ぜんくねん》の役《えき》がおきる

1069年《ねん》 ・延久《えんきゅう》の荘園整理令《しょうえんせいりれい》が公布《こうふ》される

1083年《ねん》 ・後三年《ごさんねん》の役《えき》で奥州藤原氏《おうしゅうふじわらし》が誕生《たんじょう》する

1086年《ねん》 ・白河上皇《しらかわじょうこう》が院政《いんせい》を開始《かいし》

1156年《ねん》 ・保元《ほうげん》の乱《らん》で、崇徳上皇《すとくじょうこう》を支持《しじ》したグループが大敗北《だいはいぼく》を喫《きっ》する

1159年《ねん》 ・平治《へいじ》の乱《らん》で平清盛《たいらのきよもり》が勝者《しょうしゃ》となる

1167年《ねん》 ・平清盛《たいらのきよもり》が武士《ぶし》として初《はじ》めて太政大臣《だいじょうだいじん》となり政治《せいじ》の中枢《ちゅうすう》を握《にぎ》った

1177年《ねん》 ・鹿ヶ谷《ししがたに》の陰謀《いんぼう》

1180年《ねん》 ・源平合戦《げんぺいがっせん》（治承《ちしょう》・寿永《じゅえい》の乱《らん》）が勃発《ぼっぱつ》

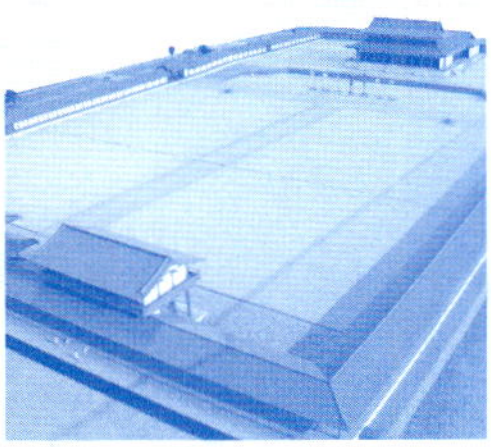

▲平城京《へいじょうきょう》の復元模型《ふくげんもけい》

▲仏教《ぶっきょう》で国《くに》を治《おさ》めようと考《かんが》えた聖武天皇《しょうむてんのう》

▲若狭国分寺《わかさこくぶんじ》

▲空海《くうかい》にゆかりのある東寺《とうじ》

平安《へいあん》

『藤原道長《ふじわらのみちなが》』と『紫式部《むらさきしきぶ》』

—雇用関係《こようかんけい》—
家庭教師《かていきょうし》と雇《やと》い主《ぬし》

摂関政治《せっかんせいじ》を通《つう》じて
藤原氏《ふじわらし》の栄華《えいが》を極《きわ》めた貴族《きぞく》

藤原道長《ふじわらのみちなが》 [966～1027年《ねん》]

[出身《しゅっしん》] 京都府《きょうとふ》
[親《おや》] 藤原兼家《ふじわらのかねいえ》、藤原時姫《ふじわらのときひめ》
[配偶者《はいぐうしゃ》] 源倫子《みなもとのりんし》

藤原兼家《ふじわらのかねいえ》の五男《ごなん》として生《う》まれる。有力《ゆうりょく》な政治家《せいじか》であった兄《あに》たちが次々《つぎつぎ》と没《ぼっ》し、甥《おい》の伊周《これちか》との争《あらそ》いに勝《か》ち左大臣《さだいじん》となる。3人《にん》の娘《むすめ》をそれぞれ天皇《てんのう》に嫁《とつ》がせ中宮《ちゅうぐう》とする。摂政《せっしょう》として天皇《てんのう》を助《たす》け、藤原氏《ふじわらし》全盛《ぜんせい》の時代《じだい》を築《きず》く。貴族《きぞく》として最古《さいこ》の日記《にっき》『御堂関白記《みどうかんぱくき》』を記《しる》す。晩年《ばんねん》は法成寺《ほうじょうじ》の造営《ぞうえい》に精力《せいりょく》を注《そそ》いだ。

日本《にほん》の王朝文学《おうちょうぶんがく》の最高峰《さいこうほう》
「源氏物語《げんじものがたり》」を書《か》いた才女《さいじょ》

紫式部《むらさきしきぶ》 [生没年不詳《せいぼつねんふしょう》]

[出身《しゅっしん》] 京都府《きょうとふ》
[親《おや》] 藤原為時《ふじわらのためとき》、藤原為信女《ふじわらのたかのぶのむすめ》
[配偶者《はいぐうしゃ》] 藤原宣孝《ふじわらののぶたか》

一条天皇《いちじょうてんのう》の中宮彰子《ちゅうぐうしょうし》に家庭教師《かていきょうし》として仕《つか》えた女房《にょうぼう》(高位《こうい》の女官《にょかん》)。学者《がくしゃ》で詩人《しじん》の藤原為時《ふじわらのためとき》の娘《むすめ》として生《う》まれる。才能《さいのう》にすぐれ、世界的《せかいてき》に有名《ゆうめい》な長編物語《ちょうへんものがたり》『源氏物語《げんじものがたり》』の作者《さくしゃ》。また藤原氏《ふじわらし》の栄華《えいが》や、宮中《きゅうちゅう》の人々《ひとびと》のことを記《しる》した『紫式部日記《むらさきしきぶにっき》』の執筆者《しっぴつしゃ》としても有名《ゆうめい》。「中古三十六歌仙《ちゅうこさんじゅうろっかせん》」や「小倉百人一首《おぐらひゃくにんいっしゅ》」にも選《えら》ばれている。

今《いま》から1000年以上前《ねんいじょうまえ》に書《か》かれた長編物語《ちょうへんものがたり》「源氏物語《げんじものがたり》」の作者紫式部《さくしゃむらさきしきぶ》は、実《じつ》は摂関政治《せっかんせいじ》による藤原氏《ふじわらし》の全盛期《ぜんせいき》を築《きず》いた藤原道長《ふじわらのみちなが》の娘《むすめ》、中宮彰子《ちゅうぐうしょうし》の家庭教師《かていきょうし》だった!

年表① 気楽《きらく》な立場《たちば》から表舞台《おもてぶたい》へ

上《うえ》には二人《ふたり》もりっぱな兄《あに》がいるから、私《わたし》の出番《でばん》はないな
道長《みちなが》
道隆《みちたか》
道《みち》兼《かね》

平安時代《へいあんじだい》に摂関政治《せっかんせいじ》で藤原氏《ふじわらし》の全盛《ぜんせい》を築《きず》いた藤原道長《ふじわらのみちなが》は、摂政藤原兼家《せっしょうふじわらのかねいえ》の五男《ごなん》として生《う》まれました。左大臣 源 正信《さだいじんみなもとまさのぶ》の長女倫子《ちょうじょりんし》と結婚《けっこん》しましたたが、道長《みちなが》の上《うえ》には長男《ちょうなん》の道隆《みちたか》や三男《さんなん》の道兼《みちかね》など有力《ゆうりょく》な政治家《せいじか》がいたので、**あまり出世《しゅっせ》は期待《きたい》できませんでした。**

しかし、**二人《ふたり》の兄《あに》が相次《あいつ》いで亡《な》くなった**ことで一条天皇《いちじょうてんのう》の内覧《ないらん》（摂政《せっしょう》と同格《どうかく》）に昇進《しょうしん》、さらに政敵《せいてき》の伊周《これちか》・隆家《たかいえ》の失脚《しっきゃく》で左大臣《さだいじん》になりました。

年表② 父《ちち》をなげかせた才女《さいじょ》

紫式部《むらさきしきぶ》は、学者《がくしゃ》で詩人《しじん》の藤原為時《ふじわらのためとき》の次女《じじょ》として生《う》まれました。子《こ》どもの頃《ころ》から学問好《がくもんず》きで、父《ちち》の為時《ためとき》が兄（弟《あにおとうと》との説《せつ》もある）の惟規《のぶのり》に学問《がくもん》を教《おし》えていると、惟規《のぶのり》よりも先《さき》に覚《おぼ》えてしまい、「この子《こ》が男《おとこ》だったら立派《りっぱ》な学者《がくしゃ》になれるだろうに」と父《ちち》をなげかせほど、**才気《さいき》あふれる娘《むすめ》**でした。

紫式部《むらさきしきぶ》は藤原宣孝《ふじわらののぶたか》と結婚《けっこん》し、一女《いちじょ》・賢子《けんし》（後《のち》の大弐三位《だいにのさんみ》）を産《う》みますがまもなく藤原宣孝《ふじわらののぶたか》と死別《しべつ》してしまいます。

はぁ～っおまえが男《おとこ》の子《こ》だったらなぁ～！
?

年表③ 道長《みちなが》の娘《むすめ》の家庭教師《かていきょうし》に

道長《みちなが》は長女《ちょうじょ》の彰子《しょうし》を一条天皇《いちじょうてんのう》に嫁《とつ》がせ、先《さき》に中宮《ちゅうぐう》だった道隆《みちたか》の娘定子《むすめていし》を皇后《こうごう》にし、彰子《しょうし》を中宮《ちゅうぐう》としました。定子《ていし》には以前《いぜん》『枕草子《まくらのそうし》』の作者《さくしゃ》として宮中《きゅうちゅう》でも知《し》られた清少納言《せいしょうなごん》が仕《つか》えていたこともあり、道長《みちなが》は彰子《しょうし》にも立派《りっぱ》な女官《にょかん》をつけたいと探《さが》していました。そして、その頃《ころ》すでに書《か》き始《はじ》めていた『源氏物語《げんじものがたり》』が知《し》られてきた紫式部《むらさきしきぶ》を**彰子《しょうし》の女房兼家庭教師《にょうぼうけんかていきょうし》**として召《め》

道長《みちなが》の妻倫子《つまりんし》

道長殿《みちながどの》は必《かなら》ず出世《しゅっせ》なさいます!
倫子《りんし》は道長殿《みちながどの》に嫁《とつ》がせます、いいですね!
帝《みかど》の后《きさき》にしようと思《おも》っていたのに

倫子《りんし》［964~1053年《ねん》］

［出身《しゅっしん》］京都府《きょうとふ》
［親《おや》］源雅信《みなもとまさのぶ》、藤原穆子《ふじわらぼくし》
［配偶者《はいぐうしゃ》］藤原道長《ふじわらのみちなが》

道長《みちなが》の妻倫子《つまりんし》は父左大臣《ちちさだいじん》源雅信《みなもとまさのぶ》と母《はは》藤原穆子《ふじわらぼくし》の娘《むすめ》として生《う》まれました。雅信《まさのぶ》は倫子《りんし》を天皇《てんのう》の后《きさき》にと考《かんが》えていましたが、倫子《りんし》の年齢《ねんれい》に見合《みあ》う天皇《てんのう》がいませんでした。そんな時《とき》、藤原兼家《ふじわらのかねいえ》の息子《むすこ》道長《みちなが》から倫子《りんし》への求婚《きゅうこん》がありました。兼家《かねいえ》は雅信《まさのぶ》の政治上《せいじじょう》のライバルであり、道長《みちなが》の上《うえ》には有力《ゆうりょく》な兄《あに》たちがいて出世《しゅっせ》の望《のぞ》みは薄《うす》かったので、雅信《まさのぶ》はこの結婚《けっこん》に乗《の》り気《き》ではありませんでしたが、母《はは》の穆子《ぼくし》は倫子《りんし》が天皇《てんのう》の子《こ》を産《う》むよりも道長《みちなが》の出世《しゅっせ》の可能性《かのうせい》が高《たか》いと見《み》て、強引《ごういん》に倫子《りんし》を道長《みちなが》に嫁《とつ》がせました。道長《みちなが》と倫子《りんし》の夫婦仲《ふうふなか》は円満《えんまん》で多《おお》くの子《こ》どもに恵《めぐ》まれました。

そして、母穆子《ははぼくし》の見立《みた》てのとおり道長《みちなが》は出世《しゅっせ》して、倫子《りんし》との間《あいだ》に生《う》まれた3人《にん》の娘《むすめ》も中宮《ちゅうぐう》として3代《だい》にわたり天皇《てんのう》に嫁《とつ》がせることができました。

し抱《かか》えました。なお、清少納言《せいしょうなごん》の『枕草子《まくらのそうし》』も日本三大随筆《にほんさんだいずいひつ》の一《ひと》つとしても有名《ゆうめい》です。

式部《しきぶ》は彰子《しょうし》の世話《せわ》をするかたわら、以前《いぜん》から執筆《しっぴつ》していた『**源氏物語《げんじものがたり》**』の続《つづ》き以外《いがい》にも、『**紫式部日記《むらさきしきぶにっき》**』を執筆《しっぴつ》しています。『紫式部日記《むらさきしきぶにっき》』は宮中《きゅうちゅう》での出来事《できごと》や暮《く》らし、清少納言《せいしょうなごん》や和泉式部《いずみしきぶ》などの人物評《じんぶつひょう》、藤原氏《ふじわらし》の栄華《えいが》などが書《か》かれています。道長《みちなが》は『源氏物語《げんじものがたり》』の愛読者《あいどくしゃ》であり、主人公《しゅじんこう》の光源氏《ひかるげんじ》のモデルの一人《ひとり》ではないかともいわれています。

道長《みちなが》もまた、20年以上《ねんいじょう》にわたって日記《にっき》

を書《か》いていました。これは『**御堂関白記《みどうかんぱくき》**』と呼《よ》ばれています。『御堂関白記《みどうかんぱくき》』は**当時《とうじ》の政治《せいじ》や、貴族《きぞく》の生活《せいかつ》に関《かん》する第一級《だいいっきゅう》の資料《しりょう》**として非常《ひじょう》に高《たか》い評価《ひょうか》を得《え》ています。

藤原道長《ふじわらのみちなが》と紫式部《むらさきしきぶ》の人物相関図《じんぶつそうかんず》

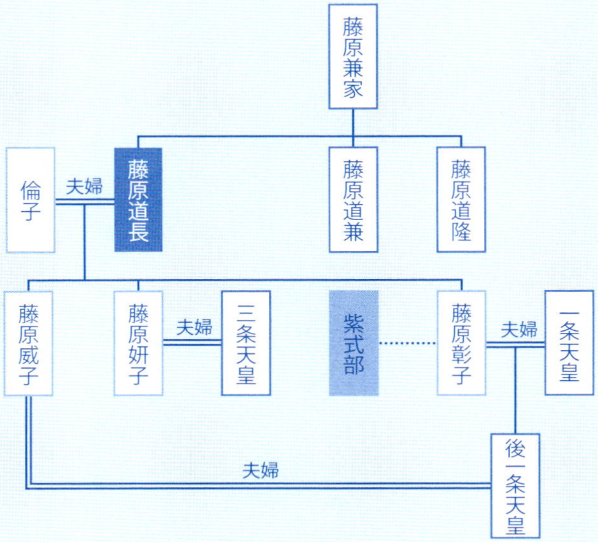

年表④ 式部《しきぶ》と道長《みちなが》の晩年《ばんねん》

彰子《しょうし》に仕《つか》えた紫式部《むらさきしきぶ》は、その後《ご》宮中《きゅうちゅう》を去《さ》ります。宮中《きゅうちゅう》を去《さ》ってからの紫式部《むらさきしきぶ》についてはよくわかっていません。しかし、娘《むすめ》の賢子《けんし》が皇太后《こうたいごう》となった彰子《しょうし》に仕《つか》えています。

道長《みちなが》は、長男《ちょうなん》頼道《よりみち》に摂政《せっしょう》をゆずり、太政大臣《だいじょうだいじん》となります。1018年三女《さんじょ》の威子《いし》を後一条天皇《ごいちじょうてんのう》の中宮《ちゅうぐう》としました。道長邸《みちながてい》で開《ひら》かれた立后《りっこう》を祝《いわ》う祝宴《しゅくえん》で道長《みちなが》が詠《よ》んだ『**この世《よ》をば わが世《よ》とぞ思《おも》ふ 望月《もちづき》の 欠《か》けたることも なしと思《おも》へば**』の歌《うた》は、藤原氏《ふじわらし》の隆盛《りゅうせい》を誇《ほこ》る歌《うた》として有名《ゆうめい》です。その後《ご》、出家《しゅっけ》した道長《みちなが》は法成寺《ほうじょうじ》を建《た》てたのち、1027年病気《ねんびょうき》で亡《な》くなりました。

④

- 1008～1010…紫式部日記《むらさきしきぶにっき》（藤原氏《ふじわらし》の栄華《えいが》などを記《しる》した日記《にっき》）
- 1012…道長《みちなが》の次女《じじょ》・妍子《けんし》が三条天皇《さんじょうてんのう》の中宮《ちゅうぐう》になる
- 1016…彰子《しょうし》の子《こ》が即位《そくい》・後一条天皇《ごいちじょうてんのう》となる
  道長《みちなが》、天皇《てんのう》の摂政《せっしょう》となる
  紫式部《むらさきしきぶ》の娘《むすめ》、賢子《けんし》が彰子《しょうし》に仕《つか》える
- 1017…道長《みちなが》、長男《ちょうなん》・頼道《よりみち》に摂政《せっしょう》をゆずり、太政大臣《だいじょうだいじん》となる
- 1018…道長《みちなが》の三女《さんじょ》・威子《いし》が後一条天皇《ごいちじょうてんのう》の中宮《ちゅうぐう》となる
- 1019…道長《みちなが》、出家《しゅっけ》する
- 1024…道長《みちなが》、法成寺《ほうじょうじ》を建立《こんりゅう》する
- 1027…道長《みちなが》、病没《びょうぼつ》

▲藤原道長《ふじわらのみちなが》（菊池容斎《きくちようさい》『前賢故実《ぜんけんこじつ》』より）

源氏物語《げんじものがたり》と御堂関白記《みどうかんぱくき》

紫式部《むらさきしきぶ》の書《か》いた『源氏物語《げんじものがたり》』は五十四帖《ごじゅうよんじょう》からなる長編物語《ちょうへんものがたり》で、日本《にほん》の王朝文学《おうちょうぶんがく》の最高傑作《さいこうけっさく》といわれています。また、藤原道長《ふじわらのみちなが》の『御堂関白《みどうかんぱく》記《き》』はユネスコの記憶遺産《きおくいさん》にも登録《とうろく》されています。ともに平安時代《へいあんじだい》の貴族《きぞく》の暮《く》らしなどがよくわかり、特《とく》に『御堂関白記《みどうかんぱくき》』は当時《とうじ》の政治資料《せいじしりょう》としても評価《ひょうか》が高《たか》い作品《さくひん》です。

▲「源氏物語絵巻《げんじものがたりえまき》・竹河二《たけかわに》」徳川美術館蔵《とくがわびじゅつかんぞう》

▲「御堂関白記《みどうかんぱくき》」陽明文庫蔵《ようめいぶんこぞう》

略《りゃく》式《しき》年《ねん》表《ぴょう》

藤原道長《ふじわらのみちなが》と紫式部《むらさきしきぶ》

- 966…道長《みちなが》、藤原兼家《ふじわらのかねいえ》の五男《ごなん》として生《う》まれる
- ② 973頃《ごろ》…式部《しきぶ》、越前守《えちぜんのかみ》で漢詩人《かんしじん》、藤原為時《ふじわらのためとき》の娘《むすめ》として生《う》まれる
- 986…道長《みちなが》の姉《あね》の詮子《せんし》の皇子《おうじ》が即位《そくい》、一条天皇《いちじょうてんのう》となる
- 987…道長《みちなが》、左大臣《さだいじん》源 正 信《みなもとのまさのぶ》の 長 女《ちょうじょ》倫子《りんし》と結婚《けっこん》
- ① 995…道長《みちなが》の兄《あに》の道隆《みちたか》・道兼《みちかね》が相次《あいつ》いで亡《な》くなる。一条《いちじょう》天皇《てんのう》の内覧《ないらん》(摂政《せっしょう》と同格《どうかく》の位《くらい》)・右大臣《うだいじん》になる
- 996…道長《みちなが》、道隆《みちたか》の子伊周《これちか》・隆家《たかいえ》が失脚《しっきゃく》し、左大臣《さだいじん》となる
- 998…式部《しきぶ》、藤原宣孝《ふじわらののぶたか》と結婚《けっこん》
- 999…式部《しきぶ》、長女《ちょうじょ》・賢子《けんし》誕 生《たんじょう》
  道長《みちなが》の長女《ちょうじょ》・彰子《しょうし》が一条天皇《いちじょうてんのう》の中宮《ちゅうぐう》になる
- 1001…式部《しきぶ》の夫《おっと》、宣孝《のぶたか》が亡《な》くなる
- ③ 1006…式部《しきぶ》、一条天皇《いちじょうてんのう》の中宮《ちゅうぐう》・彰子《しょうし》に女房《にょうぼう》兼家庭《けんかてい》教師《きょうし》として仕《つか》える(このころすでに源氏物語《げんじものがたり》のかなりの部分《ぶぶん》を書《か》いていたと思《おも》われる)

盛唐文化《せいとうぶんか》の花《はな》を咲《さ》かせ
愛《あい》で悲劇《ひげき》を迎《むか》えた皇帝《こうてい》
玄宗《げんそう》 [685～762年《ねん》]

[出身《しゅっしん》] 中国《ちゅうごくとう》(唐)

中国《ちゅうごく》、唐《とう》の第《だい》6代《だい》皇帝《こうてい》。即位後《そくいご》よく政治《せいじ》をととのえ、年号《ねんごう》にちなんで「開元《かいげん》の治《ち》」といわれた。また李白《りはく》・王維《おうい》ら文人《ぶんじん》の活動《かつどう》を保護《ほご》し、貴族文化《きぞくぶんか》の隆盛《りゅうせい》をもたらした。晩年《ばんねん》は政治《せいじ》に飽《あ》き、楊貴妃《ようきひ》への愛《あい》にあけくれたため、755年《ねん》に安史《あんし》の乱《らん》がおこり、退位《たいい》に追《お》い込《こ》まれ、四川《しせん》に脱出《だっしゅつ》。翌年《よくねん》、子《こ》の粛宗《しゅくそう》に譲位《じょうい》した。

―夫婦《ふうふ》―
悲恋《ひれん》、歳《とし》の差《さ》
34歳《さい》

[番外編《ばんがいへん》③／中国《ちゅうごく》]

『玄宗《げんそう》』と『楊貴妃《ようきひ》』

玄宗《げんそう》は、常《つね》に楊貴妃《ようきひ》をそばに置《お》き、出《で》かけるときも必《かなら》ず一緒《いっしょ》に行《い》くほどでした。楊貴妃《ようきひ》の一族《いちぞく》は次第《しだい》に権力《けんりょく》を持《も》ち始《はじ》め、楊貴妃《ようきひ》の人生《じんせい》が一変《いっぺん》する出来事《できごと》が起《お》きました。

開元《かいげん》の治《ち》を行《おこな》うも楊貴妃《ようきひ》を溺愛《できあい》する

玄宗《げんそう》は唐《とう》の中興《ちゅうこう》の祖《そ》といわれる皇帝《こうてい》です。クーデターによって韋后《いこう》とその一派《いっぱ》を倒《たお》し、父《ちち》の睿宗《えいそう》を復位《ふくい》させ、712年《ねん》に即位《そくい》してから30年間《ねんかん》、皇帝《こうてい》でした。その前半《ぜんはん》は引《ひ》き締《し》まった政治《せいじ》を行《おこな》い、「開元《かいげん》の治《ち》」といわれました。しかし、息子《むすこ》・寿王《じゅおう》の妃《きさき》に一目《ひとめ》ぼれし、息子《むすこ》から彼女《かのじょ》を奪《うば》い、自分《じぶん》の妃《きさき》としてしまいました。この時《とき》、玄宗《げんそう》56歳《さい》、楊貴妃《ようきひ》22歳《さい》。晩年《ばんねん》は楊貴妃《ようきひ》への愛《あい》にあけくれ政治《せいじ》を顧《かえり》みず、その一族楊国忠《いちぞくようこくちゅう》が実権《じっけん》を握《にぎ》り、それに反発《はんぱつ》した節度使安禄山《せつどしあんろくざん》などの反乱《はんらん》である「安史《あんし》の乱《らん》」がおこり、唐王朝《とうおうちょう》を動揺《どうよう》させることとなりました。若《わか》い頃《ころ》の玄宗《げんそう》は、スポーツではポロが得意《とくい》で、音楽《おんがく》では楽団《がくだん》を作《つく》るほどでした。人間的《にんげんてき》に魅力《みりょく》のあった皇帝《こうてい》なので、人気《にんき》は高《たか》かったようです。

皇帝《こうてい》から愛《あい》された
絶世《ぜっせい》の美女《びじょ》
楊貴妃《ようきひ》 [719〜756年《ねん》]

[出身《しゅっしん》] 中国（唐）《ちゅうごくとう》

才色《さいしょく》すぐれ歌舞《かぶ》をよくし、初《はじ》め玄宗《げんそう》の皇子《おうじ》の妃《きさき》となったが、玄宗《げんそう》の寵愛《ちょうあい》をうけて貴妃《きひ》とされた。安史《あんし》の乱《らん》を引《ひ》き起《お》こしたといわれ、傾国《けいこく》の美女《びじょ》とも呼《よ》ばれる。後《のち》に安史《あんし》の乱《らん》の責任《せきにん》を取《と》らされ、殺《ころ》された。古代中国4大《こだいちゅうごくだい》美女《びじょ》の一人《ひとり》とされる。また世界3大《せかいだい》美女《びじょ》（クレオパトラ、楊貴妃《ようきひ》、ヘレネ）の一人《ひとり》とされている。

美《うつく》しすぎて、国《くに》を傾《かたむ》けてしまった？

後宮《こうきゅう》には3,000人《にん》の美女《びじょ》がいましたが、「楊玉環《ようぎょくかん》」は、歌舞音曲《かぶおんぎょく》に通《つう》じ、聡明《そうめい》で美《うつく》しいと評判《ひょうばん》の少女《しょうじょ》でした。735年《ねん》、玄宗《げんそう》に召《め》されて「楊貴妃《ようきひ》」となり、寵愛《ちょうあい》されました。ライチが大好物《だいこうぶつ》で遠方《えんぽう》から都長安《みやこちょうあん》まで早馬《はやうま》で運《はこ》ばせたといいます。玄宗《げんそう》は楊一族《よういちぞく》を高位《こうい》につけて、政治《せいじ》を怠《おこた》り、国家《こっか》は大《おお》いに乱《みだ》れました。755年《ねん》、安禄山《あんろくざん》の乱《らん》で長安《ちょうあん》を逃《のが》れる途中《とちゅう》、護衛《ごえい》の兵《へい》に国《くに》を乱《みだ》したことへの罪《つみ》に問《と》われ、楊貴妃《ようきひ》は殺《ころ》されました。後《のち》に詩人白居易《しじんはくきょい》の「長恨歌《ちょうごんか》」をはじめ、多《おお》くの文学作品《ぶんがくさくひん》の題材《だいざい》となり、後世《こうせい》に伝《つた》えられました。

平安《へいあん》

『一条天皇《いちじょうてんのう》』と『定子皇后《ていしこうごう》』

—夫婦《ふうふ》—

悲恋《ひれん》

文芸《ぶんげい》や音楽《おんがく》に造詣《ぞうけい》が深《ふか》く
平安女流文学《へいあんじょりゅうぶんがく》が花開《はなひら》く

一条天皇《いちじょうてんのう》 [986〜1011年《ねん》]

[出身《しゅっしん》] 京都府《きょうとふ》
[親《おや》] 円融天皇《えんゆうてんのう》、藤原詮子《ふじわらのせんし》
[配偶者《はいぐうしゃ》] 藤原定子《ふじわらのていし》、藤原彰子他《ふじわらのしょうしほか》

円融天皇《えんゆうてんのう》の子《こ》として生《う》まれる。先代《せんだい》の花山天皇《かざんてんのう》が内裏《だいり》を抜《ぬ》け出《だ》して出家《しゅっけ》したため、わずか6歳《さい》で第《だい》66代天皇《だいてんのう》に即位《そくい》。外祖父《がいそふ》の藤原兼家《ふじわらのかねいえ》が摂政《せっしょう》として一条天皇《いちじょうてんのう》を補佐《ほさ》した。10歳《さい》の時《とき》に3歳年上《さいとしうえ》の藤原定子《ふじわらのていし》と結婚《けっこん》。詩文《しぶん》や音楽《おんがく》に堪能《たんのう》で、一条《いちじょう》天皇《てんのう》の時代《じだい》に清少納言《せいしょうなごん》や紫式部《むらさきしきぶ》、和泉式部《いずみしきぶ》などによる平安女流文学《へいあんじょりゅうぶんがく》が花開《はなひら》いた。

天皇《てんのう》と幸《しあわ》せな生活《せいかつ》を送《おく》るも
政治《せいじ》に翻弄《ほんろう》され生涯《しょうがい》を閉《と》じる

定子皇后《ていしこうごう》 [977〜1000年《ねん》]

[出身《しゅっしん》] 京都府《きょうとふ》
[親《おや》] 藤原道隆《ふじわらのみちたか》、高階貴子《たかしなきし》
[配偶者《はいぐうしゃ》] 一条天皇《いちじょうてんのう》

関白藤原道隆《かんぱくふじわらのみちたか》の長女《ちょうじょ》として生《う》まれる。13歳《さい》の時《とき》に一条天皇《いちじょうてんのう》と結婚《けっこん》、天皇《てんのう》との仲《なか》も睦《むつ》まじく、一男二女《いちなんにじょ》を産《う》む。漢文《かんぶん》に堪能《たんのう》だった母《はは》の影響《えいきょう》で、聡明《そうめい》で和漢《わかん》の才《さい》に優《すぐ》れ明朗快活《めいろうかいかつ》な定子《ていし》のもとには、多《おお》くの貴族《きぞく》や女官《にょかん》が集《あつ》まった。『枕草子《まくらのそうし》』の作者《さくしゃ》である清少納言《せいしょうなごん》が女房《にょうぼう》(女官《にょかん》)として仕《つか》えたことでも知《し》られる。

仲睦《なかむつ》まじい一条天皇《いちじょうてんのう》と定子皇后《ていしこうごう》。明《あか》るく聡明《そうめい》な二人《ふたり》のもとには多《おお》くの人《ひと》が集《あつ》まります。幸《しあわ》せな生活《せいかつ》を送《おく》る二人《ふたり》ですが、やがて数々《かずかず》の不幸《ふこう》や事件《じけん》、政治《せいじ》に翻弄《ほんろう》されていきます。

年表①
幸《しあわ》せな二人《ふたり》と華《はな》やかな後宮《こうきゅう》サロン

一条天皇《いちじょうてんのう》は円融天皇《えんゆうてんのう》の子《こ》として生《う》まれました。先代《せんだい》の花山天皇《かざんてんのう》が内裏《だいり》を抜《ぬ》け出《だ》して出家《しゅっけ》したため、わずか**6歳《さい》で第《だい》66代天皇《だいてんのう》に即位《そくい》**しました。一条天皇《いちじょうてんのう》は6歳《さい》と若《わか》かったため、外祖父《がいそふ》の**藤原兼家《ふじわらのかねいえ》が摂政《せっしょう》として天皇《てんのう》を補佐《ほさ》**しました。10歳《さい》の時《とき》に、兼家《かねいえ》の長男《ちょうなん》・道隆《みちたか》の長女《ちょうじょ》定子《ていし》と結婚《けっこん》、定子《ていし》は中宮《ちゅうぐう》となりました。定子《ていし》は明《あか》るくおおらかな父《ちち》と、宮仕《みやづか》えも経験《けいけん》し、女性《じょせい》ながらに漢文《かんぶん》に堪能《たんのう》で教養豊《きょうようゆた》かだった母《はは》の血《ち》を受《う》け継《つ》いだ、聡明《そうめい》で明《あか》るい性格《せいかく》の娘《むすめ》でした。一条天皇《いちじょうてんのう》との**夫婦仲《ふうふなか》も良《よ》く**、定子《ていし》の住《す》む後宮《こうきゅう》には天皇《てんのう》をはじめ、多《おお》くの貴族《きぞく》、女官《にょかん》が集《つど》いました。その中《なか》には定子付《ていしつ》きの女官《にょかん》として『枕草子《まくらのそうし》』の作者《さくしゃ》として有名《ゆうめい》な清少納言《せいしょうなごん》もいました。

年表②
一族《いちぞく》の没落《ぼつらく》と出家《しゅっけ》

幸《しあわ》せな生活《せいかつ》を送《おく》る二人《ふたり》でしたが、995年《ねん》、定子《ていし》の後《うし》ろ盾《だて》だった**父《ちち》の関白《かんぱく》藤 原《ふじわらの》道隆《みちたか》、その後《あと》を継《つ》いだ叔父《おじ》の道兼《みちかね》が相次《あいつ》いで病死《びょうし》**したころから幸《しあわ》せに影《かげ》が差《さ》し始《はじ》めます。翌年《よくねん》、定子《ていし》の兄伊周《あにこれちか》と弟《おとうと》の隆家《たかいえ》が女性《じょせい》を巡《めぐ》るトラブルで花山法皇《かざんほうおう》に矢《や》を射《い》かけるという事件《じけん》（**長徳《ちょうとく》の変《へん》**）を起《お》こし、左遷《させん》されてしまいます。この時《とき》定子《ていし》は妊娠《にんしん》していましたが、兄弟《きょうだい》の事件《じけん》にショックを受《う》け、**身重《みおも》でしたが出家《しゅっけ》**してしまいます。さらに火事《かじ》で母《はは》の貴子《きし》が亡《な》くなるという不幸《ふこう》が続《つづ》きます。そしてこの年《とし》 娘《むすめ》の脩子内親王《しゅうしないしんのう》を出産《しゅっさん》します。

年表③ 再入内《さいじゅだい》と道長《みちなが》の政略《せいりゃく》

　定子《ていし》のことが忘《わす》れられない一条天皇《いちじょうてんのう》は、翌年《よくねん》伊周《これちか》らの罪《つみ》がゆるされると、**周囲《しゅうい》の反対《はんたい》を押《お》しきって定子《ていし》を宮中《きゅうちゅう》に戻《もど》し**ました。しかし、出家後《しゅっけご》の入内《じゅだい》という異例《いれい》のことに風当《かぜあ》たりは強《つよ》く、貴族《きぞく》たちからひんしゅくを買《か》いました。

　999年《ねん》、政権《せいけん》を握《にぎ》った藤原道長《ふじわらのみちなが》が長女《ちょうじょ》の彰子《しょうし》を一条天皇《いちじょうてんのう》の后《きさき》にしてしまいます。同年《どうねん》、定子《ていし》は敦康親王《あつやすしんのう》を出産《しゅっさん》します。天皇《てんのう》に男《おとこ》の子《こ》が生《う》まれたことに危機感《ききかん》を感《かん》じた道長《みちなが》は**定子《ていし》を中宮《ちゅうぐう》から皇后《こうごう》の位《くらい》に移《うつ》し彰子《しょうし》を中宮《ちゅうぐう》に**してしまいます。

　宮中《きゅうちゅう》での味方《みかた》も少《すく》なくさびしい暮《く》らしをする定子《ていし》でしたが、一条天皇《いちじょうてんのう》の愛《あい》は変《か》わりませんでした。しかし、1001年《ねん》次女《じじょ》の媄子内《びしない》親王《しんのう》を出産《しゅっさん》し、その直後《ちょくご》に亡《な》くなってしまいます。そして一条天皇《いちじょうてんのう》も1011年《ねん》に亡《な》くなりました。純愛《じゅんあい》を貫《つらぬ》いた二人《ふたり》でしたが、政治《せいじ》と権力争《けんりょくあらそ》いに翻弄《ほんろう》された一生《いっしょう》でもありました。

伊勢大輔《いせのたいふ》▶

紫式部《むらさきしきぶ》▶

赤染衛門《あかぞめえもん》▶

和泉式部《いずみしきぶ》▶

清少納言《せいしょうなごん》▶

一条朝《いちじょうちょう》の宮中《きゅうちゅう》を彩《いろど》った才女《さいじょ》たち

一条天皇《いちじょうてんのう》の時代《じだい》、定子《ていし》や彰子《しょうし》の周《まわ》りには多《おお》くの才能《さいのう》ある女官《にょかん》たちが集《あつ》まっていました。和歌《わか》や日記《にっき》などで後世《こうせい》に名前《なまえ》が残《のこ》る女性《じょせい》も多《おお》く、平安女流文学《へいあんじょりゅうぶんがく》が花開《はなひら》いた時代《じだい》といえます。ここで紹介《しょうかい》する5人はいずれも数々《かずかず》の勅撰和歌集《ちょくせんわかしゅう》や「小倉百人一首《おぐらひゃくにんいっしゅ》」、「中古《ちゅうこ》三十六歌仙《さんじゅうろっかせん》」「女房三十六歌仙《にょうぼうさんじゅうろっかせん》」に選《えら》ばれてもいる、この時代《じだい》を代表《だいひょう》する女性《じょせい》です。

赤染衛門《あかぞめえもん》／源雅信邸《みなもとのまさのぶてい》に出仕《しゅっし》し、藤原道長《ふじわらのみちなが》の妻倫子《つまりんし》と娘《むすめ》の彰子《しょうし》に仕《つか》えました。

清少納言《せいしょうなごん》／定子《ていし》に仕《つか》えた。随筆《ずいひつ》『枕草子《まくらのそうし》』の作者《さくしゃ》としても有名《ゆうめい》。

紫式部《むらさきしきぶ》／彰子《しょうし》に仕《つか》える。『源氏物語《げんじものがたり》』の作者《さくしゃ》。藤原氏全盛期《ふじわらしぜんせいき》の宮中《きゅうちゅう》のことなどを書《か》いた『紫式部日記《むらさきしきぶにっき》』も有名《ゆうめい》。

和泉式部《いずみしきぶ》／中宮彰子《ちゅうぐうしょうし》に仕《つか》える。敦道親王《あつみちしんのう》との恋《こい》を記《しる》した『和泉式部日記《いずみしきぶにっき》』は女流《じょりゅう》日記文学《にっきぶんがく》の代表作《だいひょうさく》。

伊勢大輔《いせのたいふ》／中宮彰子《ちゅうぐうしょうし》に仕《つか》えた女官《にょかん》で、紫式部《むらさきしきぶ》や和泉式部《いずみしきぶ》とも親交《しんこう》がありました。

略式《りゃくしき》年表《ねんぴょう》

一条天皇《いちじょうてんのう》と定子皇后《ていしこうごう》

- 977…定子《ていし》、藤原道隆《ふじわらのみちたか》の長女《ちょうじょ》として生《う》まれる
- 980…一条天皇《いちじょうてんのう》、円融天皇《えんゆうてんのう》の第《だい》一皇子《おうじ》として生《う》まれる
- 986…第《だい》66代天皇《だいてんのう》として即位《そくい》
- ① 990…結婚《けっこん》、定子《ていし》は中宮《ちゅうぐう》となる
- ② 995…定子《ていし》の父《ちち》・道隆《みちたか》、叔父《おじ》・道兼《みちかね》が相次《あいつ》いで死没《しぼつ》
- 996…4月《がつ》 定子《ていし》の兄《あに》・伊周《これちか》、弟《おとうと》・隆家《たかいえ》が花山院《かざんいん》へ弓《ゆみ》を射《い》かける事件《じけん》を起《お》こし、左遷《させん》
  5月《がつ》 この事件《じけん》により定子《ていし》は出家《しゅっけ》する
  12月《がつ》 定子《ていし》、脩子内親王《しゅうしないしんのう》を出産《しゅっさん》
- ③ 997…一条天皇《いちじょうてんのう》、定子《ていし》を再《ふたた》び宮中《きゅうちゅう》に迎《むか》え入《い》れる
- 999…藤原道長《ふじわらのみちなが》の長女《ちょうじょ》・彰子《しょうし》が入内《じゅだい》する。定子《ていし》、敦康《あつやす》親王《しんのう》を出産《しゅっさん》
- 1000…彰子《しょうし》が中宮《ちゅうぐう》になり、定子《ていし》は皇后《こうごう》となる
- 1001…定子《ていし》、媄子内親王《びしないしんのう》を出産《しゅっさん》、その直後《ちょくご》に崩御《ほうぎょ》
- 1011…一条天皇《いちじょうてんのう》、居貞親王《きょさだしんのう》に譲位《じょうい》、その9日後《にちご》に崩御《ほうぎょ》

天皇中心《てんのうちゅうしん》の政治《せいじ》を
再建《さいけん》しようとした天皇《てんのう》
桓武天皇《かんむてんのう》［737～806年《ねん》］

桓武《かんむ》政権《けん》の中枢《ちゅうすう》に入《はい》り、
新進官僚《しんしんかんりょう》として活躍《かつやく》
和気清麻呂《わけのきよまろ》［733～799年《ねん》］

—主従《しゅじゅう》—
天皇《てんのう》と優秀《ゆうしゅう》な
貴族官僚《きぞくかんりょう》

［番外編《ばんがいへん》④／平安《へいあん》］

『桓武天皇《かんむてんのう》』と『和気清麻呂《わけのきよまろ》』

「鳴《な》くよ(794)ウグイス平安京《へいあんきょう》」に遷都《せんと》をした桓武天皇《かんむてんのう》は、坂上田村麻呂《さかのうえのたむらまろ》を征夷大将軍《せいいたいしょうぐん》として東北地方《とうほくちほう》を平定《へいてい》したとして有名《ゆうめい》です。その天皇《てんのう》を支《ささ》えたのが、和気清麻呂《わけのきよまろ》です。

律令政治《りつりょうせいじ》をたて直《なお》す

桓武天皇《かんむてんのう》では、それまでの天皇《てんのう》によってくずれた天皇中心《てんのうちゅうしん》の政治《せいじ》を、もう一度《いちど》、再建《さいけん》しようとしました。平城京《へいじょうきょう》に構《かま》えていた都《と》を、784年《ねん》に長岡京《ながおかきょう》へ。和気清麻呂《わけのきよまろ》は長岡京《ながおかきょう》遷都事業《せんとじぎょう》につくし、これが行《ゆ》き詰《づ》まると平安京《へいあんきょう》への遷都《せんと》を勧《すす》めました。そして桓武天皇《かんむてんのう》は794年《ねん》に平安京《へいあんきょう》(京都《きょうと》)へ移《うつ》しました。重責《じゅうせき》をまかされた和気清麻呂《わけのきよまろ》は造宮大夫《ぞうぐうだいぶ》として平安遷都《へいあんせんと》に貢献《こうけん》します。桓武天皇《かんむてんのう》の政治《せいじ》は一時的《いちじてき》に天皇中心《てんのうちゅうしん》の政治《せいじ》にもどすことができました。しかし、それは一時《じ》の光《ひかり》にすぎませんでした。時代《じだい》の流《なが》れには逆《さか》らえず、これ以後《いご》、再《ふたた》び貴族中心《きぞくちゅうしん》の政治《せいじ》へと移《うつ》っていきました。桓武天皇《かんむてんのう》の功績《こうせき》は、797年《ねん》に坂上田村麻呂《さかのうえのたむらまろ》を征夷大将軍《せいいたいしょうぐん》に任命《にんめい》して、蝦夷《えみし》(東北地方《とうほくちほう》)におくり、国家《こっか》の領土拡大《りょうどかくだい》に貢献《こうけん》したことです。

[番外編《ばんがいへん》⑤／平安《へいあん》]

一夫多妻《いっぷたさい》が当《あ》たり前《まえ》だった時代《じだい》

現代日本《げんだいにほん》の結婚制度《けっこんせいど》は一夫一婦制《いっぷいっぷせい》が法的《ほうてき》に定《さだ》められており、妻《つま》が二人以上《にんいじょう》いると重婚《じゅうこん》とみなされてしまい違法《いほう》となってしまいます。しかし、平安時代《へいあんじだい》においては一夫多妻《いっぷたさい》であることが一般的《いっぱんてき》でした。男性《だんせい》は妻《つま》を何人《なんにん》めとっても良《よ》いとされていました。それどころか、多《おお》くの女性《じょせい》を養《やしな》うことができることこそが、当時《とうじ》の社会《しゃかい》ではステータスとなっていたのです。しかし、正妻《せいさい》は一人《ひとり》だけしか持《も》つことは許《ゆる》されていませんでした。それ以外《いがい》の女性《じょせい》は、いわゆる「妾《めかけ》」という立場《たちば》でした。正妻《せいさい》として選《せん》ばれるには、容姿《ようし》の美《うつく》しさよりも、家柄《いえがら》や知性《ちせい》といった要素《ようそ》が重視《じゅうし》されたようです。例《たと》えば天皇家《てんのうけ》に近《ちか》い立場《たちば》や、官位《かんい》が高《たか》くて権力《けんりょく》を持《も》っていたりする家柄《いえがら》の女性《じょせい》は、正妻《せいさい》として迎《むか》えられてそれなりの地位《ちい》を得《え》たわけです。

通《かよ》い婚《こん》が当《あ》たり前《まえ》

平安時代《へいあんじだい》においては夫《おっと》が妻《つま》の家《いえ》におもむくという通《かよ》い婚《こん》が主流《しゅりゅう》でした。正妻《せいさい》に関《かん》しては邸内《ていない》に住《す》むことを許《ゆる》されていましたが、妾《めかけ》とされていた女性《じょせい》は基本的《きほんてき》に自分《じぶん》の家《いえ》から出《で》ることはなかったのです。彼女《かのじょ》たちは同居《どうきょ》が許《ゆる》されないばかりか、夫《おっと》に会《かい》える日《ひ》も占《うらな》いによって決《き》められたりしました。現代《げんだい》では考《かんが》えらない、平安時代《へいあんじだい》ならではの結婚《けっこん》の形態《けいたい》といえます。

戦国時代《せんごくじだい》も一夫多妻制《いっぷたさいせい》

地位《ちい》の高《たか》い戦国時代《せんごくじだい》の大名《だいみょう》たちは自分《じぶん》の子孫《しそん》を残《のこ》すために、正室《せいしつ》の他《ほか》に側室《そくしつ》も抱《かか》えていることが多《おお》くありました。

正室《せいしつ》とは／正妻《せいさい》のことです。正室《せいしつ》はこの時代《じだい》も一人《ひとり》しかいません。

側室《そくしつ》とは／正妻以外《せいさいいがい》の妻《つま》というか子孫《しそん》を残《のこ》すための公認《こうにん》の妾《めかけ》のことです。

継室《けいしつ》とは／正妻《せいさい》と何《なん》らかの形《かたち》で離縁《りえん》したり、正室《せいしつ》が死去《しきょ》してしまった後《あと》に迎《むか》えた後妻《こさい》のことです。

平安《へいあん》

『鳥羽上皇《とばじょうこう》』と『美福門院《びふくもんいん》(藤原得子《ふじわらのとくし》)』

―夫婦《ふうふ》―

歳《とし》の差《さ》

叔父子《おじご》に
天皇《てんのう》を譲位《じょうい》した天皇《てんのう》

鳥羽上皇《とばじょうこう》 [1103〜1156年《ねん》]

[出身《しゅっしん》] 平安京《へいあんきょう》(京都府《きょうとふ》)
[親《おや》] 堀河天皇《ほりかわてんのう》、藤原苡子《ふじわらのいし》
[配偶者《はいぐうしゃ》] 待賢門院《たいけんもんいん》、高陽院《こうよういん》、美福門院《びふくもんいん》など

第《だい》74代天皇《だいてんのう》。生《う》まれてすぐ母藤原苡子《ははふじわらのいし》と死別《しべつ》し、祖父《そふ》白河法王《しらかわほうおう》の元《もと》で育《そだ》てられる。長男《ちょうなん》である崇徳天皇《すとくてんのう》は祖父《そふ》の子《こ》だと当時《とうじ》からいわれており、叔父《おじ》である彼《かれ》への譲位《じょうい》は屈辱的《くつじょくてき》な思《おも》いだったであろう。白河法皇《しらかわほうおう》亡《な》き後《あと》は、旧来《きゅうらい》の藤原氏《ふじわらし》から新興勢力《しんこうせいりょく》である桓武平氏《かんむへいし》までバランスの取《と》れた政治《せいじ》を行《い》ったといわれている。

鳥羽上皇《とばじょうこう》の
寵愛《ちょうあい》を受《う》け皇后《こうごう》に

美福門院《びふくもんいん》 [1117〜1160年《ねん》]

[出身《しゅっしん》] 平安京《へいあんきょう》(京都府《きょうとふ》)
[親《おや》] 藤原長実《ふじわらのながざね》、源利房の娘《みなもとのとしふさむすめ》
[配偶者《はいぐうしゃ》] 鳥羽上皇《とばじょうこう》

藤原長実《ふじわらのながざね》の娘《むすめ》で、17歳《さい》で鳥羽上皇《とばじょうこう》に仕《つか》え、美貌《びぼう》で知《し》られた美福門院《びふくもんいん》は、後《のち》に近衛天皇《このえてんのう》となる体仁親王《なりひとしんのう》を生《う》み皇后《こうごう》となる。鳥羽上皇《とばじょうこう》の死後《しご》も崇徳天皇《すとくてんのう》との権力闘争《けんりょくとうそう》である保元《ほうげん》の乱《らん》に勝利《しょうり》し、自分《じぶん》が養育《よういく》した二条天皇《にじょうてんのう》を即位《そくい》させるなど政治的《せいじてき》な能力《のうりょく》も確《たし》かだったが、この争《あらそ》いが武家社会《ぶけしゃかい》の到来《とうらい》につながったともいえる。

祖父《そふ》である白河法皇《しらかわほうおう》に振《ふ》り回《まわ》された鳥羽上皇《とばじょうこう》と17歳《さい》で後宮《こうきゅう》に入《はい》った美福門院《びふくもんいん》（藤原得子《ふじわらのとくし》）。男女《だんじょ》の関係《かんけい》のもつれは、朝廷内《ちょうていない》だけではなく、武家社会《ぶけしゃかい》の到来《とうらい》にも影響《えいきょう》を与《あた》えた。

年表① 自分《じぶん》の子《こ》が実《じつ》の子《こ》ではない!?

鳥羽上皇《とばじょうこう》は父堀河天皇《ちちほりかわてんのう》が亡《な》くなり5歳《さい》で天皇《てんのう》になりますが政治《せいじ》は鳥羽上皇《とばじょうこう》の祖父《そふ》である**白河法皇《しらかわほうおう》**が行《おこな》っていました。15歳《さい》で白河法皇《しらかわほうおう》の養女《ようじょ》である**藤原璋子《ふじわらのしょうし》**（**待賢門院《たいけんもんいん》**）と結婚《けっこん》。しかし、待賢門院《たいけんもんいん》は白河法皇《しらかわほうおう》と男女《だんじょ》の仲《なか》であり、二人《ふたり》の間《あい》の子《こ》である**崇徳天皇《すとくてんのう》**の実《じつ》の父親《ちちおや》は白河法皇《しらかわほうおう》だと信《しん》じられていました。鳥羽天皇《とばてんのう》は5歳《さい》になった崇徳天皇《すとくてんのう》に天皇《てんのう》の位《くらい》の譲位《じょうい》を強要《きょうよう》され鳥羽上皇《とばじょうこう》になりますが、白河法皇《しらかわほうおう》が生《い》きている間《あいだ》は政治《せいじ》に口出《くちだ》しをすることができませんでした。複雑《ふくざつ》な状況《じょうきょう》の中《なか》で女御《にょうご》として鳥羽上皇《とばじょうこう》に仕《つか》えたのが**美福《びふく》門院《もんいん》（藤原得子《ふじわらのとくし》）**で、鳥羽上皇《とばじょうこう》は美福門院《びふくもんいん》を寵愛《ちょうあい》し、白河法皇《しらかわほうおう》が亡《な》くなると復讐《ふくしゅう》を開始《かいし》します。

▲待賢門院《たいけんもんいん》像《ぞう》（法金剛院《ほうこんごういん》蔵《ぞう》）

年表② 崇徳《すとく》の子《こ》に継《つ》がせないための天皇継承《てんのうけいしょう》

鳥羽上皇《とばじょうこう》は、美福門院《びふくもんいん》の生《う》んだ体仁《なりひと》親王《しんのう》を崇徳天皇《すとくてんのう》の皇太子《こうたいし》にし、**3歳《さい》で近衛《このえ》天皇《てんのう》**として即位《そくい》させ子《こ》どもが天皇《てんのう》になったため、美福門院《びふくもんいん》は新《あら》たに皇后《こうごう》となったのです。しかし近衛天皇《このえてんのう》が17歳《さい》で亡《な》くなると、崇徳天皇《すとくてんのう》は自分《じぶん》の子《こ》を天皇《てんのう》にしようとしますが、鳥羽上皇《とばじょうこう》は美福門院《びふくもんいん》が育《そだ》てた崇徳天皇《すとくてんのう》の 弟《おとうと》 雅仁《まさひと》の子《こ》を天皇《てんのう》にするために、**雅仁《まさひと》を後白河天皇《ごしらかわてんのう》に即位《そくい》させます**。これに不満《ふまん》を持《も》った崇徳天皇《すとくてんのう》は鳥羽《とば》

上皇《じょうこう》の死後《しご》、武士《ぶし》を率《ひき》いて乱《らん》を起《お》こしますが、美福門院《びふくもんいん》も**平清盛《たいらのきよもり》**や**源義朝《みなもとのよしとも》**などの武士《ぶし》を使《つか》い勝利《しょうり》。二条天皇《にじょうてんのう》を即位《そくい》させた後《あと》、44歳《さい》で生涯《しょうがい》を終《お》えました。

摂関政治《せっかんせいじ》から院政《いんせい》へ

政治《せいじ》を誰《だれ》が行《おこな》うか。平安時代《へいあんじだい》に入ると天皇《てんのう》の妻《つま》、それも将来《しょうらい》の天皇候補《てんのうこうほ》の皇子《おうじ》を生《う》んだ女性《じょせい》の父親《ちちおや》の一族《いちぞく》が強《つよ》い力《ちから》を持《も》ちました。それが藤原道長《ふじわらのみちなが》などの摂関家《せっかんけ》と呼《よ》ばれる藤原氏《ふじわらし》で、「摂関政治《せっかんせいじ》」と呼《よ》ばれ、11世紀半《せいきなか》ばまで続《つづ》きました。ところが1068年《ねん》に即位《そくい》した後三条天皇《ごさんじょうてんのう》は、摂関家《せっかんけ》が祖父《そふ》でない天皇《てんのう》で、この頃《ころ》から少《すこ》しずつ摂関政治《せっかんせいじ》の力《ちから》が弱《よわ》まっていきます。後三条天皇《ごさんじょうてんのう》の跡《あと》を継《つ》いだ白河天皇《しらかわてんのう》も同様《どうよう》で、子《こ》どもの堀河天皇《ほりかわてんのう》に譲位《じょうい》して上皇《じょうこう》になり政治《せいじ》を見《み》るようになるのですが、これを院政《いんせい》といい、鎌倉幕府《かまくらばくふ》が成立《せいりつ》する1185年《ねん》までを院政時代《いんせいじだい》ともいいます。

保元《ほうげん》の乱《らん》を起《お》こすもすぐに鎮圧《ちんあつ》。崇徳天皇《すとくてんのう》は讃岐《さぬき》に流《なが》される

●1158…後白河天皇《ごしらかわてんのう》が退位《たいい》。二条天皇《にじょうてんのう》が即位《そくい》

●1160…美福門院《びふくもんいん》死没《しぼつ》（享年《きょうねん》44）

▲鳥羽法皇画像《とばほうおうがぞう》（安楽寿院所蔵《あんらくじゅいんしょぞう》）

▲美福門院像《びふくもんいんぞう》（安楽寿院所蔵《あんらくじゅいんしょぞう》）

怨霊《おんりょう》となった崇徳天皇《すとくてんのう》

鳥羽上皇《とばじょうこう》の立場《たちば》からすれば崇徳天皇《すとくてんのう》は憎《にく》んでもしょうがない相手《あいて》ですが、崇徳《すとく》天皇《てんのう》からすればたまったものではありません。後《うし》ろ盾《だて》であった白河法皇《しらかわほうおう》が亡《な》くなると、崇徳天皇《すとくてんのう》の立場《たちば》も不安定《ふあんてい》なものとなり、父《ちち》は異母弟《いぼてい》（近衛天皇《このえてんのう》）に天皇《てんのう》を譲位《じょうい》しろと強要《きょうよう》。近衛天皇《このえてんのう》が亡《な》くなると、今度《こんど》は 弟《おとうと》が天皇《てんのう》（後白河天皇《ごしらかわてんのう》）になりました。鳥羽《とば》上皇《じょうこう》が亡《な》くなった後《あと》に反乱《はんらん》を起《お》こしますが敗《やぶ》れ、讃岐《さぬき》（現香川県《げんかがわけん》）に罪人《ざいにん》として送《おく》られます。息子《むすこ》にも先立《さきだ》たれ失意《しつい》の内《うち》に亡《な》くなりますが、伝説《でんせつ》では「日本国《にほんこく》の大魔縁《だいまえん》になる」と自殺《じさつ》したといわれています。そしてその10年後《ねんご》に後白河天皇《ごしらかわてんのう》の身内《みうち》が次々《つぎつぎ》と亡《な》くなり、自然災害《しぜんさいがい》も多発《たはつ》。崇徳天皇《すとくてんのう》は怨霊《おんりょう》になったといわれ「崇徳《すとく》」という名前《なまえ》でまつられるようになるのです。

略《りゃく》式《しき》年《ねん》表《ぴょう》

鳥《と》羽《ば》上皇《じょうこう》と美福門院《びふくもんいん》

- 1103…鳥羽上皇《とばじょうこう》、堀川天皇《ほりかわてんのう》の子《こ》どもとして生《う》まれ、7か月《げつ》で立太子《りったいし》（次期天皇《じきてんのう》の地位《ちい》）になる
- 1107…父《ちち》堀河天皇《ほりかわてんのう》が死没《しぼつ》、天皇《てんのう》に即位《そくい》
- 1117…待賢門院《たいけんもんいん》が中宮《ちゅうぐう》として仕《つか》える
  美福門院《びふくもんいん》、藤原長実《ふじわらのながざね》の子《こ》どもとして生《う》まれる
- ① 1118…鳥羽天皇《とばてんのう》と待賢門院《たいけんもんいん》との間《あいだ》に顕仁親王《あきひとしんのう》（崇徳《すとく》天皇《てんのう》）誕生《たんじょう》
- 1123…鳥羽天皇《とばてんのう》、崇徳天皇《すとくてんのう》に天皇《てんのう》の位《くらい》をゆずり、上皇《じょうこう》となる
- 1133…美福門院《びふくもんいん》、鳥羽上皇《とばじょうこう》に女御《にょうご》として仕《つか》える
- 1139…鳥羽天皇《とばてんのう》と美福門院《びふくもんいん》の間《あいだ》に体仁親王《なりひとしんのう》（近衛天皇《このえてんのう》）が誕生《たんじょう》
- ② 1141…近衛天皇《このえてんのう》即位《そくい》、美福門院《びふくもんいん》が皇后《こうごう》となる
- 1155…近衛天皇《このえてんのう》が死没《しぼつ》、後白河天皇《ごしらかわてんのう》が即位《そくい》
- 1156…鳥羽上皇《とばじょうこう》が死没《しぼつ》（享年《きょうねん》53）、政治的不満《せいじてきふまん》から

平安《へいあん》

『源義朝《みなもとのよしとも》』と『常盤御前《ときわごぜん》』

—側室《そくしつ》—
源氏《げんじ》の棟梁《とうりょう》と
都一《みやこいち》の美女《びじょ》

平清盛《たいらのきよもり》と戦《たたか》った
源氏《げんじ》の大将《たいしょう》

源義朝《みなもとのよしとも》 [1123～1160年《ねん》]

[出身《しゅっしん》] 相模国《さがみのくに》(神奈川県《かながわけん》)
[親《おや》] 源為義《みなもとのためよし》、藤原忠清《ふじわらのただきよ》の娘《むすめ》
[配偶者《はいぐうしゃ》] 正室《せいしつ》:藤原季範娘《ふじわらのすえのりのむすめ》(由良御前《ゆらごぜん》)
側室《そくしつ》:常盤御前《ときわごぜん》

源為義《みなもとのためよし》の長男《ちょうなん》で、鎌倉幕府《かまくらばくふ》を開《ひら》いた源頼朝《みなもとのよりとも》、義経《よしつね》の父《ちち》。源氏《げんじ》と平氏《へいし》が勢力争《せいりょくあらそ》いしていた平安時代末期《へいあんじだいまっき》、源氏《げんじ》の棟梁《とうりょう》だった。保元《ほうげん》の乱《らん》で後白河天皇方《ごしらかわてんのうがた》に味方《みかた》して勝利《しょうり》をおさめ、敵方《てきがた》の父為義《ちちためよし》ら一族《いちぞく》を滅《ほろ》ぼした。のち、藤原信頼《ふじわらののぶより》と結《むす》んで平治《へいじ》の乱《らん》を起《お》こし平清盛《たいらのきよもり》を倒《たお》そうとしたが、敗《やぶ》れて尾張《おわり》で討取《うちと》られた。

源平《げんぺい》の英雄《えいゆう》、
源義経《みなもとのよしつね》の母《はは》

常盤御前《ときわごぜん》 [1138年《ねん》～没年不詳《ぼつねんふしょう》]

[出身《しゅっしん》] 不明《ふめい》
[親《おや》] 梅津源左衛門《うめづげんざえもん》?、桂宰相《かつらさいしょう》?
[配偶者《はいぐうしゃ》] 源義朝《みなもとのよしとも》、平清盛《たいらのきよもり》、一条長成《いちじょうながなり》

平安末期《へいあんまっき》の女性《じょせい》で源義朝《みなもとのよしとも》の側室《そくしつ》。阿野全成《あのぜんじょう》(今若《いまわか》)、義円《ぎえん》(乙若《おとわか》)、源義経《みなもとのよしつね》(牛若《うしわか》)の母《はは》。平治《へいじ》の乱《らん》で義朝《よしとも》が平清盛《たいらのきよもり》に討《う》たれてしまう。逃亡《とうぼう》ののち、母《はは》が清盛《きよもり》に捕《と》らえられたと知《し》り、3人《にん》の子《こ》を連《つ》れて出頭《しゅっとう》。清盛《きよもり》の側室《そくしつ》となり5人共助命《ともじょめい》した。のちに公家《くげ》である一条長成《いちじょうながなり》の継室《けいしつ》となり一条能成《いちじょうよしなり》を産《う》む。

源氏《げんじ》の基盤《きばん》を作《つく》った源義朝《みなもとのよしとも》は、「保元《ほうげん》の乱《らん》」の後《あと》に「平治《へいじ》の乱《らん》」で敗《やぶ》れ一族《いちぞく》は壊滅状態《かいめつじょうたい》になります。しかし源氏一門《げんじいちもん》には、常盤御前《ときわごぜん》との間《あいだ》にできた3人《にん》の男《おとこ》の子《こ》がいました。

年表1 義朝《よしとも》の活躍《かつやく》

源義朝《みなもとのよしとも》は、源氏《げんじ》が武家《ぶけ》の名門《めいもん》となる基礎《きそ》になった源義家《みなもとのよしいえ》（八幡太郎《はちまんたろう》）のひ孫《まご》です。義家以来《よしいえいらい》、河内源氏《かわちげんじ》として畿内《きない》に勢力《せいりょく》を持《も》っていた源氏《げんじ》でしたが、義朝《よしとも》は父《ちち》・為義《ためよし》とあまりうまくいってなかったようで、少年時代《しょうねんじだい》に東国《とうごく》へ下《くだ》ります。しかし、そのおかげで義朝《よしとも》は東国《とうごく》に独自《どくじ》の勢力《せいりょく》を伸《の》ばす事《こと》ができ、三浦《みうら》や大庭《おおば》といった関東《かんとう》の豪族《ごうぞく》を支配下《しはいか》に置《お》くことに成功《せいこう》し、“源氏《げんじ》＝関東《かんとう》”の基盤《きばん》を作《つく》ることができました。その後《ご》、**保元《ほうげん》の乱《らん》で後白河天皇《ごしらかわてんのう》に味方《みかた》して敵《てき》にまわった父《ちち》・為義《ためよし》に勝利《しょうり》し、名実《めいじつ》ともに源氏《げんじ》の棟梁《とうりょう》となります**。しかし、次《つぎ》に起《お》こった平治《へいじ》の乱《らん》では、保元《ほうげん》の乱《らん》でともに戦《たたか》った平清盛《たいらのきよもり》に敗《やぶ》れてしまいます。

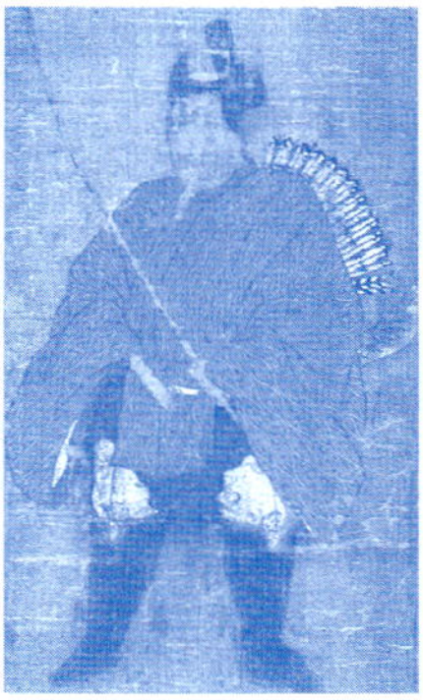

▲父《ちち》・源為義《みなもとのためよし》像《ぞう》（白峯神宮《しらみねじんぐう》蔵《ぞう》）

年表2 1,000人《にん》の中《なか》から選《えら》ばれた都《みやこ》で一番《いちばん》の美女《びじょ》

常盤御前《ときわごぜん》は九条院《くじょういん》の雑仕女《ぞうしめ》を採用《さいよう》する時《とき》に、都《みやこ》の美女《びじょ》1,000人《にん》を集《あつ》め、100人《にん》に絞《しぼ》り、さらに10人《にん》を選《えら》んだ中《なか》で一番《いちばん》の美女《びじょ》でした。平治《へいじ》の乱《らん》ののち、逃亡《とうぼう》していた常盤御前《ときわごぜん》は、平清盛《たいらのきよもり》の前《まえ》に現《あらわ》れて3人《にん》の子《こ》と、母《はは》の命乞《いのちご》いをします。**清盛《きよもり》はその容姿《ようし》に目《め》を奪《うば》われて側室《そくしつ》にして、娘《むすめ》（廊御方《ろうのおんかた》）が生《う》まれたとされています**。よく知《し》られている、常盤御前《ときわごぜん》の逸話《いつわ》の数々《かずかず》は、『平治物語《へいじものがたり》』や『義経記《ぎけいき》』などの軍記物《ぐんきもの》で語《かた》られてきたものです。

年表③ 義朝《よしとも》の敗走《はいそう》～最期《さいご》

雪《ゆき》の山中《やまなか》を敗走《はいそう》する中《なか》、次男《じなん》・朝長《ともなが》は美濃《みの》の国《くに》で落《お》ち武者《むしゃ》狩《が》りに遭《あ》い死亡《しぼう》。他《ほか》の息子《むすこ》たちともはぐれ、義朝《よしとも》は、ただ一人《ひとり》、尾張《おわり》にたどり着《つ》き、家来《けらい》の長田忠致《おさだただむね》の元《もと》に身《み》を寄《よ》せます。

しかし、恩賞《おんしょう》に目《め》がくらんだ忠致《ただむね》の裏切《うらぎ》りに遭《あ》い、平治《へいじ》の乱《らん》の敗走《はいそう》から1週間後《しゅうかんご》の1160年《ねん》、風呂《ふろ》に入《はい》っている最中《さいちゅう》に襲撃《しゅうげき》され無念《むねん》の最期《さいご》を遂《と》げます。**「無念《むねん》なり、われに木太刀《きだち》なりともありせば」と、叫《さけ》んで息絶《いきた》えたといわれます。**長男《ちょうなん》の義平《よしひら》は、捕《つか》まり六条河原《ろくじょうかわら》で斬首《ざんしゅ》、逃《に》げていた三男《さんなん》・頼朝《よりとも》も捕《と》らえられ伊豆《いず》への流罪《るざい》となり、源氏一門《げんじいちもん》はほぼ壊滅状態《かいめつじょうたい》となります。平氏《へいし》が政治《せいじ》の中心《ちゅうしん》となりました。

▲『平治物語絵巻《へいじものがたりえまき》』に描《えが》かれた、平治《へいじ》の乱《らん》で敗走《はいそう》する義朝一行《よしともいっこう》

●1186…常盤御前《ときわごぜん》、京都《きょうと》で鎌倉方《かまくらかた》に捕縛《ほばく》される

公家《くげ》「一条長成《いちじょうながなり》」の側室《そくしつ》に

常盤御前《ときわごぜん》は母親《ははおや》に説得《せっとく》され、平清盛《たいらのきよもり》の世話《せわ》になることとなります。3人《にん》の子《こ》は僧《そう》にすることが条件《じょうけん》で、それぞれお寺《てら》に預《あず》けられました。常盤御前《ときわごぜん》は清盛《きよもり》の娘《むすめ》（廊御方《ろうのおんかた》）を生《う》みます。その後《ご》、清盛《きよもり》により常盤御前《ときわごぜん》は公家《くげ》の一条長成《いちじょうながなり》の後妻《ごさい》に下《さ》げ渡《わた》され、能成《よしなり》と娘《むすめ》を生《う》んだとされています。これは『平治物語《へいじものがたり》』に書《か》かれている常盤御前《ときわごぜん》の話《はなし》で、母《はは》であるゆえに自分《じぶん》を犠牲《ぎせい》にした美《うつく》しい物語《ものがたり》に仕立《した》てあげられています。

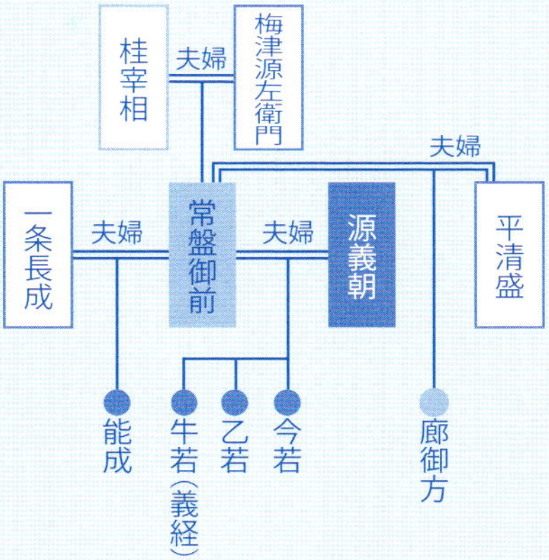
梅津源左衛門
夫婦
桂宰相
夫婦
平清盛
源義朝
夫婦
常盤御前
夫婦
一条長成
今若
乙若
牛若（義経）
能成
廊御方

略《りゃく》式《しき》年《ねん》表《ぴょう》

源義朝《みなもとのよしとも》と常盤御前《ときわごぜん》

- 1123…源為義《みなもとのためよし》の長男《ちょうなん》として、義朝《よしとも》が生《う》まれる
- 1141…義朝《よしとも》の長男《ちょうなん》・義平《よしひら》が生《う》まれる
- ① 1144…相模国《さがみのくに》（神奈川県《かながわけん》）に攻《せ》め入《い》って、勢力《せいりょく》を拡大《かくだい》する
- 1147…義朝《よしとも》の三男《さんなん》・頼朝《よりとも》が生《う》まれる
- ② 1153…義朝《よしとも》、下野守《しもつけのもり》となる。常盤御前《ときわごぜん》、今若《いまわか》を産《う》む
- 1154…義朝《よしとも》が源氏《げんじ》の家《いえ》を継《つ》ぐ
- 1155…源頼賢《みなもとのよりかた》を討《う》つために、信濃国《しなののくに》（長野県《ながのけん》）に出陣《しゅつじん》する。常盤御前《ときわごぜん》、乙若《おとわか》を産《う》む
- 1156…保元《ほうげん》の乱《らん》がおこる
- 1159…平治《へいじ》の乱《らん》がおこる
平清盛《たいらのきよもり》が勝利《しょうり》。常盤御前《ときわごぜん》、牛若《うしわか》を産《う》む
- ③ 1160…義朝《よしとも》、東国《とうごく》に逃《に》げる途中《とちゅう》、尾張国《おわりのくに》で長田忠致《おさだただむね》に討《う》ち取《と》られる。三男《さんなん》の頼朝《よりとも》は伊豆《いず》に流《なが》される
- 1163…常盤御前《ときわごぜん》、一条能成《いちじょうよしなり》を産《う》む

平安《へいあん》 『木曽義仲《きそよしなか》(源義仲《みなもとのよしなか》)』と『巴御前《ともえごぜん》』

—主従《しゅじゅう》、妾《めかけ》—
武将《ぶしょう》と女武者《おんなむしゃ》、
幼《おさな》なじみ

源平合戦《げんぺいがっせん》を駆《か》け抜《ぬ》けた
風雲児《ふううんじ》

木曽義仲《きそよしなか》(源義仲《みなもとのよしなか》)[1154～1184年《ねん》]

[出身《しゅっしん》] 武蔵国《むさしのくに》(埼玉県《さいたまけん》)
[親《おや》] 源義賢《みなもとのよしかた》、遊女《ゆうじょ》(小枝御前《こえだおんざき》)?
[配偶者《はいぐうしゃ》] 不詳《ふしょう》、藤原伊子《ふじわらのいし》?、巴御前《ともえごぜん》

河内源氏《かわちげんじ》の一族《いちぞく》、源義賢《みなもとのよしかた》の次男《じなん》。源頼朝《みなもとのよりとも》・義経《よしつね》兄弟《きょうだい》とは従兄弟《いとこ》にあたる。1180年《ねん》以《もち》仁王《ひとおう》から平氏追討《へいしついとう》の命《めい》を受《う》け、源頼朝《みなもとのよりとも》とともに挙兵《きょへい》。しかし京都《きょうと》に入《はい》るや、義仲軍《よしなかぐん》は後《ご》白河上皇《しらかわじょうこう》と対立《たいりつ》、頼朝《よりとも》に義仲追討軍《よしなかついとうぐん》を出《だ》させる結果《けっか》になった。後《のち》に義仲《よしなか》は、源義経《みなもとのよしつね》・範《のり》頼軍《よりぐん》に敗《やぶ》れ、戦死《せんし》を遂《と》げた。

義仲《よしなか》とともに戦《たたか》った
美《うつく》しき女武者《おんなむしゃ》

巴御前《ともえごぜん》[生没年不詳《せいぼつねんふしょう》]

[出身《しゅっしん》] 信濃国《しなののくに》(長野県《ながのけん》)
[親《おや》] 中原兼遠《なかはらのかねとお》、母《はは》:不詳《ふしょう》
[配偶者《はいぐうしゃ》] 木曽義仲《きそよしなか》、和田義盛《わだよしもり》

平氏打倒《へいしだとう》を掲《かか》げて信濃《しなの》(長野《ながの》)の木曽《きそ》から挙兵《きょへい》した源氏《げんじ》の木曽義仲《きそよしなか》の従者《じゅうしゃ》、または妾《めかけ》といわれ、同《おな》じく義仲《よしなか》に仕《つか》えた今井兼平《いまいかねひら》の妹《いもうと》にあたるという。女《おんな》でありながら平氏追討《へいしついとう》に参加《さんか》した。義仲《よしなか》が源義経《みなもとのよしつね》に敗《やぶ》れ京都《きょうと》を追《お》われた際《さい》には最後《さいご》の7騎《き》になるまで義仲《よしなか》のそばに付《つ》き添《そ》うが、義仲《よしなか》の命《めい》により離脱《りだつ》した。

鎌倉《かまくら》の頼朝《よりとも》より先《さき》に平氏《へいし》を倒《たお》して都入《みやこい》りしたもう一人《ひとり》の源氏《げんじ》、木曽義仲《きそよしなか》。兄達《あにたち》とともに義仲《よしなか》を支《ささ》えた武勇《ぶゆう》に長《た》けた女武者《おんなむしゃ》・巴御前《ともえごぜん》。源平合戦《げんぺいがっせん》の始《はじ》まりに名《な》を残《のこ》しました。

年表① 信濃国《しなののくに》の源氏《げんじ》、平氏《へいし》を追《お》って京都《きょうと》へ

この義仲《よしなか》が「武《ぶ》の力《ちから》」で、
都《みやこ》を変《か》えてみせる!

木曽義仲《きそよしなか》は武蔵国《むさしくに》（埼玉県《さいたまけん》）大蔵《おおくら》で生《う》まれました。幼名《ようみょう》は駒王丸《こまおうまる》、父《ちち》は源義賢《みなもとのよしかた》で源頼朝《みなもとのよりとも》・義経《よしつね》は従兄弟《いとこ》にあたります。幼少《ようしょう》の時《とき》、父《ちち》・義賢《よしかた》が甥《おい》の源義平《みなもとのよしひら》に殺《ころ》され、その後《ご》中原兼遠《なかはらのかねとお》、斎藤実盛《さいとうさねもり》らの情《じょう》により、木曽《きそ》の山中《さんちゅう》に匿《かくま》われ成長《せいちょう》しました。1180年《ねん》、以仁王《もちひとおう》の令旨《りょうじ》によって平氏追討《へいしついとう》の挙兵《きょへい》をし、信濃国《しなののくに》から上野国《こうずけのくに》へ進出《しんしゅつ》すると頼朝《よりとも》と対立《たいりつ》しました。嫡男《ちゃくなん》の義高《よしたか》を鎌倉《かまくら》へ人質《ひとじち》に送《おく》って対立《たいりつ》を回避《かいひ》し、北陸《ほくりく》へ勢力《せいりょく》を拡大《かくだい》しました。1183年《ねん》、倶利伽羅《くりから》峠《とうげ》の戦《たたか》いで平氏《へいし》の平維盛《たいらのこれもり》の大軍《たいぐん》を撃破《げきは》します。この戦《たたか》いに大勝《たいしょう》した義仲《よしなか》は京《きょう》へ向《む》けて進撃《しんげき》を開始《かいし》し、同年《どうねん》7月《がつ》に遂《つい》に念願《ねんがん》の上洛《じょうらく》を果《は》たしました。そこで**後《ご》白河法皇《しらかわほうおう》からその功《こう》で「朝日将軍《あさひしょうぐん》」の称号《しょうごう》を与《あた》えられました。**

年表② 征夷大将軍《せいいたいしょうぐん》になるが…

平氏《へいし》の追手《おって》か?

京都《きょうと》の護《まも》りを命《めい》じられ、義仲《よしなか》にとって最《もっと》も輝《かがや》かしい時《とき》を迎《むか》えました。しかし、義仲《よしなか》の勢《いきお》いに警戒心《けいかいしん》を抱《いだ》いた老獪《ろうかい》な政治家《せいじか》である後白河法皇《ごしらかわほうおう》はしだいに義仲《よしなか》を遠《とお》ざけるようになります。1183年《ねん》11月《がつ》、法皇《ほうおう》は軍勢《ぐんぜい》を集《あつ》めて法住寺《ほうじゅうじ》にたてこもり、義仲軍《よしなかぐん》との衝突《しょうとつ》するという決定的《けっていてき》な対立《たいりつ》が起《お》こりました。翌《よく》1184年《ねん》、義仲《よしなか》は武門《ぶもん》の最高位《さいこうい》である**征夷大将軍《せいいたいしょうぐん》に任《にん》じられ**、京都《きょうと》をはなれます。

年表③

義仲《よしなか》の最期《さいご》

その後《ご》の木曽義仲軍《きそよしなかぐん》の無秩序《むちつじょ》と公家《くげ》社会《しゃかい》への無知《むち》から評価《ひょうか》は下落《げらく》します。義仲軍《よしなかぐん》の粗暴《そぼう》な行為《こうい》に困《こま》った後白河法皇《ごしらかわほうおう》は、とりあえず平氏追討《へいしついとう》の院宣《いんぜん》を義仲《よしなか》に与《あた》え京都《きょうと》から遠《とお》ざけ、その隙《すき》に鎌倉《かまくら》の頼朝《よりとも》に上洛《じょうらく》を促《うなが》しました。また密《ひそ》かに頼朝《よりとも》に義仲《よしなか》追討命令《ついとうめいれい》を出《だ》しました。1184年《ねん》、頼朝《よりとも》が差《さ》し向《む》けた範頼《のりより》・義経《よしつね》を大将《たいしょう》とする6万《まん》の大軍《たいぐん》が京都《きょうと》へ派遣《はけん》されました。一方《いっぽう》、義仲《よしなか》軍《ぐん》は、西国《さいごく》へ逃《のが》れた平氏軍《へいしぐん》と東《ひがし》からせまり来《く》る頼朝《よりとも》の圧力《あつりょく》などによって兵力《へいりょく》を分散《ぶんさん》され、窮地《きゅうち》に追《お》い込《こ》まれました。近江国《おうみのくに》粟津ヶ原《あわづがはら》まで逃《のが》れますが、義仲《よしなか》は大軍《たいぐん》を防《ふせ》ぎきれず討《う》ち取《と》られ戦死《せんし》しました。

▲木曽義仲像《きそよしなかぞう》（徳音寺所蔵《とくおんじしょぞう》）

②

●1181…平氏方《へいしかた》の城氏《じょうし》、越後《えちご》より信濃《しなの》へ攻《せ》め入《い》る。義仲《よしなか》これを横田河原《よこたがわら》（長野市《ながのし》）に迎《むか》え撃《う》って大勝《たいしょう》する。義仲追討《よしなかついとう》のため平維盛《たいらこれもり》、通盛軍《みちもりぐん》北陸道《ほくりくどう》へ進《すす》む。平氏軍《へいしぐん》、義仲《よしなか》の軍《ぐん》と越前水津《えちぜんすいづ》に戦《たたか》い、敗退《はいたい》して京都《きょうと》へ退《しりぞ》く

●1182…義仲《よしなか》、頼朝《よりとも》、平氏《へいし》の三勢力《さんせいりょく》が対峙《たいじ》する

●1183…平氏《へいし》が義仲追討《よしなかついとう》のため北陸《ほくりく》へ。般若野《はんにゃの》の合戦《かっせん》、倶利伽羅峠《くりからとうげ》の合戦《かっせん》、篠原《しのはら》の合戦《かっせん》で平氏《へいし》が都落《みやこお》ちをする。義仲《よしなか》と巴御前《ともえごぜん》、京《きょう》に入《はい》る。水島《みずしま》の戦《たたか》いで義仲《よしなか》、初《はつ》の敗北《はいぼく》。法住寺殿《ほうじゅうじでん》を焼《や》く

③

●1184…義仲《よしなか》、後白河法皇《ごしらかわほうおう》より征夷大将軍《せいいたいしょうぐん》に任《にん》じられる。頼朝《よりとも》の弟《おとうと》・範頼《のりより》と義経《よしつね》が義仲《よしなか》を追討《ついとう》に来《く》る。義仲《よしなか》、近江《おうみ》の粟津《あわづ》で討《う》たれ死没《しぼっ》。息子《むすこ》・義高《よしたか》が討《う》たれ死没《しぼつ》

▲『巴御前出陣図《ともえごぜんしゅつじんず》』
蔀関月筆《しとみかんげつひつ》 東京国立博物館蔵《とうきょうこくりつはくぶつかんぞう》

「朝日将軍《あさひしょうぐん》」の女武者巴御前《おんなむしゃともえごぜん》はどんな人《ひと》？

信濃国《しなののくに》の豪族《ごうぞく》・中原兼遠《なかはらのかねとお》の娘《むすめ》と伝《つた》えられ、常《つね》に義仲《よしなか》のそばにつき従《したが》っていました。「平家物語《へいけものがたり》」によれば「色白《いろしろ》く髪長《かみなが》く、容顔《ようがん》まことに優《まさ》れたり」という美人《びじん》で、「強弓《つよゆみ》精兵《せいぴょう》、一人当千《いちにんとうせん》の兵者《つわもの》）」であったといいます。幼《おさな》いころから義仲《よしなか》とともに育《そだ》ち、義仲挙兵後《よしなかきょへいご》も女武将《おんなぶしょう》として付《つ》き従《したが》いました。近江国粟津ヶ原《おうみのくにあわづがはら》での義仲最期《よしなかさいご》の戦《たたか》いでは、味方《みかた》が残《のこ》り数騎《すうき》となっても勇敢《ゆうかん》に戦《たたか》い、義仲《よしなか》とともに死《し》ぬことを願《ねが》いましたが、義仲《よしなか》に諭《さと》され泣《な》く泣《な》く離脱《りだつ》していったといいます。以後《いご》、信濃《しなの》に落《お》ち延《の》びた後《あと》、鎌倉《かまくら》に召《め》し出《だ》され和田義盛《わだよしもり》の妻《つま》となり、朝比奈《あさひな》義秀《よしひで》を産《う》んだともいわれています。

略式《りゃくしき》年表《ねんぴょう》 木曽義仲《きそよしなか》と巴御前《ともえごぜん》

- 1154…義仲《よしなか》(駒王丸《こまおうまる》)、源 義賢《みなもとよしかた》の次男《じなん》として生《う》まれる
- 1155…義仲《よしなか》の父《ちち》・義賢《よしかた》が武蔵国比企郡大蔵館《むさしのくにひきぐんおおくらかん》で甥《おい》の源 義平《みなもとのよしひら》に討《う》たれる。義仲《よしなか》、木曽《きそ》に逃《のが》れ中原《なかはらの》兼遠《かねとお》に養育《よういく》される
- 1156…保元《ほうげん》の乱《らん》がおこる
- 1159…平治《へいじ》の乱《らん》がおこる
- 1160…源 義 朝《みなもとのよしとも》が殺《ころ》され、頼朝《よりとも》は伊豆《いず》に流《なが》される
- 1166…駒王丸《こまおうまる》、元服《げんぷく》の儀《ぎ》を行《おこな》い義仲《よしなか》と名《な》を改《あらた》める
- 1171…この頃《ころ》、義仲《よしなか》と正室《せいしつ》が結婚《けっこん》
- 1173…この頃《ころ》、嫡男《ちゃくなん》の義高《よしたか》が生《う》まれる
- 1180…源 頼 政《みなもとのよりまさ》、以仁王《もちひとおう》から平氏追討《へいしついとう》の令旨《りょうじ》を得《え》て、諸国《しょこく》の源氏《げんじ》に伝《つた》える。以仁王《もちひとおう》、源 頼 政《みなもとのよりまさ》、義仲《よしなか》の兄仲家《あになかいえ》ら敗死《はいし》。源 頼 朝《みなもとのよりとも》伊豆《いず》にて挙兵《きょへい》。義仲《よしなか》、巴御前《ともえごぜん》と挙兵《きょへい》。義仲《よしなか》、上野国《こうずけのくに》に入《はい》り12月《がつ》信濃《しなの》に戻《もど》る

[番外編《ばんがいへん》⑥／平安《へいあん》]

保元《ほうげん》の乱《らん》(1156年《ねん》)の人物相関図《じんぶつそうかんず》

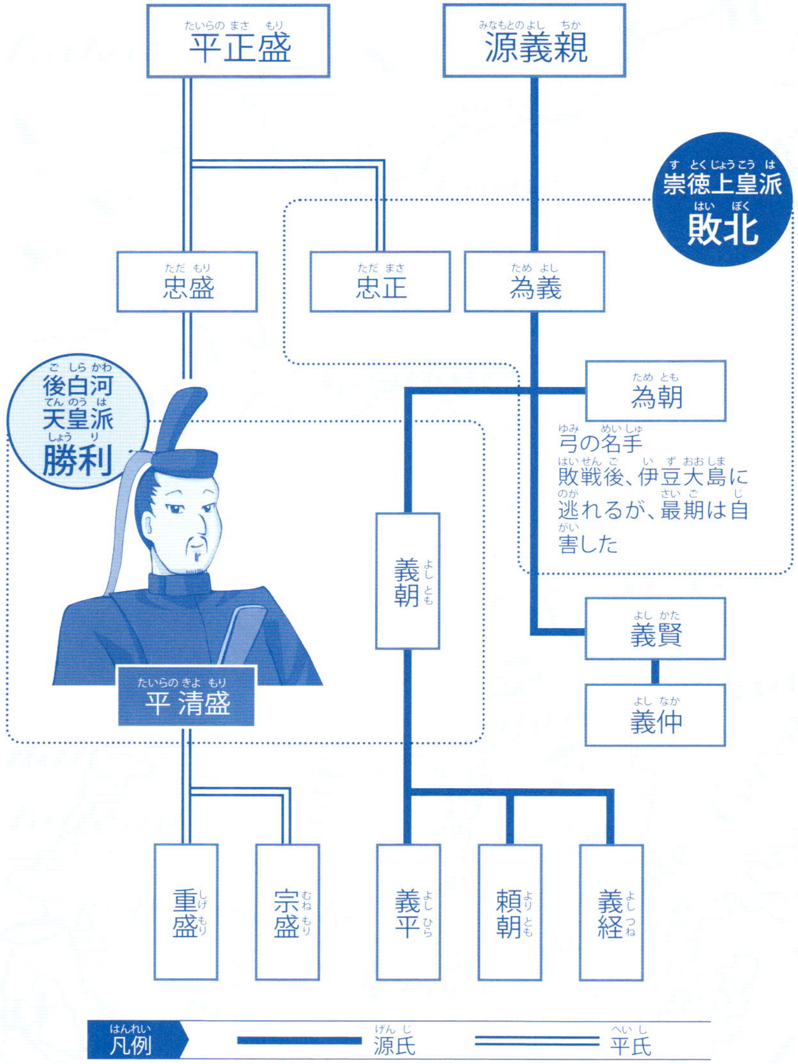

[番外編《ばんがいへん》⑥／平安《へいあん》]

平治《へいじ》の乱《らん》(1160年《ねん》)の人物相関図《じんぶつそうかんず》

勝者《しょうしゃ》

平清盛《たいらのきよもり》

武士《ぶし》として初《はつ》の太政大臣《だじょうだいじん》に

重盛《しげもり》

宗盛《むねもり》

[藤原家《ふじわらけ》]

通憲《みちのり》(信西《しんぜい》)

平治《へいじ》の乱《らん》が始《はじ》まった時《とき》には
すでに殺害《さつがい》されていた

●源氏《げんじ》

[源氏《げんじ》]

源頼政《みなもとのよりまさ》

敗者《はいしゃ》

●源氏《げんじ》

義朝《よしとも》

敗戦後《はいせんご》、逃《に》げ延《の》びた尾張《おわり》(現在《げんざい》の愛知県《あいちけん》)で家臣《かしん》に裏切《うらぎ》られ殺害《さつがい》された

義平《よしひら》

頼朝《よりとも》

伊豆大島《いずおおしま》へ流刑《るけい》
後《のち》に平氏打倒《へいしだとう》の兵《へい》を挙《あ》げる

義経《よしつね》

鞍馬寺《くらまでら》へ預《あず》けられる
頼朝《よりとも》に従《したが》い平氏《へいし》を滅《ほろ》ぼす

[藤原家《ふじわらけ》]

信頼《のぶより》

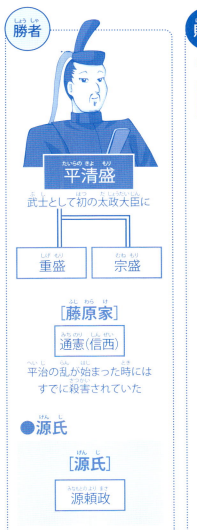

鎌倉《かまくら》〜安土桃山時代《あづちももやまじだい》 [1185年《ねん》▶1600年《ねん》]

鎌倉時代《かまくらじだい》	1185年《ねん》	・源頼朝《みなもとのよりとも》が守護《しゅご》・地頭《じとう》の任命権《にんめいけん》を朝廷《ちょうてい》より得《え》る
	1192年《ねん》	・頼朝《よりとも》が征夷大将軍《せいいたいしょうぐん》に任命《にんめい》される
	1203年《ねん》	・北条時政《ほうじょうときまさ》の執権政治《しっけんせいじ》がはじまる
	1274〜81年《ねん》	・元寇《げんこう》の襲来《しゅうらい》
	1333年《ねん》	・足利尊氏《あしかがたかうじ》らの攻撃《こうげき》により鎌倉幕府滅亡《かまくらばくふめつぼう》
南北朝時代《なんぼくちょうじだい》	1334年《ねん》	・建武《けんむ》の新政《しんせい》の開始《かいし》
	1336年《ねん》	・南北朝《なんぼくちょう》の争乱《そうらん》
室町時代《むろまちじだい》	1338年《ねん》	・足利尊氏《あしかがたかうじ》が征夷大将軍《せいいたいしょうぐん》に任命《にんめい》される
	1368年《ねん》	・足利義満《あしかがよしみつ》が室町幕府《むろまちばくふ》3代将軍《だいしょうぐん》に任命《にんめい》される
	1392年《ねん》	・南北朝《なんぼくちょう》が合一《ごういつ》される
	1449年《ねん》	・足利義政《あしかがよしまさ》が室町幕府《むろまちばくふ》8代将軍《だいしょうぐん》に任命《にんめい》される
	1467年《ねん》	・応仁《おうにん》の乱《らん》が起《お》き、京都市内《きょうとしない》が焼《や》け野原《のはら》に
戦国時代《せんごくじだい》	1543年《ねん》	・種子島《たねがしま》に火縄銃《ひなわじゅう》が伝来《でんらい》
	1549年《ねん》	・イエズス会《かい》のザビエルが来日《らいにち》し、キリスト教《きょう》の布教活動《ふきょうかつどう》を開始《かいし》
	1560年《ねん》	・桶狭間《おけはざま》の戦《たたか》いで織田信長《おだのぶなが》が勝利《しょうり》

源氏《げんじ》によって開《ひら》かれた鎌倉幕府《かまくらばくふ》は、北条氏《ほうじょうし》によって引《ひ》き継《つ》がれました。しかし、足利尊氏《あしかがたかうじ》はその状況《じょうきょう》に不満《ふまん》を持《も》ち、後醍醐天皇《ごだいごてんのう》や楠木正成《くすのきまさしげ》らと協力《きょうりょく》。幕府《ばくふ》を滅《ほろ》ぼし建武《けんむ》の新政《しんせい》を開始《かいし》させましたが、再《ふたた》び尊氏《たかうじ》は挙兵《きょへい》し室町幕府《むろまちばくふ》を起《お》こします。

そして義満《よしみつ》の代《だい》にピークを迎《むか》えた室町幕府《むろまちばくふ》はその後衰退《ごすいたい》。足利将軍家《あしかがしょうぐんけ》の力《ちから》が弱《よわ》まり戦国大名《せんごくだいみょう》が台頭《たいとう》。織田信長《おだのぶなが》の家臣《かしん》・豊臣秀吉《とよとみひでよし》により、日本《にほん》は統一《とういつ》されたのです。

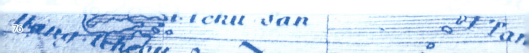

戦《せん》 国《ごく》 時《じ》 代《だい》

1568年《ねん》 ・信長《のぶなが》が上洛《じょうらく》

1572年《ねん》 ・三方ヶ原《みかたがはら》の戦《たたか》いで徳川家康《とくがわいえやす》が武田信玄《たけだしんげん》に大敗《たいはい》

1573年《ねん》 ・武田信玄《たけだしんげん》が病没《びょうぼつ》

安《あ》土《づち》桃《もも》山《やま》時《じ》代《だい》

1575年《ねん》 ・信長《のぶなが》が武田騎馬隊《たけだきばたい》を長篠《ながしの》の戦《たたか》いで撃破《げきは》

1582年《ねん》 ・本能寺《ほんのうじ》の変《へん》で信長《のぶなが》が没《ぼっ》する

1585年《ねん》 ・豊臣秀吉《とよとみひでよし》が関白《かんぱく》に就任《しゅうにん》

1590年《ねん》 ・秀吉《ひでよし》が伊達政宗《だてまさむね》、島津義久《しまづよしひさ》らを臣従《しんじゅう》させ
天下統一《てんかとういつ》を達成《たっせい》

1592～97年《ねん》 ・文禄《ぶんろく》・慶長《けいちょう》の役《えき》で朝鮮《ちょうせん》に出兵《しゅっぺい》

1598年《ねん》 ・豊臣秀吉《とよとみひでよし》が没《ぼっ》し、家康《いえやす》の命令《めいれい》で朝鮮《ちょうせん》への
出兵《しゅっぺい》が終《お》わる

1600年《ねん》 ・関ヶ原《せきがはら》の戦《たたか》いで徳川家康《とくがわいえやす》率《ひき》いる東軍《とうぐん》が勝利《しょうり》

▲文禄《ぶんろく》・慶長《けいちょう》の役《えき》は世界史《せかいし》にも
影響《えいきょう》を与《あた》えた

▲応仁《おうにん》の乱《らん》

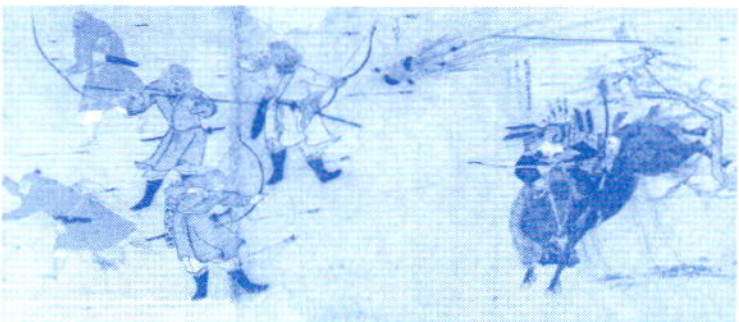

▲元《げん》の襲来《しゅうらい》が鎌倉幕府《かまくらばくふ》の寿命《じゅみょう》を縮《ちぢ》めた

▲鎌倉武士《かまくらぶし》の守護神《しゅごしん》を祀《まつ》る
鶴岡八幡宮《つるおかはちまんぐう》

『親鸞《しんらん》』と『恵信尼《えしんに》』

—夫婦《ふうふ》—

師弟《してい》

浄土真宗《じょうどしんしゅう》の開祖《かいそ》
悪人《あくにん》でも救《すく》われる教《おし》えをつくる

親鸞《しんらん》 [1173〜1263年《ねん》]

[出身《しゅっしん》] 京《きょう》の都《みやこ》(京都府京都市《きょうとふきょうとし》)
[親《おや》] 日野有範《ひのありのり》、吉光女《きっこうにょ》?
[配偶者《はいぐうしゃ》] 玉日《たまひ》?、恵信尼《えしんに》

平安時代末期《へいあんじだいまっき》から鎌倉時代《かまくらじだい》にかけて生《い》きた僧侶《そうりょ》。9歳《さい》で出家《しゅっけ》をし、比叡山《ひえいざん》で天台宗《てんだいしゅう》の教《おし》えを20年《ねん》学《まな》ぶが、限界《げんかい》を感《かん》じて比叡山《ひえいざん》を下山《げざん》。夢《ゆめ》に出《で》てきた聖徳太子《しょうとくたいし》のお告《つ》げ通《どお》りに行動《こうどう》し、浄土宗《じょうどしゅう》の開祖《かいそ》法然《ほうねん》の弟子《でし》となる。迫害《はくがい》されることもあったが、信仰《しんこう》を貫《つらぬ》いて浄土真宗《じょうどしんしゅう》の礎《いしずえ》を築《きず》いた。

僧侶《そうりょ》の妻《つま》として親鸞《しんらん》を
支《ささ》え7人《にん》の子《こ》どもを育《そだ》てる

恵信尼《えしんに》 [1182〜1268?年《ねん》]

[出身《しゅっしん》] 越後国《えちごのくに》(新潟県《にいがたけん》)
[親《おや》] 三善為教《みよしためのり》、母《はは》:不詳《ふしょう》
[配偶者《はいぐうしゃ》] 親鸞《しんらん》

親鸞《しんらん》の妻《つま》。越後《えちご》の国《くに》の豪族《ごうぞく》の娘《むすめ》で、親鸞《しんらん》がこの地《ち》に流《なが》された時《とき》にお世話《せわ》をしたことが結婚《けっこん》につながったと考《かんが》えられている。親鸞《しんらん》との間《あいだ》に7人《にん》の子《こ》をもうけ、彼女《かのじょ》が娘《むすめ》にあてた手紙《てがみ》が発見《はっけん》されたことで、親鸞《しんらん》が実在《じつざい》することが証明《しょうめい》された。また手紙《てがみ》の文章内容《ぶんしょうないよう》からかなり教養《きょうよう》の高《たか》い人物《じんぶつ》だったと考《かんが》えられている。

比叡山《ひえいざん》で仏教《ぶっきょう》を学《まな》びその後浄土宗《ごじょうどしゅう》の開祖法然《かいそほうねん》に学《まな》んで浄土真宗《じょうどしんしゅう》を開《ひら》いた親鸞《しんらん》と、僧侶《そうりょ》の妻《つま》として支《ささ》えた恵信尼《えしんに》。仏教社会《ぶっきょうしゃかい》に新《あたら》しい風《かぜ》を入《い》れた二人《ふたり》です。

年表① 法然《ほうねん》の教《おし》えに感化《かんか》されて弟子入《でしい》り

浄土真宗《じょうどしんしゅう》の開祖親鸞《かいそしんらん》は9歳《さい》で僧侶《そうりょ》になりますが、その100年《ねん》ぐらい前《まえ》から京《きょう》の都《みやこ》では飢《う》えや災害《さいがい》が発生《はっせい》して、**「もうこの世界《せかい》は終《お》わるのではないか」という末法思想《まっぽうしそう》が貴族《きぞく》、庶民《しょみん》を問《と》わず広《ひろ》がり始《はじ》めていました。**藤原氏《ふじわらし》の摂関政治《せっかんせいじ》が終《お》わり、院政政治《いんせいせいじ》、武士《ぶし》の台頭《たいとう》などで社会《しゃかい》が混乱《こんらん》。その中《なか》で仏教《ぶっきょう》の世界《せかい》でも、鎌倉新仏教《かまくらしんぶっきょう》と呼《よ》ばれる新《あたら》しい勢力《せいりょく》が生《う》まれつつありました。親鸞《しんらん》の師《し》となる法然《ほうねん》が開《ひら》いた浄土宗《じょうどしゅう》もその一《ひと》つです。親鸞《しんらん》は比叡山《ひえいざん》で学《まな》びますが限界《げんかい》を感《かん》じて下山《げざん》。**「厳《きび》しい修行《しゅぎょう》をしなくてもただ念仏《ねんぶつ》を唱《とな》えていれば極楽《ごくらく》に行《い》ける」**という法然《ほうねん》の教《おし》えに感銘《かんめい》を受《う》けて弟子入《でしい》り。次第《しだい》に法然《ほうねん》から認《みと》められるようになります。

年表② 京都《きょうと》からの追放《ついほう》と恵信尼《えしんに》との出会《であ》い

浄土宗《じょうどしゅう》を学《まな》ぶ親鸞《しんらん》の苦難《くなん》は**「承元《じょうげん》の法難《ほうなん》」と呼《よ》ばれる法然《ほうねん》の教団《きょうだん》に対《たい》して既存《きそん》の仏教教団《ぶっきょうきょうだん》が弾圧《だんあつ》した事件《じけん》から始《はじ》まります。**最終的《さいしゅうてき》には朝廷《ちょうてい》も動《うご》いて、1207年《ねん》には法然《ほうねん》も親鸞《しんらん》も僧侶《そうりょ》の位《くらい》を失《うしな》って、法然《ほうねん》は四国《しこく》に、親鸞《しんらん》は越後《えちご》（新潟《にいがた》）に追放《ついほう》されます。そこで親鸞《しんらん》のお世話《せわ》をするのが後《のち》に彼《かれ》の妻《つま》となる**恵信尼《えしんに》**です。仏教《ぶっきょう》は時代《じだい》によってことなりますが、基本的《きほんてき》に女性《じょせい》と結婚《けっこん》することを許《ゆる》していません。

きびしい教《おし》えを守《まも》って修行《しゅぎょう》に打《う》ち込《こ》み、欲望《よくぼう》・怒《いか》り・愚痴《ぐち》の煩悩《ぼんのう》をおさえ、さとりを得《え》ようとする考《かんが》えだからです。親鸞《しんらん》は肉食《にくしょく》も結婚《けっこん》も認《みと》めていました。親鸞《しんらん》と恵信尼《えしんに》は4男《なん》3女《じょ》の子《こ》どもに恵《めぐ》まれます。1211年《ねん》に親鸞《しんらん》は朝廷《ちょうてい》から許《ゆる》され僧侶《そうりょ》の位《くらい》を取《と》り戻《もど》しますが、翌年《よくとし》に法然《ほうねん》が亡《な》くなったこともあり、親鸞《しんらん》は都《みやこ》に戻《もど》らず越後《えちご》にとどまり、後《のち》に家族《かぞく》を連《つ》れて東国《とうごく》（関東《かんとう》）へ布教《ふきょう》を始《はじ》めます。また親鸞《しんらん》は**「阿弥陀仏《あみだぶつ》に念仏《ねんぶつ》を唱《とな》えれば救《すく》われる」という法然《ほうねん》の教《おし》えを発展《はってん》させ、「善人《ぜんにん》はもちろんだが、自分《じぶん》の罪《つみ》を認《みと》めた悪人《あくにん》（民衆《みんしゅう》）を阿弥陀如来《あみだにょらい》は救《すく》ってくれる」**と考《かんが》え、支持《しじ》を集《あつ》めました。

鎌倉新仏教《かまくらしんぶっきょう》の起《お》こり

鎌倉新仏教《かまくらしんぶっきょう》とは、平安時代末期《へいあんじだいまっき》から鎌倉時代《かまくらじだい》に起《お》きた、仏教改革《ぶっきょうかいかく》の中《なか》で生《う》まれた仏教《ぶっきょう》のことです。日本《にほん》の仏教《ぶっきょう》は平安時代中頃《へいあんじだいなかごろ》までは基本的《きほんてき》には貴族《きぞく》のための仏教《ぶっきょう》でした。しかし、次第《しだい》に庶民《しょみん》のための仏教《ぶっきょう》、台頭《たいとう》した武士《ぶし》のための仏教《ぶっきょう》が必要《ひつよう》になってきます。その中《なか》で生《う》まれたのが念仏《ねんぶつ》を唱《とな》えるだけで救《すく》われる法然《ほうねん》の浄土宗《じょうどしゅう》や親鸞《しんらん》の浄土真宗《じょうどしんしゅう》、一遍《いっぺん》の時宗《じしゅう》などです。また昔《むかし》からあった天台宗《てんだいしゅう》の教《おし》えを改良《かいりょう》した日蓮《にちれん》の日蓮宗《にちれんしゅう》、中国《ちゅうごく》から最新《さいしん》の仏教《ぶっきょう》の教《おし》えを持《も》ち込《こ》んだ栄西《えいさい》の臨済宗《りんざいしゅう》と道元《どうげん》の曹洞宗《そうとうしゅう》の禅宗系《ぜんしゅうけい》が流行《りゅうこう》しました。旧来《きゅうらい》の仏教《ぶっきょう》はこれらの仏教《ぶっきょう》を排除《はいじょ》しようとする勢力《せいりょく》もありました。

新仏教《しんぶっきょう》に刺激《しげき》を受《う》け、改革《かいかく》をはじめる宗派《しゅうは》もありました。新仏教《しんぶっきょう》は当時《とうじ》としては新《あたら》しい動《うご》きでしたが、室町時代《むろまちじだい》から戦国時代《せんごくじだい》に入《はい》ると社会《しゃかい》に大《おお》きな影響《えいきょう》を与《あた》えるようになります。

▲親鸞《しんらん》83歳《さい》の姿《すがた》を描《えが》いたとされる『安城御影《あんじょうのごえい》』

年表③ 妻《つま》と別《わか》れ、息子《むすこ》との縁《えん》を切《き》る

親鸞《しんらん》は東国《とうごく》に渡《わた》ってから、現在《げんざい》の茨城県笠間市《いばらきけんかさまし》にある「**稲田《いなだ》の草庵《そうあん》（西念寺《さいねんじ》）**」で熱心《ねっしん》に教《おし》えを伝《つた》え、4年間《ねんかん》かけて書《か》いた大作《たいさく》である「**顕浄土真実教行証文類《けんじょうどしんじつきょうぎょうしょうもんるい》**」など自分《じぶん》の考《かんが》えを本《ほん》にまとめながら約《やく》20年間東国《ねんかんとうごく》で教《おし》えを広《ひろ》めました。それは関東《かんとう》だけではなく、東北《とうほく》まで広《ひろ》がり、62歳《さい》ごろに京《きょう》の都《みやこ》に戻《もど》ったそうですが、妻《つま》である恵信尼《えしんに》は京《きょう》の都《みやこ》についていかず、越後《えちご》に帰《かえ》ったといわれています。理由《りゆう》としてはいろいろな説《せつ》がありますが、東国《とうごく》の信者《しんじゃ》からの援助《えんじょ》しか頼《たよ》るものがな

鎌倉新仏教《かまくらしんぶっきょう》の特徴《とくちょう》

宗教名《しゅうきょうめい》	開祖《かいそ》	特徴《とくちょう》
浄土宗《じょうどしゅう》	法然《ほうねん》	念仏《ねんぶつ》（南無阿弥陀仏《なむあみだぶつ》）さえ唱《とな》えれば死後救《しごすく》われる
浄土真宗《じょうどしんしゅう》（一向宗《いっこうしゅう》）	親鸞《しんらん》	浄土宗《じょうどしゅう》の教《おし》えを発展《はってん》、善人《ぜんにん》より悪人《あくにん》（民衆《みんしゅう》）の方《ほう》が救《すく》われなければならないと唱《とな》える
時宗《じしゅう》	一遍《いっぺん》	念仏《ねんぶつ》さえ唱《とな》えれば阿弥陀仏《あみだぶつ》は信《しん》じていなくても死後救《しごすく》われる
日蓮宗《にちれんしゅう》	日蓮《にちれん》	天台宗《てんだいしゅう》の教《おし》えを発展《はってん》。念仏《ねんぶつ》は唱《とな》えない。現世《げんせ》で救《すく》われなければならないと考《かんが》えている
臨済宗《りんざいしゅう》	栄西《えいさい》	座禅《ざぜん》を組《く》みながら自力《じりき》で悟《さと》り（救《すく》い）を得《え》る。鎌倉幕府《かまくらばくふ》と深《ふか》い関係《かんけい》を持《も》ち武士《ぶし》に支持《しじ》される
曹洞宗《そうとうしゅう》	道元《どうげん》	座禅《ざぜん》を組《く》みながら自力《じりき》で悟《さと》り（救《すく》い）得《え》る。土着信仰《どちゃくしんこう》（その土地《とち》の宗教《しゅうきょう》）と結《むす》びついて民間《みんかん》に広《ひろ》まる

かったため生活《せいかつ》が苦《くる》しく、末娘《すえむすめ》の覚信尼《かくしんに》を残《のこ》して他《ほか》の家族《かぞく》は恵信尼《えしんに》の実家《じっか》を頼《たよ》ったという説《せつ》が有力《ゆうりょく》だそうです。

京《きょう》の都《みやこ》に戻《もど》った親鸞《しんらん》は、自分《じぶん》の考《かんが》えを本《ほん》にまとめる日々《ひび》を続《つづ》けますが、その頃《ころ》親鸞《しんらん》が去《さ》った東国《とうごく》では親鸞《しんらん》の教《おし》えをどのように伝《つた》えればよいかで弟子《でし》たちが言《い》い争《あらそ》っていました。その話《はなし》を聞《き》いた親鸞《しんらん》は跡継《あとつ》ぎである善鸞《ぜんらん》を東国《とうごく》に送《おく》りますが、**善鸞《ぜんらん》は「自分《じぶん》だけが父《ちち》（親鸞《しんらん》）から真実《しんじつ》の教《おし》えを受《う》けた」**と言《い》い、その話《はなし》を弟子《でし》の手紙《てがみ》から知《し》った親鸞《しんらん》は怒《いか》り、善鸞《ぜんらん》と親子《おやこ》の縁《えん》を切《き》ってしまいます。その後《ご》親鸞《しんらん》は1262年《ねん》、恵信尼《えしんに》は1268年《ねん》に生涯《しょうがい》を終《お》えました。

- 1230…親鸞《しんらん》、「唯信鈔《ゆいしんしょう》」を書写《しょしゃ》
- 1235…親鸞《しんらん》の孫《まご》で、跡継《あとつ》ぎの如信《にょしん》生《う》まれる
- 1248…親鸞《しんらん》、「浄土和讃《じょうどわさん》」・「高僧和讃《こうそうわさん》」を著《あら》わす
- 1250…親鸞《しんらん》、「唯信鈔文意《ゆいしんしょうもんい》」を著《あら》わす
- 1252…親鸞《しんらん》、「浄土文類聚鈔《じょうどぶんるいじゅしょう》」を著《あら》わす
- 1255…親鸞《しんらん》、「尊号真像銘文《そんごうしんぞうめいもん》」・「浄土三経往生文類《じょうどさんぎょうおうじょうもんるい》」・「愚禿鈔《ぐとくしょう》」を著《あら》わす
- 1256…親鸞《しんらん》、「入出二門偈《にゅうしゅうにもんげ》」を著《あら》わす、息子《むすこ》、善鸞《ぜんらん》の教《おし》えを批判《ひはん》し、善鸞《ぜんらん》と縁《えん》を切《き》る
  親鸞《しんらん》、「往相回向還相回向文類《おうそうえこうげんそうえこうもんるい》」を著《あら》わす
- 1262…親鸞《しんらん》、死没《しぼつ》（享年《きょうねん》90）
  覚信尼《かくしんに》、越後《えちご》の恵信尼《えしんに》に手紙《てがみ》を書《か》き、親鸞《しんらん》の死去《しきょ》を伝《つた》える
- 1268…恵信尼《えしんに》死没《しぼつ》（享年《きょうねん》87）

親鸞《しんらん》の娘《むすめ》覚信尼《かくしんに》

本来《ほんらい》の跡継《あとつ》ぎである善鸞《ぜんらん》と親子《おやこ》の縁《えん》を切《き》った後《あと》、京《きょう》の都《みやこ》で親鸞《しんらん》の教《おし》えを伝《つた》えるのは末娘《すえむすめ》の覚信尼《かくしんに》の役割《やくわり》でした。親鸞《しんらん》が亡《な》くなった後《あと》、跡継《あとつ》ぎは善鸞《ぜんらん》の子《こ》で親鸞《しんらん》の孫《まご》の如信《にょしん》でしたが、如信《にょしん》は東国《とうごく》での布教《ふきょう》に忙《いそが》しく、京都《きょうと》での布教《ふきょう》は覚信尼《かくしんに》と親鸞《しんらん》の弟子《でし》たちが担《にな》っていました。如信《にょしん》も叔母《おば》である覚信尼《かくしんに》を信頼《しんらい》していたのでしょう。その後《ご》如信《にょしん》は覚信尼《かくしんに》の孫《まご》である覚如《かくにょ》を浄土真宗《じょうどしんしゅう》の跡継《あとつ》ぎに定《さだ》めます。現在《げんざい》まで続《つづ》く、本願寺《ほんがんじ》（西本願寺《にしほんがんじ》・東本願寺《ひがしほんがんじ》）の指導者《しどうしゃ》はみんな覚信尼《かくしんに》の子孫《しそん》です。

親鸞《しんらん》の死後《しご》、直接《ちょくせつ》会《あ》うことはありませんでしたが、覚信尼《かくしんに》と母《はは》恵信尼《えしんに》の間《あいだ》には手紙《てがみ》のやり取《と》りは続《つづ》いていました。恵信尼《えしんに》は覚信尼《かくしんに》も知《し》らない親鸞《しんらん》と恵信尼《えしんに》の話《はなし》もその中《なか》で伝《つた》えたそうです。

略《りゃく》式《しき》年《ねん》表《びょう》

親鸞《しんらん》と恵信尼《えしんに》

- 1173…親鸞《しんらん》、京《きょう》の都《みやこ》で生《う》まれる
- 1181…親鸞《しんらん》、慈円《じえん》の坊《ぼう》で出家《しゅっけ》
- 1182…恵信尼《えしんに》、越後《えちご》で生《う》まれる
- ① 1201…親鸞《しんらん》、延暦寺《えんりゃくじ》を出《で》て、六角堂《ろっかくどう》に百日参《ひゃくにちまい》りをして95日目《にちめ》に聖徳太子《しょうとくたいし》の夢《ゆめ》のお告《つ》げを得《え》て、法然《ほうねん》の弟子《でし》になる
- ② 1207…親鸞《しんらん》、僧《そう》の位《くらい》を失《うしな》い越後《えちご》に流《なが》される（承元《じょうげん》の法難《ほうなん》）
- ?…恵信尼《えしんに》と結婚《けっこん》（流《なが》される前《まえ》に結婚《けっこん》したという説《せつ》もあり）
- 1211…信蓮房明信《しんれんぼうみょうしん》誕生《たんじょう》、親鸞《しんらん》、流罪《るざい》を許《ゆる》される
- ③ 1212…法然《ほうねん》死没《しぼつ》
- 1214…親鸞《しんらん》、上野《こうずけ》佐貫《さぬき》で、「三部経《さんぶきょう》」千部読誦《せんぶどくじゅ》を発願《ほつがん》しようとし、自力《じりき》を反省《はんせい》して中止《ちゅうし》。常陸《ひたち》へ行《い》く
- 1224…覚信尼《かくしんに》誕生《たんじょう》

鎌倉《かまくら》

『源頼朝《みなもとのよりとも》』と『北条政子《ほうじょうまさこ》』

―夫婦《ふうふ》―

純愛《じゅんあい》、年《とし》の差《さ》

征夷大将軍《せいいたいしょうぐん》として
武家社会《ぶけしゃかい》の礎《いしずえ》を築《きず》いた人物《じんぶつ》

源頼朝《みなもとのよりとも》 [1147～1199年《ねん》]

[出身《しゅっしん》] 尾張国熱田《おわりのくにあつた》(愛知県名古屋市《あいちけんなごやし》)
[親《おや》] 源義朝《みなもとのよしとも》、由良御前《ゆらごぜん》
[配偶者《はいぐうしゃ》] 北条政子《ほうじょうまさこ》、側室亀《そくしつかめ》の前《まえ》、大進局《だいしんのつぼね》

平安時代末期《へいあんじだいまっき》の武将《ぶしょう》。鎌倉幕府《かまくらばくふ》の開祖《かいそ》。父《ちち》源義朝《みなもとのよしとも》が平氏《へいし》との戦《たたか》いに敗《やぶ》れて、頼朝《よりとも》も捕《と》らえられて伊豆諸島《いずしょとう》に追放《ついほう》されるが、平氏《へいし》討伐《とうばつ》の機運《きうん》が高《たか》まり、挙兵《きょへい》。源義経《みなもとのよしつね》などの弟《おとうと》たちや関東《かんとう》の武士《ぶし》を率《ひき》いて平氏《へいし》と戦《たたか》いを始《はじ》める。平氏《へいし》を討伐《とうばつ》した後《あと》は征夷大将軍《せいいたいしょうぐん》として幕府《ばくふ》を鎌倉《かまくら》に開《ひら》いた。

頼朝《よりとも》の死後《しご》も
幕府《ばくふ》を支《ささ》えた尼将軍《あましょうぐん》

北条政子《ほうじょうまさこ》 [1157～1225年《ねん》]

[出身《しゅっしん》] 伊豆国《いずのくに》(神奈川県伊豆市《かながわけんいずし》)
[親《おや》] 北条時政《ほうじょうときまさ》、母《はは》:不詳《ふしょう》
[配偶者《はいぐうしゃ》] 源頼朝《みなもとのよりとも》

源頼朝《みなもとのよりとも》の正室《せいしつ》。父《ちち》の北条時政《ほうじょうときまさ》は平氏《へいし》によって伊豆《いず》に流《なが》された頼朝《よりとも》の監視《かんし》をしていたが、二人《ふたり》の間《あいだ》には恋《こい》が芽生《めば》えてしまう。頼朝《よりとも》と結婚後《けっこんご》は3人《にん》の子《こ》に恵《めぐ》まれるが、皆自分《みなじぶん》より早《はや》く亡《な》くしてしまい、頼朝死後《よりともしご》は幕府《ばくふ》の重鎮《じゅうちん》として政治《せいじ》にも関与《かんよ》したことから尼将軍《あましょうぐん》とも呼《よ》ばれている。

征夷大将軍《せいいたいしょうぐん》として幕府《ばくふ》を開《ひら》き、武家社会《ぶけしゃかい》の礎《いしずえ》を築《きず》き上《あ》げた源頼朝《みなもとのよりとも》と、敵対《てきたい》する平氏《へいし》の一族《いちぞく》でありながら妻《つま》となった政子《まさこ》。二人《ふたり》の結《むす》び付《つ》きが貴族《きぞく》から武家《ぶけ》の時代《じだい》を切《き》り開《ひら》いたといえます。

年表① 敵同士《てきどうし》として出会《であ》った二人《ふたり》

　頼朝《よりとも》と政子《まさこ》は、敵同士《てきどうし》の間《あいだ》がらといえそうです。頼朝《よりとも》の父親義朝《ちちおやよしとも》は、清和源氏《せいわげんじ》と呼《よ》ばれる武士集団《ぶししゅうだん》を率《ひき》いる人物《じんぶつ》で、平清盛《たいらのきよもり》が率《ひき》いる平氏《へいし》と対立《たいりつ》。**政子《まさこ》の父親北条《ちちおやほうじょう》時政《ときまさ》は平氏《へいし》に属《ぞく》していたからです**。1159年《ねん》に起《お》きた**平治《へいじ》の乱《らん》で義朝《よしとも》や兄《あに》が殺《ころ》され**、頼朝《よりとも》も殺《ころ》させるところでしたが、清盛《きよもり》の母親《ははおや》が命《いのち》を助《たす》けて欲《ほ》しいと願《ねが》い出《で》て、伊豆《いず》に追放《ついほう》し、配下《はいか》であった時政《ときまさ》に見張《みは》らせることになったのです。**頼朝《よりとも》が14歳《さい》の時《とき》のこと**でした。その頃政子《ころまさこ》は4歳《さい》です。父親《ちちおや》からは敵《てき》の息子《むすこ》だから気《き》を付《つ》けなさいといわれたのもかもしれませんが、家族《かぞく》が殺《ころ》されたわけでもない子《こ》どもの政子《まさこ》にとっては、憎《にく》いわけでもない不思議《ふしぎ》な存在《そんざい》だったのかもしれません。

年表② 結婚相手《けっこんあいて》からにげて頼朝《よりとも》と結婚《けっこん》

　1177年《ねん》ごろ、頼朝《よりとも》と政子《まさこ》は恋《こい》に落《お》ちます。それは時政《ときまさ》が京《きょう》の都《みやこ》に3年間仕事《ねんかんしごと》に出《で》かけている間《あいだ》のことでした。時政《ときまさ》は頼朝《よりとも》が源氏《げんじ》の人間《にんげん》であることを問題視《もんだいし》し、**政子《まさこ》を同《おな》じ平氏《へいし》に属《ぞく》する家《いえ》に嫁《とつ》がせようとしました**。しかし嫁《とつ》いだ夜《よる》、あらしの中《なか》にもかかわらず政子《まさこ》は頼朝《よりとも》の元《もと》へ駆《か》け込《こ》みました。山《やま》を越《こ》えていくだけでも大変《たいへん》なのに、大雨《おおあめ》が降《ふ》る夜《よる》の道《みち》を歩《ある》くのは体《からだ》も心《こころ》も辛《つら》かったはずです。しかし

頼朝《よりとも》が伊豆山神社《いずさんじんじゃ》で自分《じぶん》を待《ま》っていると知《し》っている政子《まさこ》にまよいはありませんでした。「**いつの日《ひ》か平氏《へいし》をたおして、源氏《げんじ》の世《よ》をつくる。本当《ほんとう》の武士《ぶし》の世《よ》の中《なか》をつくりたい**」という頼朝《よりとも》の大《おお》きさに心《こころ》ひかれたのかもしれません。時政《ときまさ》も頼朝《よりとも》と政子《まさこ》の仲《なか》を認《みと》めて、二人《ふたり》は結婚《けっこん》。翌年《よくとし》には長女《ちょうじょ》の大姫《おおひめ》が生《う》まれました。

元々《もともと》頼朝《よりとも》の祖先《そせん》である源義家《みなもとのよしいえ》をはじめ、源氏《げんじ》は東国《とうごく》に強《つよ》い影響力《えいきょうりょく》を持《も》っていました。その源氏《げんじ》の御曹司《おんぞうし》である**頼朝《よりとも》と政子《まさこ》が結婚《けっこん》したことで、源氏《げんじ》と平氏《へいし》という対立《たいりつ》関係《かんけい》から、東国《とうごく》に暮《く》らす武士《ぶし》が一《ひと》つにまとまることができました**。これが後《のち》に平氏《へいし》と戦《たたか》う頼朝《よりとも》の大《おお》きな力《ちから》になるのです。

源氏《げんじ》と平氏《へいし》は複数《ふくすう》ある？

源氏《げんじ》も平氏《へいし》も武士《ぶし》ですが、実《じつ》は源氏《げんじ》も平氏《へいし》も一《ひと》つの一族《いちぞく》ではありません。天皇《てんのう》の子《こ》どもに与《あた》えられる姓《せい》が源《みなもと》であり、平《たいら》なのです。源頼朝《みなもとのよりとも》の先祖《せんぞ》は清和天皇《せいわてんのう》という9世紀《せいき》の中頃《なかごろ》に天皇《てんのう》だった人物《じんぶつ》で、彼《かれ》の子孫《しそん》の武士《ぶし》たちは、清和源氏《せいわげんじ》と呼《よ》ばれ、頼朝《よりとも》はその中《なか》でも河内源氏《かわちげんじ》と呼《よ》ばれる一族《いちぞく》の人物《じんぶつ》です。平氏《へいし》も同《おな》じで平清盛《たいらのきよもり》は8世紀末《せいきまつ》から9世紀《せいき》に天皇《てんのう》だった桓武天皇《かんむてんのう》の子孫《しそん》で桓武平氏《かんむへいし》と呼《よ》ばれます。清和《せいわ》天皇《てんのう》も桓武天皇《かんむてんのう》の子孫《しそん》なので頼朝《よりとも》も清盛《きよもり》も遠《とお》い親戚《しんせき》といえるかもしれません。74ページの保元《ほうげん》の乱《らん》のように仕《つか》える相手《あいて》によって源氏《げんじ》と平氏《へいし》が味方同士《みかたどうし》、源氏《げんじ》と源氏《げんじ》でも敵同士《てきどうし》ということもあったので、時政《ときまさ》をはじめ東国《とうごく》の平氏《へいし》が頼朝《よりとも》の味方《みかた》をするのは当時《とうじ》ではふつうだったのかもしれません。

▲清和天皇像《せいわてんのうぞう》

年表3 頼朝《よりとも》がつくりだした武家政権《ぶけせいけん》

1180年《ねん》に頼朝《よりとも》はとうとう平氏《へいし》とうばつの兵《へい》を挙《あ》げます。一度平氏《いちどへいし》と戦《たたか》って負《ま》けた頼朝《よりとも》は、慎重《しんちょう》だった性格《せいかく》だったこともあり、とうばつの兵《へい》を挙《あ》げるのにずいぶん迷《まよ》ったようですが、京《きょう》の都《みやこ》で平氏《へいし》のふるまいが悪《わる》く貴族《きぞく》をはじめ人々《ひとびと》の評判《ひょうばん》が悪化《あっか》していること、政子《まさこ》の願《ねが》いを受《う》けた時政《ときまさ》をはじめ、東国《とうごく》の武士《ぶし》が頼朝《よりとも》の元《もと》で

戦《たたか》うとちかったことで、頼朝《よりとも》も立《た》ち上《あ》がりました。その後頼朝《ごよりとも》も破《やぶ》れることもありましたが、**弟《おとうと》の義経《よしつね》**などどんどん味方《みかた》が増《ふ》え、勢力《せいりょく》を確立《かくりつ》していきます。鎌倉《かまくら》を拠点《きょてん》にした頼朝《よりとも》は平氏《へいし》との戦《たたか》いを兄弟《きょうだい》

源頼朝《みなもとのよりとも》と北条政子《ほうじょうまさこ》の人物相関図《じんぶつそうかんず》

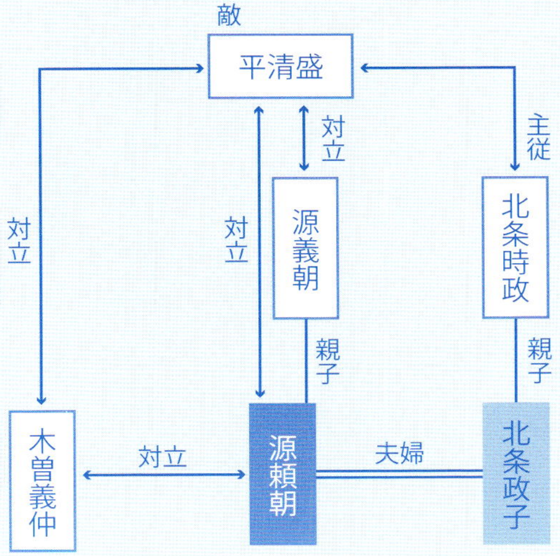

や有力武士《ゆうりょくぶし》に任《まか》せ、武家政権《ぶけせいけん》の準備《じゅんび》をはじめます。**1185年《ねん》に平氏《へいし》が壇《だん》ノ浦《うら》の戦《たたか》いで破《やぶ》れる**と、弟《おとうと》義経《よしつね》と奥州藤原氏《おうしゅうふじわらし》と呼《よ》ばれる勢力《せいりょく》を倒《たお》し、**1192年《ねん》に征夷大将軍《せいいたいしょうぐん》に任命《にんめい》されると、鎌倉《かまくら》に幕府《ばくふ》を開《ひら》き、江戸時代《えどじだい》まで続《つづ》く武家社会《ぶけしゃかい》のいしずえを築《きず》いたのです。**

その後《ご》、頼朝《よりとも》は清盛《きよもり》と同様《どうよう》、政子《まさこ》との間《あいだ》に生《う》まれた二人《ふたり》の姫《ひめ》を天皇《てんのう》と結婚《けっこん》させ朝廷《ちょうてい》でも力《ちから》を得《え》ようとしますが、二人《ふたり》とも病《やまい》で亡《な》くなり、頼朝自身《よりともじしん》も1199年《ねん》に落馬《らくば》が原因《げんいん》などいろいろな説《せつ》がありますが亡《な》くなってしまいます。政子《まさこ》は頼朝《よりとも》が亡《な》くなると尼《あま》となり**北条執権体制《ほうじょうしっけんたいせい》**の確立《かくりつ》に尽力《じんりょく》しました。その後《ご》政子《まさこ》は1225年《ねん》まで生《い》き69歳《さい》で生《しょう》がいを終《お》えました。

▲北条政子《ほうじょうまさこ》（菊池容斎《きくちようさい》画《が》、江戸時代《えどじだい》）

●1199…頼朝《よりとも》、死没《しぼつ》（享年《きょうねん》53）、頼朝《よりとも》の死後《しご》2か月後《げつご》には三幡《さんまん》が死没《しぼつ》
頼家《よりいえ》が第二代将軍《だいにだいしょうぐん》になり、政子《まさこ》は尼《あま》となる

●1203…頼家《よりいえ》を幽閉《ゆうへい》し、実朝《さねとも》が第三代将軍《だいさんだいしょうぐん》となる

●1219…実朝《さねとも》が頼家《よりいえ》の息子《むすこ》である公暁《くぎょう》に殺《ころ》される。頼朝《よりとも》の子孫《しそん》で将軍候補《しょうぐんこうほ》がいないため、貴族《きぞく》（藤原氏《ふじわらし》）で遠《とお》い親戚《しんせき》である赤子《あかご》の頼経《よりつね》を迎《むか》え入《い》れ将来《しょうらい》の将軍《しょうぐん》として育《そだ》てる。政子《まさこ》、この頃《ころ》から「尼将軍《あましょうぐん》」と呼《よ》ばれる

●1221…貴族《きぞく》の政治《せいじ》を取《と》り戻《もど》すために後鳥羽上皇《ごとばじょうこう》が北条氏《ほうじょうし》を倒《たお》すようにと全国《ぜんこく》の武士《ぶし》に命《めい》じた承久《じょうきゅう》の乱《らん》が起《お》きる。政子《まさこ》は「鎌倉殿《かまくらどの》（頼朝《よりとも》）から始《はじ》まる三代《さんだい》の恩顧《おんこ》」を訴《うった》えて武士《ぶし》たちを結束《けっそく》させ、勝利《しょうり》する

●1224…政子《まさこ》の弟《おとうと》で二代《にだい》執権《しっけん》の義時《よしとき》が死没《しぼつ》、義時《よしとき》の長男《ちょうなん》泰時《やすとき》が執権《しっけん》となり北条執権体制《ほうじょうしっけんたいせい》（執権政治《しっけんせいじ》）が確立《かくりつ》する

●1225…政子《まさこ》、死没《しぼつ》（享年《きょうねん》69）

尼将軍《あましょうぐん》と呼《よ》ばれた政子《まさこ》

頼朝《よりとも》が亡《な》くなった後《あと》、尼《あま》となった政子《まさこ》は、息子《むすこ》で第二代将軍《だいにだいしょうぐん》の源頼家《みなもとのよりいえ》の後見人《こうけんにん》として色々《いろいろ》と助言《じょげん》をしましたが、若《わか》い頼家《よりいえ》は言《い》うことを聞《き》かず、頼朝時代《よりともじだい》からの武士《ぶし》たちが不満《ふまん》を持《も》つと、頼家《よりいえ》を追放《ついほう》、頼朝《よりとも》の次男《じなん》である源実朝《みなもとのさねとも》を将軍《しょうぐん》にし、政子《まさこ》の父《ちち》時政《ときまさ》は幕府《ばくふ》の事実上《じじつじょう》のトップである執権《しっけん》に就任《しゅうにん》します。その後《ご》、実朝《さねとも》が頼家《よりいえ》の子《こ》である公暁《くぎょう》に暗殺《あんさつ》されると、政子《まさこ》は政治的《せいじてき》な実権《じっけん》を握《にぎ》り、頼朝《よりとも》の遠縁《とおえん》である藤原頼経《ふじわらのよりつね》を将軍《しょうぐん》に迎《むか》えます。この頃《ころ》から政子《まさこ》は尼《あま》将軍《しょうぐん》と呼《よ》ばれるようになります。1221年《ねん》に後鳥羽上皇《ごとばじょうこう》が承久《じょうきゅう》の乱《らん》で北条氏討伐《ほうじょうしとうばつ》を命《めい》じます。政子《まさこ》は武士《ぶし》たちに頼朝以来《よりともいらい》の恩《おん》を訴《うった》えて武士《ぶし》たちの心《こころ》を一《ひと》つにして後鳥羽《ごとば》上皇《じょうこう》の軍《ぐん》を圧倒《あっとう》します。政子《まさこ》の訴《うった》えには権力欲《けんりょくほ》しさではなく頼朝《よりとも》への愛《あい》があったから武士《ぶし》たちも政子《まさこ》を信《しん》じたのでしょう。

略式年表《りゃくしきねんぴょう》
源頼朝《みなもとのよりとも》と北条政子《ほうじょうまさこ》

- 1147…頼朝《よりとも》、源義朝《みなもとのよしとも》の三男《さんなん》として熱田《あつた》で生《う》まれる
- 1157…政子《まさこ》、伊豆《いず》で北条時政《ほうじょうときまさ》の長女《ちょうじょ》として生《う》まれる
- 1159…平治《へいじ》の乱《らん》で父義朝《ちちよしとも》と兄《あに》が殺《ころ》され、頼朝《よりとも》も捕《と》らえられる
- ① 1160…頼朝《よりとも》、伊豆《いず》に流《なが》される
- ② 1177…頼朝《よりとも》と政子結婚《まさこけっこん》
- 1178…長女《ちょうじょ》、大姫《おおひめ》が誕生《たんじょう》
- ③ 1180…頼朝《よりとも》、平氏《へいし》とうばつの兵《へい》をあげる
- 1182…長男《ちょうなん》、頼家《よりいえ》が誕生《たんじょう》
- 1185　壇《だん》ノ浦《うら》の戦《たたか》いで平氏《へいし》が滅亡《めつぼう》
- 1186…次女《じじょ》、三幡《さんまん》が誕生《たんじょう》
- 1192…頼朝《よりとも》が征夷大将軍《せいいたいしょうぐん》になり鎌倉《かまくら》に幕府《ばくふ》を開《ひら》く
　次男《じなん》、実朝《さねとも》が誕生《たんじょう》
- 1197…大姫《おおひめ》、死没《しぼつ》

南北朝《なんぼくちょう》

『後醍醐天皇《ごだいごてんのう》』と『阿野廉子《あのれんし》』

—寵愛《ちょうあい》、側室《そくしつ》—

同志的《どうしてき》な絆《きずな》

鎌倉幕府《かまくらばくふ》を倒《たお》し
新《あたら》しい政治《せいじ》にとりくむ

後醍醐天皇《ごだいごてんのう》 [1288～1339年《ねん》]

[出身《しゅっしん》] 相模国《さがみのくに》(神奈川県《かながわけん》)
[親《おや》] 後宇多天皇《ごうだてんのう》、五辻忠子《いつつじちゅうし》
[配偶者《はいぐうしゃ》] 西園寺禧子《さいおんじきし》、珣子内親王《じゅんしないしんのう》

後宇多天皇《ごうだてんのう》の第《だい》2皇子《おうじ》で名《な》は尊治《たかはる》。院制《いんせい》をやめ天皇親政《てんのうしんせい》を行《おこな》い、鎌倉幕府《かまくらばくふ》から政権《せいけん》を取《と》り戻《もど》すことを計画《けいかく》。楠木正成《くすのきまさしげ》や足利尊氏《あしかがたかうじ》、新田《にった》義貞《よしさだ》の協力《きょうりょく》を得《え》て1333年《ねん》に鎌倉幕府《かまくらばくふ》を倒《たお》した張本人《ちょうほんにん》であり、建武《けんむ》の新政《しんせい》を行《おこな》った天皇《てんのう》。やがて足利尊氏《あしかがたかうじ》がそむき、吉野《よしの》(奈良《なら》)に逃《のが》れ、南朝《なんちょう》を開《ひら》き、南北朝対立《なんぼくちょうたいりつ》の原因《げんいん》をつくった。

和歌《わか》の詠《よ》み手《て》でもあり
才色兼備《さいしょくけんび》を謳《うた》われた

阿野廉子《あのれんし》 [1301～1359年《ねん》]

[出身《しゅっしん》] 京《きょう》の都《みやこ》(京都《きょうと》)
[親《おや》] 阿野公廉《あのきんかど》、母《はは》:不詳《ふしょう》
[配偶者《はいぐうしゃ》] 後醍醐天皇《ごだいごてんのう》

後醍醐天皇《ごだいごてんのう》の寵妃《ちょうひ》で公廉《きんかど》の娘《むすめ》。実家《じっか》の阿野家《あのけ》は、源義経《みなもとのよしつね》の兄《あに》、阿野全成《あのぜんじょう》の孫《まご》を始祖《しそ》としている。後醍醐天皇《ごだいごてんのう》の寵愛《ちょうあい》を受《う》け、後村上天皇《ごむらかみてんのう》、恒良親王《つねよししんのう》、成良親王《なりよししんのう》ら5人の子《こ》を産《う》む。政治《せいじ》に口《くち》をだし、非難《ひなん》される一面《いちめん》もあった。後醍醐天皇《ごだいごてんのう》に従《したが》って隠岐《おき》、吉野《よしの》におもむき、1351年《ねん》、新《しん》待賢門院《たいけんもんいん》の院号《いんごう》を受《う》けた。

後醍醐天皇《ごだいごてんのう》は鎌倉幕府《かまくらばくふ》を倒《たお》し、「建武《けんむ》の新政《しんせい》」を行《おこな》います。天皇《てんのう》に見初《みそ》められた阿野廉子《あのれんし》は、3人《にん》の皇子《おうじ》を産《う》みます。やがて天皇《てんのう》とともに吉野《よしの》に下《くだ》り、南朝《なんちょう》をたてました。

年表1 打倒《だとう》、鎌倉幕府《かまくらばくふ》！

後醍醐天皇《ごだいごてんのう》は、幼少《ようしょう》の時《とき》から勉強好《べんきょうず》きで、周囲《しゅうい》から将来《しょうらい》の政治力《せいじりょく》を期待《きたい》されていました。皇太子《こうたいし》となったこの頃《ころ》、天皇家《てんのうけ》は2つの系統《けいとう》（持明院統《じみょういんとう》、大覚寺統《だいかくじとう》）に分《わ》かれ、交互《こうご》に天皇《てんのう》の位《くらい》につく「両統迭立《りょうとうてつりつ》」がとられていました。鎌倉幕府《かまくらばくふ》の意向《いこう》に従《したが》って短期間《たんきかん》で交代《こうたい》していた慣行《かんこう》に、不満《ふまん》を抱《いだ》いていた後醍醐天皇《ごだいごてんのう》は、政治《せいじ》を武家《ぶけ》の手《て》から取《と》り戻《もど》したいと決起《けっき》します。鎌倉幕府《かまくらばくふ》を倒《たお》そうと企《くわだ》てた**「正中《しょうちゅう》の変《へん》」**、**「元弘《げんこう》の乱《らん》」**が失敗《しっぱい》し、現在《げんざい》の島根県《しまねけん》にある隠岐《おき》に流《なが》されました。足利尊氏《あしかがたかうじ》・新田義貞《にったよしさだ》らの武士《ぶし》を味方《みかた》につけ、1333年《ねん》鎌倉幕府《かまくらばくふ》を倒《たお》し、天皇《てんのう》を中心《ちゅうしん》にした**「建武《けんむ》の新政《しんせい》」**をはじめました。「建武《けんむ》の新政《しんせい》」は、幕府《ばくふ》、摂関《せっかん》を廃止《はいし》し、天皇《てんのう》や公家《くげ》を中心《ちゅうしん》に行《おこな》われました。

▲後醍醐天皇御像《ごだいごてんのうみかた》

年表2 後醍醐天皇《ごだいごてんのう》を補佐《ほさ》し南朝《なんちょう》の結束《けっそく》に努《つと》める

1319年《ねん》に政界《せいかい》の実力者《じつりょくしゃ》、西園寺実兼《さいおんじさねかね》の娘《むすめ》、禧子《きし》が後醍醐天皇《ごだいごてんのう》の中宮《ちゅうぐう》に立《た》てられたおり、お付《つ》きの女官《にょかん》として宮中《きゅうちゅう》に入《はい》りました。やがて、廉子《れんし》は後醍醐天皇《ごだいごてんのう》に見初《みそ》められます。『太平記《たいへいき》』よると美貌《びぼう》に加《くわ》え、「口先《くちさき》が巧《たく》みで、天皇《てんのう》が喜《よろこ》ぶことを言《い》う機知《きち》があった」からです。寵愛《ちょうあい》は深《ふか》まり、3人《にん》の皇子《おうじ》の母《はは》となりました。影響力《えいきょうりょく》が強《つよ》くなり、政治《せいじ》に口《くち》を出《だ》し武士《ぶし》から不評《ふひょう》をかったといわれています。「元弘《げんこう》の

乱《らん》」による後醍醐天皇《ごだいごてんのう》の隠岐《おき》配流《はいる》に同行《どうこう》し、「建武《けんむ》の新政《しんせい》」では准三后《じゅんさんごう》として政権《せいけん》運営《うんえい》に関与《かんよ》し、**恒良《つねなが》を皇太子《こうたいし》としました。**

年表③ 「建武《けんむ》の新政《しんせい》」が崩壊《ほうかい》

「建武《けんむ》の新政《しんせい》」は恩賞《おんしょう》の不公平《ふこうへい》や非現実的《ひげんじつてき》な経済政策《けいざいせいさく》などを行《おこな》ったため武士《ぶし》の不満《ふまん》を招《まね》きます。そして、天皇《てんのう》の政治《せいじ》に不満《ふまん》をもつ武士《ぶし》を率《ひき》いて足利尊氏《あしかがたかうじ》が反乱《はんらん》をおこすと、京《きょう》にいた後醍醐天皇《ごだいごてんのう》は現在《げんざい》の奈良県《ならけん》にある吉野《よしの》にのがれ、「建武《けんむ》の新政《しんせい》」は2年余《ねんあま》りで終《お》わりました。吉野《よしの》の朝廷《ちょうてい》を南朝《なんちょう》、京《きょう》の朝廷《ちょうてい》を北朝《ほくちょう》という、**南北朝時代《なんぼくちょうじだい》**となります。後醍醐天皇《ごだいごてんのう》は吉野《よしの》に移《うつ》り、その3年後《ねんご》に亡《な》くなりました。廉子《れんし》の産《う》んだ**義良親王《のりよししんのう》が位《くらい》を継《つ》ぎ、後村上天皇《ごむらかみてんのう》**となると、廉子《れんし》は皇太后《こうたいごう》として南朝《なんちょう》の結束《けっそく》に努《つと》めました。新待賢門院《しんたいけんもんいん》という女院《にょいん》を受《う》けて1359年《ねん》に廉子《れんし》は亡《な》くなりました。

③

- 1335…足利尊氏《あしかがたかうじ》が後醍醐天皇《ごだいごてんのう》にそむき、反乱《はんらん》をおこす
- 1336…足利《あしかが》尊氏《たかうじ》が京都《きょうと》で光明天皇《こうみょうてんのう》を天皇《てんのう》にする(北朝《ほくちょう》)、捕《と》らえられていた後醍醐天皇《ごだいごてんのう》は、吉野《よしの》(奈良県《ならけん》)にのがれる(南朝《なんちょう》)
- 1338…足利尊氏《あしかがたかうじ》が光明天皇《こうみょうてんのう》に征夷大将軍《せいいたいしょうぐん》に任命《にんめい》される。足利尊氏《あしかがたかうじ》が京《きょう》に室町幕府《むろまちばくふ》をひらく
- 1339…後醍醐天皇《ごだいごてんのう》、吉野《よしの》で病《やまい》により死没《しぼつ》
- 1351…阿野廉子《あのれんし》、新待賢門院《しんたいけんもんいん》となる
- 1357…阿野廉子《あのれんし》、出家《しゅっけ》する。同年《どうねん》、死没《しぼつ》
- 1359…阿野廉子《あのれんし》、死没《しぼつ》

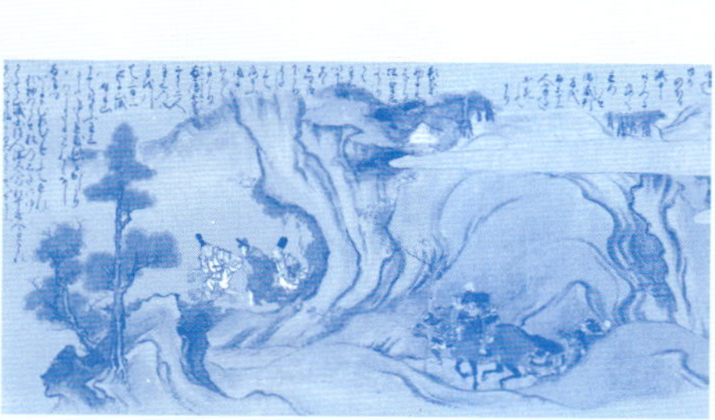
▲『太平記絵巻《たいへいきえまき》』第《だい》2巻《かん》(山中《さんちゅう》をさまよう後醍醐天皇《ごだいごてんのう》)

建武《けんむ》の新政《しんせい》

鎌倉《かまくら》を滅《ほろ》ぼした後醍醐天皇《ごだいごてんのう》は、朝廷《ちょうてい》、天皇中心《てんのうちゅうしん》の政治《せいじ》にしくみを大幅《おおはば》に変《か》えました。摂政《せっしょう》や関白《かんぱく》の位《くらい》をおくことをやめ、天皇《てんのう》が直接政治《ちょくせつせいじ》の指示《しじ》を出《だ》すしくみにしたのです。また、天皇《てんのう》をやめた上皇《じょうこう》が院政《いんせい》をしたり、征夷大将軍《せいいたいしょうぐん》が幕府《ばくふ》を開《ひら》いて、政治《せいじ》を行《おこな》うことも禁止《きんし》しました。このような天皇《てんのう》中心《ちゅうしん》の政治《せいじ》を「建武《けんむ》の新政《しんせい》」といいます。

後醍醐天皇《ごだいごてんのう》は北条氏《ほうじょうし》の土地《とち》を取《と》り上《あ》げ、天皇《てんのう》や皇子《おうじ》、貴族《きぞく》たちの領土《りょうど》として分《わ》け与《あた》えました。足利尊氏《あしかがたかうじ》が望《のぞ》んだ征夷大将軍《せいいたいしょうぐん》の位《くらい》は与《あた》えられず、新政《しんせい》に失望《しつぼう》した足利尊氏《あしかがたかうじ》は武士《ぶし》たちに、武家政治《ぶけせいじ》の再興《さいこう》を呼《よ》びかけて兵《へい》をあげ、「建武《けんむ》の新政《しんせい》」はわずか2年《ねん》あまりで失敗《しっぱい》に終《お》わりました。

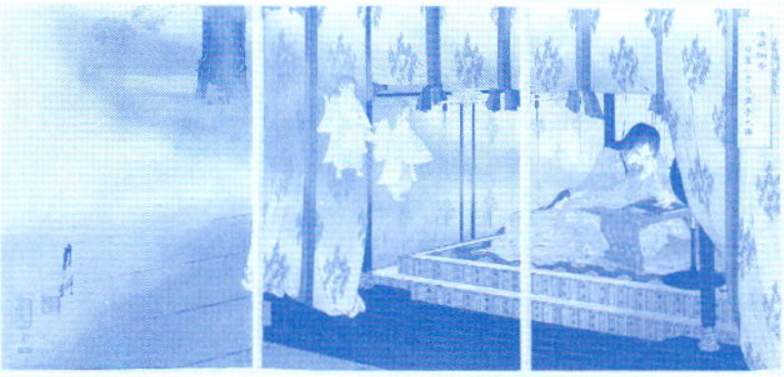

▲後醍醐天皇図《ごだいごてんのうず》(1890年《ねん》 尾形月耕《おがたげっこう》・画《が》)

[年代暗記《ねんだいあんき》] 建武《けんむ》の新政《しんせい》が始《はじ》まる

一人《ひとり》さみし(1334)い建武《けんむ》の新政《しんせい》

略《りゃく》式《しき》年《ねん》表《ぴょう》

後醍醐天皇《ごだいごてんのう》と阿野廉子《あのれんし》

- 1288…後宇多天皇《ごうだてんのう》の第《だい》2皇子《おうじ》として後醍醐天皇《ごだいごてんのう》が生《う》まれる
- 1301…阿野廉子《あのれんし》、生《う》まれる
- ① 1318…後醍醐天皇《ごだいごてんのう》、即位《そくい》して天皇《てんのう》になる。父《ちち》の後宇多《ごうだ》天皇《てんのう》が上皇《じょうこう》となり、院政《いんせい》を始《はじ》める
- ② 1319…阿野廉子《あのれんし》、中宮禧子《ちゅうぐうきし》の入内《じゅだい》にともない内侍《ないし》となる
- 1321…父《ちち》の後宇多上皇《ごうだじょうこう》が院政《いんせい》をやめる。後醍醐天皇《ごだいごてんのう》が直接政治《ちょくせつせいじ》を始《はじ》める
- 1324…後醍醐天皇《ごだいごてんのう》、正中《しょうちゅう》の変《へん》をおこす
- 1331…後醍醐天皇《ごだいごてんのう》、元弘《げんこう》の乱《らん》をおこす
- 1332…後醍醐天皇《ごだいごてんのう》が鎌倉幕府《かまくらばくふ》にとらえられ、隠岐島《おきのしま》(島根県《しまねけん》)に流《なが》される
- 1333…鎌倉幕府《かまくらばくふ》が滅《ほろ》びる
- 1334…後醍醐天皇《ごだいごてんのう》、建武《けんむ》の新政《しんせい》を始《はじ》める

室町《むろまち》

『蓮如《れんにょ》』と『如了《にょりょう》』

―夫婦《ふうふ》―
早《はや》い別《わか》れ

本願寺《ほんがんじ》8世《せい》として 浄土真宗中興《じょうどしんしゅうちゅうこう》の祖《そ》となる 蓮如《れんにょ》 [1415～1499年《ねん》]

[出身《しゅっしん》] 京《きょう》の都《みやこ》東山《ひがしやま》

[親《おや》] 存如《ぞんにょ》

[配偶者《はいぐうしゃ》] 如了《にょりょう》、蓮祐《れんゆう》、如勝《にょしょう》など

本願寺《ほんがんじ》8世《せい》は母《はは》の身分《みぶん》が低《ひく》かったため、若《わか》くして別《わか》れ、継母《ままはは》からはいじめられながらも信仰《しんこう》を失《うしな》わず、父存如《ちちぞんにょ》の跡《あと》を継《つ》ぎ、本願寺《ほんがんじ》の跡継《あとつ》ぎとなる。手紙《てがみ》を使《つか》って仏《ほとけ》の教《おし》えを伝《つた》え、また近江《おうみ》、北陸《ほくりく》に向《む》かって布教《ふきょう》をした。破壊《はかい》された山科本願寺《やましなほんがんじ》の復興《ふっこう》、石山本願寺《いしやまほんがんじ》の造営《ぞうえい》も蓮如《れんにょ》の時代《じだい》に行《おこな》われている。

苦《くる》しい生活《せいかつ》の中《なか》でも 蓮如《れんにょ》を支《ささ》えた 如了《にょりょう》 [?～1455年《ねん》]

[出身《しゅっしん》] 不明《ふめい》

[親《おや》] 伊勢貞房《いせさだふさ》

[配偶者《はいぐうしゃ》] 蓮如《れんにょ》

蓮如《れんにょ》の正室《せいしつ》。武家《ぶけ》の名門《めいもん》伊勢氏《いせし》の出身《しゅっしん》。蓮如《れんにょ》が27歳《さい》の時《とき》に嫁《とつ》いだといわれていて、蓮如《れんにょ》の継母《ままはは》である如円《にょえん》のいじめに耐《た》えながら部屋住《へやず》みであった蓮如《れんにょ》を支《ささ》える。3男《なん》4女《じょ》と子《こ》どもにも恵《めぐ》まれたが、家庭《かてい》の事情《じじょう》で長男以外《ちょうなんいがい》は養子《ようし》に出《だ》すしかできなかった。蓮如《れんにょ》が跡《あと》を継《つ》ぐ2年前《ねんまえ》に死去《しきょ》。

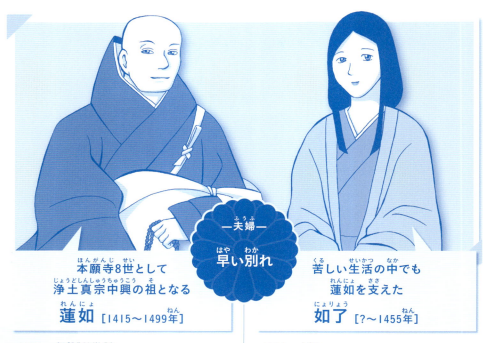

手紙《てがみ》を使《つか》って仏《ほとけ》の教《おし》えを伝《つた》えるという方法《ほうほう》で、本願寺《ほんがんじ》を再興《さいこう》した蓮如《れんにょ》と、妻《つま》として蓮如《れんにょ》を支《ささ》えた如了《にょりょう》。夫婦《ふうふ》の期間《きかん》は短《みじか》かったですが蓮如《れんにょ》にとって苦楽《くらく》を共《とも》にした夫婦《ふうふ》です。

年表① 貧乏《びんぼう》な夫婦生活《ふうふせいかつ》

蓮如《れんにょ》が生《う》まれた頃《ころ》の本願寺《ほんがんじ》は、浄土真宗《じょうどしんしゅう》の総本山《そうほんざん》といわれながらも、別派《べっぱ》のお寺《てら》の方《ほう》が栄《さか》えていて、開祖《かいそ》である親鸞《しんらん》をまつる寺《てら》といわれながらも貧乏《びんぼう》寺《でら》だったのです。蓮如《れんにょ》にとって辛《つら》かったのは母親《ははおや》の身分《みぶん》が低《ひく》かったため、6歳《さい》で母親《ははおや》と別《わか》れ、義理《ぎり》の母《はは》である如円《にょえん》にいじめられたことです。如円《にょえん》に子《こ》どもが生《う》まれると自分《じぶん》の子《こ》どもを本願寺《ほんがんじ》の後継者《こうけいしゃ》にするために、さらにきつく当《あ》たります。そんな蓮如《れんにょ》にとっての支《ささ》えが親鸞《しんらん》の教《おし》え、父親《ちちおや》の

存如《ぞんにょ》、そして妻《つま》となった如了《にょりょう》でした。**武家《ぶけ》の家出身《いえしゅっしん》の如了《にょりょう》とのなれそめは伝《つた》わっていませんが、1441年《ねん》に結婚《けっこん》**。朗《ほが》らかな人柄《ひとがら》の女性《じょせい》で、義理《ぎり》の母《はは》にあたる如円《にょえん》のいびりにも耐《た》え、毎日《まいにち》の食事《しょくじ》も欠《か》く中《なか》で蓮如《れんにょ》を支《ささ》えたといわれています。

年表② 子《こ》と如了《にょりょう》との別《わか》れ

蓮如《れんにょ》と如了《にょりょう》との間《あいだ》には結婚《けっこん》して1年《ねん》で順如《じゅんにょ》が生《う》まれます。そしてその4年後《ねんご》には長女《ちょうじょ》が生《う》まれますが、相変《あいか》わらず本願寺《ほんがんじ》は貧乏《びんぼう》な上《うえ》、如円《にょえん》からのいびりが続《つづ》いたため、二人《ふたり》はやむなく長女《ちょうじょ》を里子《さとご》として預《あず》けます。その後《ご》も男《おとこ》の子《こ》三人《さんにん》、女《おんな》の子《こ》二人《ふたり》の子《こ》どもが生《う》まれますが、その子《こ》たちも預《あず》けるしかできませんでした。苦《くる》しい生活《せいかつ》は、蓮如《れんにょ》が40歳《さい》を過《す》ぎても続《つづ》き、そんな中《なか》、1455年如了《ねんにょりょう》が病《やまい》によっ

て亡《な》くなってしまいます。いじめに耐《た》え、念仏《ねんぶつ》の教《おし》えを貫《つらぬ》けたのは如了《にょりょう》のおかげであり、**如了《にょりょう》のためにも念仏《ねんぶつ》の教《おし》えを世《よ》の中《なか》に広《ひろ》めようと改《あらた》めて決意《けつい》しました。**

年表③ 本願寺《ほんがんじ》を復興《ふっこう》させる

本願寺《ほんがんじ》の法主《ほうしゅ》になった蓮如《れんにょ》は親鸞《しんらん》の教《おし》えである念仏《ねんぶつ》のありがたさを誰《だれ》でも分《わ》かるやさしい言葉《ことば》で書《か》き、信者《しんじゃ》たちにお文《ふみ》と呼《よ》ばれる手紙《てがみ》を送《おく》りました。それを読《よ》んで聞《き》かせることで文字《もじ》が読《よ》めない人《ひと》たちにも**浄土真宗《じょうどしんしゅう》の信者《しんじゃ》がどんどん増《ふ》えていきました**。しかし、それに危機感《ききかん》を覚《おぼ》えた延暦寺《えんりゃくじ》の僧兵《そうへい》が本願寺《ほんがんじ》に攻《せ》め込《こ》み蓮如《れんにょ》は近江《おうみ》（滋賀県《しがけん》）、北陸《ほくりく》へと逃《に》げていきます。北陸《ほくりく》で布教《ふきょう》をはじめた蓮如《れんにょ》の教《おし》えは次第《しだい》に受《う》け入《い》れられ、信者《しんじゃ》はどんどん増《ふ》えていきました。しかし信者《しんじゃ》と権力者《けんりょくしゃ》との争《あらそ》いが発生《はっせい》。自分《じぶん》の言葉《ことば》を聞《き》かないため蓮如《れんにょ》は北陸《ほくりく》を去《さ》りました。蓮如《れんにょ》61歳《さい》の頃《ころ》です。

百姓《ひゃくしょう》の持《も》ちたる国《くに》

加賀国《かがのくに》では、国《くに》を統一《とういつ》するために争《あらそ》っていて、蓮如《れんにょ》は信仰《しんこう》を保護《ほご》してくれるという条件《じょうけん》で富樫政親《とがしまさちか》に協力《きょうりょく》し政親《まさちか》の弟《おとうと》を破《やぶ》り、布教《ふきょう》の自由《じゆう》を得《え》ます。しかし、次第《しだい》に政親《まさちか》と対立《たいりつ》し加賀《かが》の信者《しんじゃ》は加賀《かが》から追《お》い出《だ》され、蓮如《れんにょ》も京都《きょうと》に戻《もど》ってしまいます。しかし、残《のこ》された信者《しんじゃ》は再《ふたた》び立《た》ち上《あ》がり、1488年《ねん》、20万《まん》の信者《しんじゃ》が政親《まさちか》を追《お》い詰《つ》め加賀《かが》を支配《しはい》します。これを加賀《かが》一向一揆《いっこういっき》と呼《よ》び、この時《とき》から加賀《かが》は「百姓《ひゃくしょう》の持《も》ちたる国《くに》」と呼《よ》ばれ、1580年《ねん》に石山本願寺《いしやまほんがんじ》が織田信長《おだのぶなが》に敗《やぶ》れるまでの100年間《ねんかん》は武士《ぶし》ではなく本願寺《ほんがんじ》が支配《しはい》する国《くに》となったのです。一向一揆《いっこういっき》はこの後《あと》もたびたび起《お》こり、次第《しだい》に本願寺《ほんがんじ》も戦国大名《せんごくだいみょう》化《か》して周辺《しゅうへん》の権力者《けんりょくしゃ》と争《あらそ》いますが、一方《いっぽう》で、大坂《おおさか》を本拠地《ほんきょち》とする本願寺《ほんがんじ》が地方《ちほう》で一揆《いっき》をコントロールできないこともありました。

本願寺《ほんがんじ》の復興《ふっこう》と石山本願寺《いしやまほんがんじ》の造営《ぞうえい》

1478年《ねん》、蓮如《れんにょ》は支持者《しじしゃ》や信者《しんじゃ》の助《たす》けもあり、京《きょう》の山科《やましな》で本願寺《ほんがんじ》の復興《ふっこう》をはじめます。若《わか》いころから本願寺《ほんがんじ》を立派《りっぱ》に復興《ふっこう》させたいという思《おも》いから、蓮如《れんにょ》も造営《ぞうえい》を手伝《てつだ》ったといわれています。2年後《ねんご》の1480年《ねん》に開祖《かいそ》親鸞《しんらん》をまつる御影堂《ごえいどう》が完成《かんせい》、1483年《ねん》に山科《やましな》本願寺《ほんがんじ》が完成《かんせい》しました。75歳《さい》になった蓮如《れんにょ》は自分《じぶん》より先《さき》に亡《な》くなった長男《ちょうなん》順如《じゅんにょ》の代《か》わりに、5男《なん》の実如《じつにょ》に跡《あと》を継《つ》がせ、隠居《いんきょ》します。85歳《さい》の時《とき》に「亡《な》くなる前《まえ》に大坂《おおさか》の信者《しんじゃ》が立《た》てた大坂《おおさか》の石山本願寺《いしやまほんがんじ》を見《み》ておきたい」と思《おも》い立《た》ち、旅《たび》に出《で》て多《おお》くの人《ひと》に教《おし》えを伝《つた》え、山科本願寺《やましなほんがんじ》で息《いき》を引《ひ》き取《と》りました。蓮如《れんにょ》がここまで頑張《がんば》ることができたのも、念仏《ねんぶつ》の教《おし》え、父《ちち》の愛《あい》、そして自分《じぶん》の考《かんが》えを支《ささ》え、夫《おっと》や息子《むすこ》のために頑張《がんば》った如了《にょりょう》のためにという気持《きも》ちがあったのかもしれません。

略式《りゃくしき》年表《ねんぴょう》 蓮如《れんにょ》と如了《にょりょう》

- 1415…蓮如《れんにょ》、存如《ぞんにょ》の長男《ちょうなん》として生《う》まれる
- 1420…蓮如《れんにょ》、母《はは》と別《わか》れる
- ① 1441…蓮如《れんにょ》と如了《にょりょう》が結婚《けっこん》
- 1442…長男《ちょうなん》、順如《じゅんにょ》が生《う》まれる
- ② 1455…如了《にょりょう》死没《しぼつ》
- 1465…延暦寺《えんりゃくじ》から追《お》われ、近江《おうみ》の堅田《かたた》に逃《のが》れる
- 1471…越前《えちぜん》(福井県《ふくいけん》)に吉崎御坊《よしさきごぼう》を建《た》て布教開始《ふきょうかいし》
- ③ 1475…信者《しんじゃ》と権力者《けんりょくしゃ》が戦《たたか》うのを嫌《いや》がり、京都《きょうと》・大坂《おおさか》方面《ほうめん》に逃《のが》れる
- 1483…山科本願寺《やましなほんがんじ》が完成《かんせい》
- 1488…加賀《かが》の信者《しんじゃ》が国《くに》を支配《しはい》する
- 1489…5男《なん》の実如《じつにょ》に法主《ほうしゅ》の座《ざ》を譲《ゆず》る
- 1496…摂津《せっつ》の石山《いしやま》(大坂《おおさか》)に本願寺《ほんがんじ》を立《た》てる
- 1499…蓮如死没《れんにょしぼつ》(享年《きょうねん》85)

室《むろ》町《まち》『足利義政《あしかがよしまさ》』と『日野富子《ひのとみこ》』

―夫婦《ふうふ》―

男女逆転《だんじょぎゃくてん》

政治《せいじ》には向《む》かなかった 生粋《きっすい》の文化人《ぶんかじん》の第《だい》8代将軍《だいしょうぐん》

足利義政《あしかがよしまさ》［1436～1490年《ねん》］

［出身《しゅっしん》］京都府京都市《きょうとふきょうとし》

［親《おや》］足利義教《あしかがよしのり》、日野重子《ひのしげこ》

［配偶者《はいぐうしゃ》］日野富子《ひのとみこ》

室町幕府第《むろまちばくふだい》8代将軍《だいしょうぐん》。当初《とうしょ》は政治《せいじ》に力《ちから》を注《そそ》いでいたが、幕府《ばくふ》の財政難《ざいせいなん》と土一揆《つちいっき》に苦《くる》しみ、政治《せいじ》を疎《うと》んじた。後《のち》に妻《つま》の日野富子《ひのとみこ》や側近《そっきん》に政治《せいじ》をゆだね、応仁《おうにん》の乱《らん》のさなか、富子《とみこ》との間《あいだ》に生《う》まれた義尚《よしひさ》に将軍職《しょうぐんしょく》を譲《ゆず》って引退《いんたい》。京都《きょうと》東山山荘《ひがしやまさんそう》に隠居《いんきょ》し、銀閣《ぎんかく》を建立《こんりゅう》。能楽《のうがく》や茶《ちゃ》の湯《ゆ》など趣味《しゅみ》に明《あ》け暮《く》れ、東山文化《ひがしやまぶんか》が栄《さか》えた。

恐妻《きょうさい》?悪女《あくじょ》?金《かね》の亡者《もうじゃ》? 男勝《おとこまさ》りな財《ざい》テクのプロ

日野富子《ひのとみこ》［1440～1496年《ねん》］

［出身《しゅっしん》］京都府京都市《きょうとふきょうとし》

［親《おや》］日野重政《ひのしげまさ》、北小路苗子《きたこうじみつこ》（北小路禅尼《きたこうじのぜんに》）

［配偶者《はいぐうしゃ》］足利義政《あしかがよしまさ》（1490年《ねん》まで）

室町幕府《むろまちばくふ》8代将軍《だいしょうぐん》足利義政《あしかがよしまさ》の正室《せいしつ》であり、9代将軍《だいしょうぐん》足利義尚《あしかがよしひさ》の母《はは》。16歳《さい》で義政《よしまさ》に嫁《とつ》ぐが、当初《とうしょ》は男子《だんし》に恵《めぐ》まれず、義政《よしまさ》の弟《おとうと》で僧侶《そうりょ》である浄土寺義尋《じょうどじぎじん》（義視《よしみ》）を後継《あとつ》ぎとした。しかし1465年《ねん》に義尚《よしひさ》が生《う》まれ、新《あら》たに将軍後継者《しょうぐんこうけいしゃ》とするため山名宗全《やまなそうぜん》と結託《けったく》し、義視派《よしみは》の細川勝元《ほそかわかつもと》と対立《たいりつ》。ついには応仁《おうにん》の乱《らん》に発展《はってん》した。

政権《せいけん》を放《ほう》り投《な》げ、趣味《しゅみ》の世界《せかい》に生《い》きたといわれる足利義政《あしかがよしまさ》と、日本《にほん》の三代悪女《さんだいあくじょ》の一人《ひとり》といわれる日野富子《ひのとみこ》。11年《ねん》にも及《およ》ぶ「応仁《おうにん》の乱《らん》」を引《ひ》き起《お》こした、悪名高《あくめいたか》きこの夫婦《ふうふ》の本当《ほんとう》の姿《すがた》とは。

年表① 父《ちち》は暗殺《あんさつ》、兄《あに》は病死《びょうし》 周囲《しゅうい》の口出《くちだ》しに嫌気《いやけ》

大人《おとな》になっても思《おも》い通《どお》りにできないではないか

1436年《ねん》に6代将軍足利義教《だいしょうぐんあしかがよしのり》の三男《さんなん》として誕生《たんじょう》した義政《よしまさ》。**足利家《あしかがけ》は嫡子《ちゃくし》が将軍《しょうぐん》を継《つ》ぎ、そのほかの男子《だんし》は出家《しゅっけ》するのが決《き》まりとなっていて、**義教《よしのり》も足利義満《あしかがよしみつ》の三男《さんなん》として生《う》まれ、出家《しゅっけ》していましたが、4代《だい》将軍《しょうぐん》の義持《よしもち》、5代将軍《だいしょうぐん》の義量《よしかず》が相次《あいつ》いで亡《な》くなったため、還俗《げんぞく》（僧侶《そうりょ》から俗人《ぞくじん》に戻《もど》る）して将軍《しょうぐん》となりました。しかし、義教《よしのり》の独裁政治《どくさいせいじ》を嫌《いや》がった守護大名《しゅごだいみょう》の赤松満祐《あかまつみつすけ》によって、1441年《ねん》に暗殺《あんさつ》され（嘉吉《かきつ》の乱《らん》）、次期将軍《じきしょうぐん》として期待《きたい》されていた義勝《よしかつ》も7代目《だいめ》を継《つ》いだ後《あと》、わずか8か月《げつ》で病死《びょうし》。そこで、8代目将軍《だいめしょうぐん》に任命《にんめい》されたのが義政《よしまさ》でした。わずか8歳《さい》で将軍《しょうぐん》となった義政《よしまさ》ですが、元服後《げんぷくご》は祖父《そふ》の義満《よしみつ》のような政治《せいじ》を目指《めざ》しました。しかし**近親者《きんしんしゃ》や有力守護大名《ゆうりょくしゅごだいみょう》などが幼《おさな》い義政《よしまさ》に対《たい》し口出《くちだ》しをしたため、思《おも》い通《どお》りにいかず、徐々《じょじょ》に義政《よしまさ》は政治《せいじ》への興味《きょうみ》を失《うしな》っていきました。**

年表② 義政《よしまさ》と富子《とみこ》が結婚《けっこん》 女同士《おんなどうし》の戦《たたか》いがはじまる

日野家《ひのけ》の次女《じじょ》である富子《とみこ》が足利家《あしかがけ》へ嫁《とつ》いだのは16歳《さい》のころ、義政《よしまさ》は20歳《さい》のころのことでした。**日野家《ひのけ》から妻《つま》を迎《むか》えることは、祖父《そふ》の義満以来《よしみついらい》のならわしであり、義政《よしまさ》の母《はは》・重子《しげこ》も日野家出身《ひのけしゅっしん》でした。**しかし、富子《とみこ》が御台所《みだいどころ》となったころは、ちょうど義政《よしまさ》の乳母《うば》である今参局《いままいりのつぼね》（通称《つうしょう》お今《いま》）の権力《けんりょく》が全盛《ぜんせい》だったころであり、前途多難《ぜんとたなん》な結婚生活《けっこんせいかつ》が予想《よそう》されました。今参局《いままいりのつぼね》は、義政《よしまさ》の乳母《うば》で義政《よしまさ》にとっては実《じつ》の母《はは》である日野重子《ひのしげこ》よりも、はるかに母親《ははおや》のような力《ちから》の強《つよ》い存在《そんざい》。義政《よしまさ》の後《うし》ろ盾《だて》があることか

ら、政治《せいじ》にも口《くち》を出《だ》すなど内外《ないがい》に渡《わた》って強《つよ》い力《ちから》を有《ゆう》していたと考《かんが》えられます。結婚《けっこん》して4年後《ねんご》に富子《とみこ》は子《こ》どもを授《さず》かりますがその子《こ》はすぐ亡《な》くなってしまいます。「お今《いま》が焼《や》きもちを焼《や》いて子《こ》どもを呪《のろ》い殺《ころ》した」という噂《うわさ》が立《た》ちます。富子《とみこ》はその噂《うわさ》を信《しん》じて今参局《いままいりのつぼね》は、琵琶湖《びわこ》の沖島《おきしま》に追放《ついほう》され、途中《とちゅう》で自害《じがい》したことでようやく、義政《よしまさ》の奥《おく》を富子《とみこ》が支配《しはい》できるようになりました。

年表③ 将軍《しょうぐん》の跡継《あとつ》ぎ問題《もんだい》が応仁《おうにん》の乱《らん》の原因《げんいん》に

義政《よしまさ》には男子《だんし》がいなかったため、後継者《こうけいしゃ》を弟《おとうと》の義視《よしみ》を跡継《あとつ》ぎにしようと考《かんが》えますが、富子《とみこ》が男《おとこ》の子《こ》を産《う》むことで富子《とみこ》と義視《よしみ》の間《あいだ》で対立《たいりつ》が始《はじ》まります。**義視《よしみ》の後見人《こうけんにん》に細川勝元《ほそかわかつもと》、義政《よしまさ》の息子《むすこ》**

室町幕府《むろまちばくふ》の政治《せいじ》システム

3代将軍《だいしょうぐん》義満《よしみつ》の死後《しご》、幕府《ばくふ》の政治《せいじ》は「三管四職《さんかんよんしき》」と呼《よ》ばれる大名《だいみょう》たちが行《おこな》っていました。三管《さんかん》とは足利家《あしかがけ》の一族《いちぞく》で、将軍《しょうぐん》に継《つ》ぐ地位《ちい》である管領《かんれい》の地位《ちい》につくことができる斯波氏《しばし》・畠山氏《はたけやまし》・細川氏《ほそかわし》の3家《け》のこと、四識《よんしき》は軍事《ぐんじ》と警察《けいさつ》を担当《たんとう》する侍所《さむらいどころ》のトップである所司《しょし》の地位《ちい》につくことができる赤松氏《あかまつし》、一色《いっしき》氏《し》、京極氏《きょうごくし》、山名氏《やまなし》の4家《け》のことです。彼《かれ》らは幕府《ばくふ》の公認《こうにん》で国《くに》を支配《しはい》する守護大名《しゅごだいみょう》でしたが、応仁《おうにん》の乱《らん》で幕府《ばくふ》の力《ちから》が弱《よわ》まると、彼《かれ》らの代《か》わりにその土地《とち》を管理《かんり》していた部下《ぶか》が下剋上《げこくじょう》を行《おこな》い独立《どくりつ》。徐々《じょじょ》に力《ちから》を失《うしな》っていきます。その中《なか》で生《う》まれたのが、戦国大名《せんごくだいみょう》です。天下統一目前《てんかとういつもくぜん》だった織田信長《おだのぶなが》の出身家《しゅっしんけ》である織田氏《おだし》は斯波氏《しばし》の配下《はいか》の守護代《しゅごだい》織田《おだ》氏《し》の分家《ぶんけ》の当主《とうしゅ》で、まさに下剋上《げこくじょう》を果《は》たした人物《じんぶつ》といえます。

▲洛中洛外図屏風《らくちゅうらくがいずびょうぶ》「細川殿《ほそかわでん》」

義尚《よしなお》の後見人《こうけんにん》に山名宗全《やまなそうぜん》が付《つ》いたことで、幕府内《ばくふない》で対立《たいりつ》が起《お》こり「応仁《おうにん》の乱《らん》」の原因《げんいん》となります。この頃《ごろ》義政《よしまさ》はすでに政治《せいじ》に興味《きょうみ》がなく義尚《よしなお》に将軍職《しょうぐんしょく》を譲《ゆず》ります。幕府《ばくふ》の政治《せいじ》を実質的《じっしつてき》に担《にな》ったのは富子《とみこ》でした。義尚《よしなお》が病弱《びょうじゃく》だったため敵対《てきたい》していた義視《よしみ》の子《こ》を義尚《よしなお》の養子《ようし》にし、義尚《よしなお》が亡《な》くなった後《あと》は足利義材《あしかがよしき》（義稙《よしたね》）として10代将軍《だいしょうぐん》にしてしまいます。1490年《ねん》に義政《よしまさ》が死去《しきょ》し、富子《とみこ》も尼《あま》となりますが、政治《せいじ》には関与《かんよ》を続《つづ》け後《のち》に対立《たいりつ》した義材《よしき》を追放《ついほう》、11代将軍《だいしょうぐん》である義澄《よしずみ》の就任《しゅうにん》にも強《つよ》い力《ちから》を持《も》っていたといわれています。

足利義政《あしかがよしまさ》と日野富子《ひのとみこ》の人物相関図《じんぶつそうかんず》

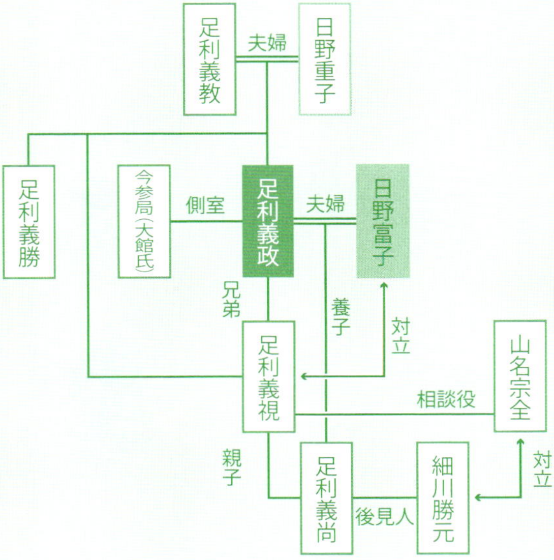

悪女《あくじょ》≒財《ざい》テクのプロ富子《とみこ》

富子《とみこ》が幕府《ばくふ》の政治《せいじ》に関《かか》わるようになってから行《い》ったことの一《ひと》つに、幕府《ばくふ》の財政《ざいせい》再建《さいけん》があります。京《きょう》の入口《いりぐち》に関所《せきしょ》を立《た》てて通行税《つうこうぜい》を取《と》ったり、米《こめ》を事前《じぜん》に集《あつ》めておいて、不作《ふさく》などが原因《げんいん》で値上《ねあ》がりした時《とき》に売《う》ったり、戦争《せんそう》などでお金《かね》が足《た》りない大名《だいみょう》に金《きん》を貸《か》すことで大儲《おおもう》けしました。このことから悪女《あくじょ》と呼《よ》ばれるようになりますが、朝廷《ちょうてい》への献金《けんきん》や、寺社《じしゃ》に寄付《きふ》するなどして、幕府《ばくふ》の財政《ざいせい》を立《た》て直《なお》すとともに、幕府《ばくふ》の権威復活《けんいふっかつ》も目論《もくろみ》でいたとも考《かんが》えられます。夫《おっと》の代《か》わりに働《はたら》く今《いま》で言《い》うキャリアウーマン的《てき》な人物《じんぶつ》といえるでしょう。

富子《とみこ》は1496年《ねん》57歳《さい》で亡《な》くなり「七珍万宝《しっちんまんぽう》」と呼《よ》ばれる莫大《ばくだい》な遺産《いさん》を残《のこ》しますが、夫《おっと》との考《かんが》え方《かた》の違《ちが》いや、若《わか》くして息子《むすこ》を失《うしな》う、時《とき》の将軍義澄《しょうぐんよしずみ》が富子《とみこ》の葬儀《そうぎ》に出《で》ないなど家族愛《かぞくあい》には恵《めぐ》まれませんでした。

③

- 1467…東軍《とうぐん》・細川勝元《ほそかわかつもと》、西軍《せいぐん》・山名宗全《やまなそうぜん》にわかれ、応仁《おうにん》の乱《らん》が始《はじ》まる
- 1473…東軍《とうぐん》・細川勝元《さいかわかつもと》と、西軍《せいぐん》・山名宗全《やまなそうぜん》が死去《しきょ》。義尚《よしなお》が将軍職《しょうぐんしょく》に就《つ》く
- 1476…足利家《あしかがけ》将軍《しょうぐん》の邸宅《ていたく》である通称《つうしょう》「花《はな》の御所《ごしょ》」が戦火《せんか》により焼失《しょうしつ》
- 1477…西軍《せいぐん》の多《おお》くが撤退《てったい》し、11年《ねん》に及《およ》ぶ応仁《おうにん》の乱《らん》が終結《しゅうけつ》
- 1480…京都七口《きょうとななくち》に関所《せきしょ》を設置《せっち》
- 1482…義政《よしまさ》が京都《きょうと》・東山《ひがしやま》に銀閣寺《ぎんかくじ》を建《た》て始《はじ》める
- 1485…義政《よしまさ》が義尚《よしなお》と対立《たいりつ》し、出家《しゅっけ》・仏門《ぶつもん》に入《はい》る
- 1489…9代将軍《だいしょうぐん》・義尚《よしなお》が近江国《おうみのくに》の陣中《じんちゅう》にて病死《びょうし》（享年《きょうねん》25歳《さい》）。義政《よしまさ》が政治《せいじ》に復帰《ふっき》するが、妻《つま》・富子《とみこ》に反対《はんたい》される。ほどなくして病《やまい》に倒《たお》れる
- 1490…銀閣寺《ぎんかくじ》の完成《かんせい》を待《ま》たずに義政《よしまさ》が死去《しきょ》（享年《きょうねん》54歳《さい》）。妻《つま》・富子《とみこ》が一位《いちい》の尼《あま》となる
- 1496…跡継《あとつ》ぎを定《さだ》めずに富子《とみこ》が死去《しきょ》（享年《きょうねん》57歳《さい》）

東山文化《ひがしやまぶんか》

政治《せいじ》には関心《かんしん》が無《な》かった義政《よしまさ》ですが、文化人《ぶんかじん》としては一流《いちりゅう》だったといわれています。庭師《にわし》の善阿弥《ぜあみ》や狩野派《かのうは》の絵師狩野《えしかのう》正信《まさのぶ》などを召《め》し抱《かか》え、東山《ひがしやま》に御所《ごしょ》を構《かま》えて芸能《げいのう》に傾倒《けいとう》しました。その代表《だいひょう》が義政《よしまさ》の死後《しご》に完成《かんせい》した銀閣寺《ぎんかくじ》（慈照寺《じしょうじ》）です。三代将軍義満《さんだいしょうぐんよしみつ》の金閣寺《きんかくじ》に代表《だいひょう》される豪華絢爛《ごうかけんらん》な北山文化《きたやまぶんか》と違《ちが》いわび・さびを重《おも》んじたその文化《ぶんか》は戦国時代《せんごくじだい》に茶道《さどう》を生《う》み出《だ》し、現代《げんだい》まで伝《つた》わっています。しかしこれも小《ちい》さいころから周《まわ》りのいいなりで息子《むすこ》や妻《つま》に見向《みむ》きもされず、政治的《せいじてき》に何《なに》もできなかった義政《よしまさ》ができる唯一《ゆいいつ》の反抗《はんこう》だったのかもしれません。

▲銀閣寺《ぎんかくじ》（慈照寺《じしょうじ》）

略《りゃく》式《しき》年《ねん》表《ぴょう》 足利義政《あしかがよしまさ》と日野富子《ひのとみこ》

- 1436…足利義政《あしかがよしまさ》が室町幕府《むろまちばくふ》6代将軍《だいしょうぐん》・足利義教《あしかがよしのり》の三男《さんなん》として生《う》まれる
- 1440…日野富子《ひのとみこ》が山城《やましろ》（京都府《きょうとふ》）で、日野重政《ひのしげまさ》の次女《じじょ》として生《う》まれる
- 1441…嘉吉《かきつ》の乱《らん》により、6代将軍《だいしょうぐん》の義教《よしのり》が暗殺《あんさつ》される
- 1442…義政《よしまさ》の兄《あに》・義勝《よしかつ》が9歳《さい》で7代将軍《だいしょうぐん》となる
- 1443…義勝《よしかつ》がわずか8か月《げつ》で病死《びょうし》。しばらくの間《あいだ》、将軍《しょうぐん》が空位《くうい》になる
- ① 1449…義政《よしまさ》が13歳《さい》で室町幕府《むろまちばくふ》の8代将軍《だいしょうぐん》となる
- 1455…日野富子《ひのとみこ》と結婚《けっこん》。富子《とみこ》は16歳《さい》で正室《せいしつ》となる
- ② 1459…義政《よしまさ》と富子《とみこ》の間《あいだ》に第一子《だいいっし》を授《さず》かるも早《はや》くに亡《な》くなる。今参局《いままいりのつぼね》が自刃《じじん》
- 1464…出家《しゅっけ》し仏門《ぶつもん》に入《はい》っていた弟《おとうと》・義視《よしみ》を呼《よ》び戻《もど》し、次《つぎ》の将軍《しょうぐん》として定《さだ》める
- 1465…富子《とみこ》が後《のち》の9代将軍《だいしょうぐん》となる義尚《よしなお》を出産《しゅっさん》

百年戦争《ひゃくねんせんそう》で荒廃《こうはい》した国土《こくど》の
復興《ふっこう》に励《はげ》んだフランス国王《こくおう》

シャルル7世《せい》 [1403～1461年《ねん》]

[出身《しゅっしん》] フランス

ヴァロワ王朝《おうちょう》の第《だい》5代目《だいめ》のフランス王《おう》。百年戦争末期《ひゃくねんせんそうまっき》、フランス軍《ぐん》はイングランド軍《ぐん》に連戦連敗《れんせんれんぱい》で、フランスの大部分《だいぶぶん》がイングランドの支配下《しはいか》だった。神《かみ》の声《こえ》に導《みちび》かれてやってきたジャンヌ・ダルクの助力《じょりょく》を得《え》て、フランス軍《ぐん》はオルレアンを包囲《ほうい》するイングランド軍《ぐん》を撃退《げきたい》して、ランスも奪回《だっかい》し、フランス王《おう》に即位《そくい》した。

—主従《しゅじゅう》—
信頼《しんらい》

[番外編《ばんがいへん》⑦／フランス]
『ジャンヌ・ダルク』と『シャルル7世《せい》』

当時《とうじ》、フランスとイングランドの「百年戦争《ひゃくねんせんそう》」からフランスを救《すく》った救世主《きゅうせいしゅ》、ジャンヌ・ダルク。シャルル7世《せい》をランスで戴冠《たいかん》させてフランス国王《こくおう》としました。

百年戦争《ひゃくねんせんそう》から、フランスを救《すく》う

ジャンヌ・ダルクは、15世紀《せいき》のフランス王国《おうこく》の軍事指導者《ぐんじしどうしゃ》でした。「オルレアンの乙女《おとめ》」とも呼《よ》ばれ、勇敢《ゆうかん》で行動的《こうどうてき》な女性《じょせい》の代名詞《だいめいし》とされています。フランス東北部《とうほくぶ》のロレーヌ地方《ちほう》のドンレミ村《むら》で、農夫《のうふ》の娘《むすめ》として生《う》まれたとされます。ジャンヌは、イングランド王国《おうこく》との百年戦争《ひゃくねんせんそう》で敗戦《はいせん》が続《つづ》くフランス軍《ぐん》の状況《じょうきょう》に接《せっ》し、神《かみ》の啓示《けいじ》を受《う》けたとしてフランス王太子《おうたいし》シャルルに接見《せっけん》します。その後《ご》、王太子《おうたいし》の許《ゆる》しを得《え》てフランス軍《ぐん》の指揮官《しきかん》の一員《いちいん》に任《にん》じられて従軍《じゅうぐん》し、以降《いこう》の多《おお》くの戦《たたか》いで勝利《しょうり》を得《え》て、王太子《おうたいし》（後《のち》のシャルル7世《せい》）の王位継承《おういけいしょう》に貢献《こうけん》し貴族《きぞく》に叙《じょ》せられました。しかし、後《のち》にブルゴーニュ公国《こうこく》に捕《と》らえられ、宿敵《しゅくてき》イングランドに売《う》り渡《わた》されてしまいます。

オルレアンの少女《しょうじょ》として
知《し》られる聖女《せいじょ》

ジャンヌ・ダルク［1412～1431年《ねん》］

［出身《しゅっしん》］フランス

フランスの国民的《こくみんてき》英雄《えいゆう》。百年《ひゃくねん》戦争《せんそう》後期《ごき》、フランスの解放《かいほう》を神《かみ》に託《たく》されたと信《しん》じ、シャルル7世《せい》から授《さず》かった軍隊《ぐんたい》を率《ひき》いてオルレアン城《じょう》の包囲《ほうい》を解《と》くなどフランスの危機《きき》を救《すく》った。のちイングランド軍《ぐん》の捕虜《ほりょ》となり、宗教《しゅうきょう》裁判《さいばん》で異端《いたん》の宣告《せんこく》を受《う》けて火刑《かけい》となったが、1920年《ねん》聖女《せいじょ》に加《くわ》えられた。

魔女《まじょ》の汚名《おめい》から永遠《えいえん》の神《かみ》の使《つか》い手《て》として

ジャンヌ・ダルクはコンピエーニュの戦《たたか》いで異端者《いたんしゃ》（魔女《まじょ》）として囚《とら》われの身《み》となり、ルーアンで火刑《かけい》となりますが、フランス軍《ぐん》はその後《ご》も勝利《しょうり》を重《かさ》ねます。1453年《ねん》、百年戦争《ひゃくねんせんそう》が終結《しゅうけつ》し、シャルル7世《せい》は勝利王《しょうりおう》と呼《よ》ばれました。ジャンヌが火刑《かけい》に処《しょ》されてから25年後《ねんご》にジャンヌの復権裁判《ふっけんさいばん》が行《おこな》われ、その結果《けっか》として法廷《ほうてい》は、1456年《ねん》にジャンヌの無罪《むざい》と殉教《じゅんきょう》を宣告《せんこく》し、名誉回復《めいよかいふく》がなされました。はるか後年《こうねん》になりますが、1920年《ねん》、ローマ教会《きょうかい》はオルレアンの少女《しょうじょ》を「聖《せい》ジャンヌ・ダルク」として聖人《せいじん》の列《れつ》に加《くわ》えました

戦国《せんごく》

『明智光秀《あけちみつひで》』と『妻木熙子《つまきひろこ》』

―夫婦《ふうふ》―
純愛《じゅんあい》、
おしどり夫婦《ふうふ》

三日天下《みっかてんか》の悲劇《ひげき》の武将《ぶしょう》

明智光秀《あけちみつひで》 [1528～1582年《ねん》]

[出身《しゅっしん》] 美濃国《みののくに》(岐阜県《ぎふけん》)

[親《おや》] 明智光綱《あけちみつつな》、お牧《まき》の方《かた》

[配偶者《はいぐうしゃ》] 妻木熙子《つまきひろこ》

美濃国《みののくに》の守護《しゅご》土岐氏《ときし》の一族《いちぞく》で、恵那郡《えなぐん》の豪族《ごうぞく》明智氏《あけちし》の出身《しゅっしん》といわれる。織田信長《おだのぶなが》に仕《つか》え、その覇業《はぎょう》を支《ささ》えていた重臣《じゅうしん》で近江《おうみ》坂本《さかもと》城主《じょうしゅ》。1582年《ねん》、京都《きょうと》で「本能寺《ほんのうじ》の変《へん》」を引《ひ》き起《お》こし、主君《しゅくん》である信長《のぶなが》を襲《おそ》い自害《じがい》させた。山崎《やまざき》の合戦《かっせん》で羽柴《はしば》(豊臣《とよとみ》)秀吉《ひでよし》に敗《やぶ》れ逃走中《とうそうちゅう》に農民《のうみん》に襲撃《しゅうげき》され、本能寺《ほんのうじ》の変後《へんご》わずか11日《にち》で死没《しぼつ》。

夫《おっと》を支《ささ》える献身的《けんしんてき》な妻《つま》

妻木熙子《つまきひろこ》 [1530?～1576年《ねん》]

[出身《しゅっしん》] 美濃国《みののくに》(岐阜県《ぎふけん》)

[親《おや》] 父《ちち》:妻木範熙《つまきのりひろ》?、母《はは》:不詳《ふしょう》

[配偶者《はいぐうしゃ》] 明智光秀《あけちみつひで》

美濃《みの》の豪族《ごうぞく》、妻木氏《つまきし》の娘《むすめ》。明智光秀《あけちみつひで》に嫁《とつ》ぎ、珠《たま》(細川《ほそかわ》ガラシャ)を産《う》む。子《こ》については諸説《しょせつ》あるが3男《なん》4女《じょ》をもうけたとされる。光秀《みつひで》が本能寺《ほんのうじ》の変《へん》を起《お》こして、織田信長《おだのぶなが》を討《う》ったのち、豊臣秀吉《とよとみひでよし》により、山崎《やまざき》の戦《たたか》いで敗死《はいし》すると、居城《きょじょう》である坂本城《さかもとじょう》にこもる。落城前《らくじょうまえ》に家臣《かしん》たちを解放《かいほう》し一族《いちぞく》で自害《じがい》した。

明智光秀《あけちみつひで》が婚約《こんやく》した熙子《ひろこ》は疱瘡《ほうそう》にかかりますが、妻《つま》にむかえます。政略結婚《せいりゃくけっこん》が当《あ》たり前《まえ》の戦国時代《せんごくじだい》で、側室《そくしつ》を持《も》たず、熙子《ひろこ》を生涯一人《しょうがいひとり》の妻《つま》としたといわれる愛妻家《あいさいか》でした。

年表① 織田信長《おだのぶなが》の家臣《かしん》となる

100名《めい》の鉄砲隊《てっぽうたい》が部下《ぶか》になったぞ

明智光秀《あけちみつひで》は美濃国《みののくに》で生《う》まれ、養子《ようし》として明智家《あけちけ》に迎《むか》え入《い》れられました。その後光秀《ごみつひで》は明智家《あけちけ》の当主《とうしゅ》となり、明智長山城《あけちながやまじょう》を居城《きょじょう》とします。1553年《ねん》には、豪族《ごうぞく》妻木範熙《つまきのりひろ》の娘《むすめ》熙子《ひろこ》と婚約《こんやく》します。1556年《ねん》、同盟《どうめい》の関係《かんけい》にあった斎藤道三《さいとうどうさん》が、息子《むすこ》の斎藤義龍《さいとうよしたつ》に討《う》たれた後《あと》は、熙子《ひろこ》や家臣《かしん》らとともに城《しろ》を脱出《だっしゅつ》し越前《えちぜん》に逃亡《とうぼう》しました。やがて鉄砲《てっぽう》の射撃技術《しゃげきぎじゅつ》をかわれて、朝倉義景《あさくらよしかげ》に仕《つか》えることになります。**1566年《ねん》、朝倉義景《あさくらよしかげ》のもとに、京都《きょうと》を追《お》われた室町幕府第《むろまちばくふだい》15代《だい》将軍《しょうぐん》・足利義昭《あしかがよしあき》が逃《のが》れてきます。**しかし義昭《よしあき》の上洛要請《じょうらくようせい》に応《おう》じようとしない義景《よしかげ》に見切《みき》りをつけて従兄妹《いとこ》だったと言《い》われる濃姫《のうひめ》と弟《おとうと》の斎藤利治《さいとうとしはる》を通《つう》じて、織田信長《おだのぶなが》に仕官《しかん》し織田家家臣《おだけかしん》となりました。

年表② 黒髪《くろかみ》を売《う》った熙子《ひろこ》

あなたのためなら、
この黒髪《くろかみ》も惜《お》しくはありません

光秀《みつひで》の妻熙子《つまひろこ》について次《つぎ》のような逸話《いつわ》があります。「**父《ちち》・範熙《のりひろ》は熙子《ひろこ》と瓜二《うりふた》つの妹《いもうと》を、熙子《ひろこ》のふりをさせて光秀《みつひで》のもとにやったが、光秀《みつひで》はそれを見破《みやぶ》り、熙子《ひろこ》を妻《つま》として迎《むか》えた**」といいます。「1556年《ねん》、稲葉山城《いなばやまじょう》の斎藤義龍軍《さいとうよしたつぐん》に明智城《あけちじょう》は落城《らくじょう》。熙子《ひろこ》は身重《みおも》の体《からだ》で光秀《みつひで》とともに美濃《みの》を逃《のが》れた。そのとき、険《けわ》しい油坂峠《あぶらさかとうげ》超《こ》えをして光秀《みつひで》の背《せ》に負《お》われて逃亡《とうぼう》した。その後《ご》、本拠《ほんきょ》の落城《らくじょう》、浪人生活《ろうにんせいかつ》、朝倉家《あさくらけ》・足利《あしかが》家《け》・織田家《おだけ》仕官《しかん》という多難《たなん》な日々《ひび》の中《なか》で、**「熙子《ひろこ》は自分《じぶん》の黒髪《くろかみ》を売《う》って、光秀《みつひで》を助《たす》けた**」という話《はなし》は有名《ゆうめい》です。光秀《みつひで》もまた、熙子《ひろこ》存命中《ぞんめいちゅう》は一人《ひとり》の側室《そくしつ》も置《お》かず熙子《ひろこ》を大切《たいせつ》にしたといいます。熙子《ひろこ》と光秀《みつひで》との間《あいだ》に生《うま》れた子供《こども》の一人《ひとり》が後《のち》の細川《ほそかわ》ガラシャと呼《よ》ばれる明智珠《あけちたま》です。光秀《みつひで》が重病《じゅうびょう》となった時《とき》にも必死《ひっし》に看病《かんびょう》したものの、自身《じしん》がその看病疲《かんびょうづか》れが元《もと》で病死《びょうし》したといいます。しかし、『明智軍記《あけちぐんき》』などによると1582年《ねん》の坂本城《さかもとじょう》落城《らくじょう》のときに死没《しぼつ》したという説《せつ》もあり、はっきりした確証《かくしょう》はありません。

散《ち》りぬべき
時《とき》知《し》りてこそ　世《よ》の中《なか》の
花《はな》も花《はな》なれ　人《ひと》も人《ひと》なれ

「逆賊《ぎゃくぞく》の娘《むすめ》」細川《ほそかわ》ガラシャ

細川《ほそかわ》ガラシャ ［1563〜1600年《ねん》］

［出身《しゅっしん》］近江国《おうみのくに》（滋賀県《しがけん》）

明智光秀《あけちみつひで》と熙子《ひろこ》の三女《さんじょ》。名前《なまえ》は珠《たま》で、ガラシャは洗礼名《せんれいめい》です。織田信長《おだのぶなが》のすすめで、細川藤孝《ほそかわふじたか》の嫡男《ちゃくなん》・細川《ほそかわ》忠興《ただおき》に嫁《とつ》ぎました。知性《ちせい》と品格《ひんかく》を兼《か》ね備《そな》えた美女《びじょ》であったといいます。夫婦仲《ふうふなか》は良《よ》く、子宝《こだから》に恵《めぐ》まれました。父《ちち》・光秀《みつひで》が本能寺《ほんのうじ》の変《へん》を起《お》こしたことで状況《じょうきょう》は一変《いっぺん》し、丹後《たんご》の山奥深《やまおくふか》くに幽閉《ゆうへい》されることになりました。忠興《ただおき》は彼女《かのじょ》を深《ふか》く愛《あい》していたため隔離《かくり》して保護《ほご》したのです。その後《ご》、豊臣秀吉《とよとみひでよし》にゆるされ復縁《ふくえん》、大坂《おおさか》の細川《ほそかわ》屋敷《やしき》に入《はい》り幽閉生活《ゆうへいせいかつ》を終《お》えます。しかし、心《こころ》が傷《きず》ついた珠《たま》は大坂《おおさか》でキリスト教《きょう》に出会《であ》い、救《すく》いを求《もと》めて入信《にゅうしん》します。忠興《ただおき》が居《い》ない隙《すき》に侍女《じじょ》たちと共《とも》に改宗《かいしゅう》したのですが、忠興《ただおき》はこれを知《し》って激怒《げきど》したといいます。関ケ原《せきがはら》の戦《たたか》いに際《さい》し、石田三成方《いしだみつなりがた》の人質要求《ひとじちようきゅう》を拒否《きょひ》し、家臣《かしん》の手《て》で最期《さいご》を遂《と》げました。

年表③ 「本能寺《ほんのうじ》の変《へん》」を起《お》こす

　信長《のぶなが》の家臣《かしん》となった光秀《みつひで》は、将軍足利《しょうぐんあしかが》義昭《よしあき》を奉《ほう》じての入京《にゅうきょう》後《ご》の信長《のぶなが》の政治《せいじ》に深《ふか》く関《かか》わっていたようです。光秀《みつひで》は、織田《おだ》家《け》の中《なか》でも重臣《じゅうしん》として扱《あつか》われました。将軍《しょうぐん》とつながりのある人間《にんげん》が、織田家《おだけ》には光秀《みつひで》ただ一人《ひとり》であったからでしょう。この時光秀《ときみつひで》は信長《のぶなが》・義昭《よしあき》に両属《りょうぞく》という難《むずか》しい立場《たちば》でした。**1573年《ねん》、信長打倒《のぶながだとう》を何度《なんど》も企《くわだ》てた足利義昭《あしかがよしあき》は追放《ついほう》され、室町幕府《むろまちばくふ》は滅《ほろ》びました。**一方《いっぽう》、光秀《みつひで》は信長《のぶなが》の属将《ぞくしょう》として活躍《かつやく》することになります。1570年《ねん》の金ヶ崎《かねがさき》の戦《たたか》いに出陣《しゅつじん》、1571年《ねん》には信長《のぶなが》の命《めい》を受《う》け、比叡山《ひえいざん》焼《や》き討《う》ちを実行《じっこう》し

明智光秀《あけちみつひで》と妻木熙子《つまきひろこ》の人物相関図《じんぶつそうかんず》

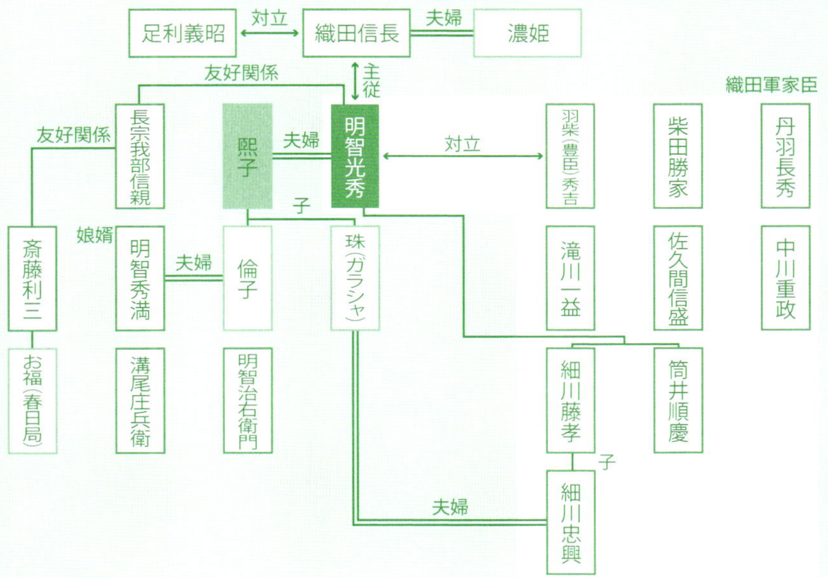

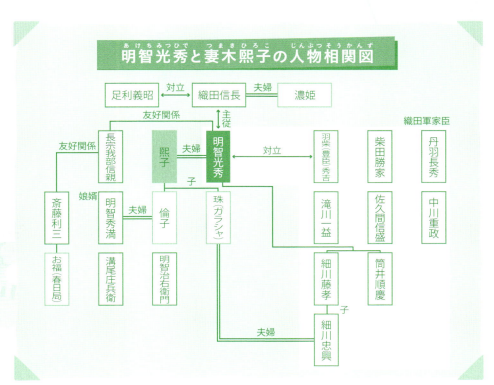

ます。その功績《こうせき》もあり、光秀《みつひで》は信長《のぶなが》から近江滋賀郡《おうみしがぐん》を与《あた》えられ、坂本城《さかもとじょう》の築城《ちくじょう》を始《はじ》めます。以降《いこう》の戦《いくさ》も功《こう》を挙《あ》げていきます。光秀《みつひで》は非常《ひじょう》に優《すぐ》れた武将《ぶしょう》であり、また、民政家《みんせいか》としての腕《うで》も確《たし》かで、さらに茶《ちゃ》の湯《ゆ》や連歌《れんが》などにも秀《ひい》でていた、まさに織田軍《おだぐん》No.2の座《ざ》にふさわしい人物《じんぶつ》でした。信長《のぶなが》に重宝《ちょうほう》されていた光秀《みつひで》ですが、**1582年《ねん》、戦国史上最《せんごくしじょうもっと》も有名《ゆうめい》な事件《じけん》である「本能寺《ほんのうじ》の変《へん》」を起《お》こします**。明智軍《あけちぐん》を率《ひき》いて襲撃《しゅうげき》し本能寺《ほんのうじ》は炎上《えんじょう》して、織田信長《おだのぶなが》は自害《じがい》しました。

その後《ご》、豊臣秀吉《とよとみひでよし》が軍《ぐん》を率《ひき》いて京都《きょうと》に攻《せ》めてきた「山崎《やまざき》の合戦《かっせん》」で明智光秀軍《あけちみつひでぐん》が敗《やぶ》れました。近江《おうみ》の坂本城《さかもとじょう》へ逃《に》げのびる途中《とちゅう》、落《お》ち武者狩《むしゃが》りの農民《のうみん》の槍《やり》にかかり深手《ふかで》を負《お》って自害《じがい》しました。

▲錦絵《にしきえ》 本能寺焼討之図《ほんのうじやきうちのず》

③

- 1571…光秀《みつひで》が近江《おうみ》（滋賀県《しがけん》）の坂本城《さかもとじょう》の城主《じょうしゅ》になる。比叡山《ひえいざん》の焼《や》き討《う》つに参加《さんか》する
- 1573…織田信長《おだのぶなが》が足利義昭《あしかがよしあき》を京都《きょうと》から追放《ついほう》し、室町幕府《むろまちばくふ》をほろぼす
  光秀《みつひで》が丹波国《たんばのくに》（兵庫県《ひょうごけん》と京都府《きょうとふ》）の支配《しはい》に乗《の》り出《だ》し、戦争《せんそう》を続《つづ》ける
- 1576…熙子《ひろこ》、病《やまい》により死没《しぼつ》
- 1578…三女《さんじょ》・珠《たま》、細川忠興《ほそかわただおき》に嫁《とつ》ぐ
- 1580…光秀《みつひで》が織田信長《おだのぶなが》から丹波国《たんばのくに》を与《あた》えられる
- 1582…光秀《みつひで》が徳川家康《とくがわいえやす》の接待役《せったいやく》を命《めい》じられる。その接待《せったい》のしかたで信長《のぶなが》の怒《いか》りをかい、光秀《みつひで》は丹波《たんば》の国《くに》を信長《のぶなが》に取《と》り上《あ》げられ、中国地方《ちゅうごくちほう》で戦争中《せんそうちゅう》の豊臣秀吉《とよとみひでよし》の応援《おうえん》を命《めい》じられる
  本能寺《ほんのうじ》の変《へん》で光秀《みつひで》が織田信長《おだのぶなが》を襲《おそ》い自害《じがい》させる。山崎《やまざき》の合戦《かっせん》で豊臣秀吉軍《とよとみひでよしぐん》に光秀《みつひで》が敗《やぶ》れる
  近江《おうみ》の坂本城《さかもとじょう》へ逃《に》げのびる途中《とちゅう》、農民《のうみん》に襲撃《しゅうげき》され死没《しぼつ》
- 1587…珠《たま》がキリスト教《きょう》に入信《にゅうしん》しガラシャの洗礼名《せんれいめい》になる
- 1600…ガラシャ、死没《しぼつ》

茶《ちゃ》の湯《ゆ》や和歌《わか》を好《この》む文化人《ぶんかじん》

明智光秀《あけちみつひで》は、どの分野《ぶんや》においても一流《いちりゅう》といわれる才能《さいのう》を示《しめ》しました。意外《いがい》にも自分《じぶん》がおさめていた地域《ちいき》では内政《ないせい》に優《すぐ》れ、住民《じゅうみん》たちからも名君《めいくん》といわれました。また、諸学《しょがく》に通《つう》じ、和歌《わか》や茶《ちゃ》の湯《ゆ》を好《この》み、茶会《ちゃかい》や連句《れんく》会《かい》を主催《しゅさい》するなど文化人《ぶんかじん》であったようです。豊臣秀吉《とよとみひでよし》などは、明智光秀《あけちみつひで》をライバルとしていたようで、織田信長《おだのぶなが》も明智光秀《あけちみつひで》を大変信頼《たいへんしんらい》していたようです。その明智光秀《あけちみつひで》が織田信長《おだのぶなが》に反乱《はんらん》を起《お》こした理由《りゆう》については、いまだに分《わ》かっていません。織田《おだ》信長《のぶなが》の激《はげ》しい性格《せいかく》の前《まえ》に、家臣《かしん》として働《はたら》くには難《むずか》しい一面《いちめん》がありました。繊細《せんさい》でまじめすぎるといわれる明智光秀《あけちみつひで》にとっては、織田信長《おだのぶなが》の行動《こうどう》により精神的《せいしんてき》に追《お》いつめられていたのかもしれません。なぜ信長《のぶなが》に謀反《むほん》を起《お》こしたのか真相《しんそう》が明《あ》かされず、その一生《いっしょう》を終《お》えました。

略式《りゃくしき》年表《ねんぴょう》 明智光秀《あけちみつひで》と妻木熙子《つまきひろこ》

- 1528…美濃国《みののくに》（岐阜県《ぎふけん》）の明智村《あけちむら》に生《う》まれたとされる
- 1530…熙子《ひろこ》が生《う》まれたといわれる
- 1534…織田信長《おだのぶなが》が生《う》まれる
- 1537…豊臣秀吉《とよとみひでよし》が生《う》まれる
- ① 1553…光秀《みつひで》、熙子《ひろこ》を妻《つま》として迎《むか》えたといわれる
- 1554…長女《ちょうじょ》・倫子《ともこ》が生《う》まれる
- ② 1556…稲葉山城《いなばやまじょう》の斎藤義龍《さいとうよしたつ》軍《ぐん》に明智城《あけちじょう》は落城《らくじょう》
- 1563…三女《さんじょ》・珠《たま》（細川《ほそかわ》ガラシャ）が生《う》まれる
- 1566…足利義昭《あしかがよしあき》が越前《えちぜん》（福井県《ふくいけん》）の朝倉義景《あさくらよしかげ》をたよって、逃《のが》れる
- 1568…光秀《みつひで》が織田信長《おだのぶなが》の家臣《かしん》となり、足利義昭《あしかがよしあき》と信長《のぶなが》をひき合《あ》わせる。信長《のぶなが》が足利義昭《あしかがよしあき》とともに京都《きょうと》に入《はい》り、足利義昭《あしかがよしあき》を室町幕府《むろまちばくふ》の第《だい》15代将軍《だいしょうぐん》にする
- 1569…光秀《みつひで》が京都《きょうと》の政治《せいじ》にあたる。光秀《みつひで》が近畿地方《きんきちほう》の戦争《せんそう》で功績《こうせき》をあげ、織田信長《おだのぶなが》は近畿地方《きんきちほう》の支配《しはい》を確立《かくりつ》

『織田信長《おだのぶなが》』と『濃姫《のうひめ》』

―夫婦《ふうふ》―

政略結婚《せいりゃくけっこん》

天下統一《てんかとういつ》をめざした
風雲児《ふううんじ》

織田信長《おだのぶなが》 [1534〜1582年《ねん》]

[出身《しゅっしん》] 尾張国《おわりのくに》(愛知県《あいちけん》)

[親《おや》] 織田信秀《おだのぶひで》、土田御前《どたごぜん》

[配偶者《はいぐうしゃ》] 濃姫《のうひめ》

天下布武《てんかふぶ》を唱《とな》え、天下統一《てんかとういつ》に最《もっと》も近《ちか》づいた戦国武将《せんごくぶしょう》のひとり。鉄砲《てっぽう》を使《つか》った新《あたら》しい戦法《せんぽう》で合戦《かっせん》に勝利《しょうり》する。戦《たたか》うこと以外《いがい》にも、安土城《あづちじょう》をつくり城下《じょうか》で楽市《らくいち》・楽座《らくざ》で商業《しょうぎょう》を奨励《しょうれい》し、キリスト教《きょう》を容認《ようにん》し西洋文化《せいようぶんか》を取《と》り入《い》れるなど、当時《とうじ》としては革新的《かくしんてき》な政策《せいさく》をとった。しかし、家臣《かしん》の明智光秀《あけちみつひで》に本能寺《ほんのうじ》で裏切《うらぎ》りにあう。

斎藤道三《さいとうどうさん》の娘《むすめ》

濃姫《のうひめ》 [1535〜1612年《ねん》]

[出身《しゅっしん》] 美濃国《みののくに》(岐阜県《ぎふけん》)

[親《おや》] 斎藤道三《さいとうどうさん》、小見《おみ》の方《かた》

[配偶者《はいぐうしゃ》] 土岐頼純《ときよりずみ》、織田信長《おだのぶなが》

蝮《まむし》と恐《おそ》れられ、そして百戦錬磨《ひゃくせんれんま》の武将《ぶしょう》としてその名前《なまえ》を広《ひろ》く知《し》られていた美濃《みの》の戦国大名《せんごくだいみょう》、斎藤《さいとう》道三《どうさん》の娘《むすめ》。母《はは》は明智光継《あけちみつつぐ》の娘《むすめ》・小見《おみ》の方《かた》。名《な》は帰蝶《きちょう》だが濃姫《のうひめ》と呼《よ》ばれた。二人《ふたり》の結婚《けっこん》が行《おこな》われたとき、織田信長《おだのぶなが》は16歳《さい》ぐらいで濃姫《のうひめ》は15歳《さい》ぐらいだと考《かんが》えられるので、周囲《しゅうい》から見《み》ても似合《にあ》いのカップルであった。

織田信長《おだのぶなが》は苛烈《かれつ》な改革者《かいかくしゃ》としてのイメージが強《つよ》いですが、女性《じょせい》に対《たい》して敬意《けいい》を持《も》って接《せっ》していました。濃姫《のうひめ》が何《なに》をしたかという資料《しりょう》は乏《とぼ》しく謎《なぞ》につつまれた女性《じょせい》です。

年表① 「尾張《おわり》のうつけ」信長《のぶなが》

織田信長《おだのぶなが》は尾張国《おわりのくに》の大名《だいみょう》・織田信秀《おだのぶひで》の子《こ》として生《う》まれました。元服《げんぷく》して信長《のぶなが》と名乗《なの》りますが、奇行《きこう》や奇抜《きばつ》な行動《こうどう》をするので、「うつけ者《もの》（あほう）」と呼《よ》ばれました。そのころ尾張《おわり》は、周辺《しゅうへん》の有力戦国大名《ゆうりょくせんごくだいみょう》に囲《かこ》まれていました。信秀《のぶひで》は美濃国《みののくに》の斎藤道三《さいとうどうさん》と同盟《どうめい》を結《むす》び、その娘《むすめ》の濃姫《のうひめ》を信長《のぶなが》の妻《つま》に迎《むか》えます。**1551年《ねん》、父《ちち》・信秀《のぶひで》が亡《な》くなり家督《かとく》を継《つ》ぎます。信長《のぶなが》は父《ちち》の葬儀《そうぎ》でもうつけぶりを発揮《はっき》して、祭壇《さいだん》に灰《はい》をまいた**といいます。後見役《こうけんやく》の平手政秀《ひらてまさひで》は責任《せきにん》をとって自害《じがい》しました。1553年《ねん》、斎藤道三《さいとうどうさん》と会見《かいけん》しますが、道三《どうさん》はその資質《ししつ》を見抜《みぬ》き「遺言状《ゆいごんじょう》」に「美濃国《みののくに》を信長《のぶなが》に譲《ゆず》る」と書《か》くほど、信長《のぶなが》にほれ込《こ》みます。1555年《ねん》、信長《のぶなが》は清須《きよす》織田家《おだけ》を倒《たお》し、2年後《ねんご》には自分《じぶん》に服《ふく》しない弟《おとうと》・信行《のぶゆき》を倒《たお》して、織田家《おだけ》をひとつにまとめます。

年表② 桶狭間《おけはざま》の戦《たたか》い

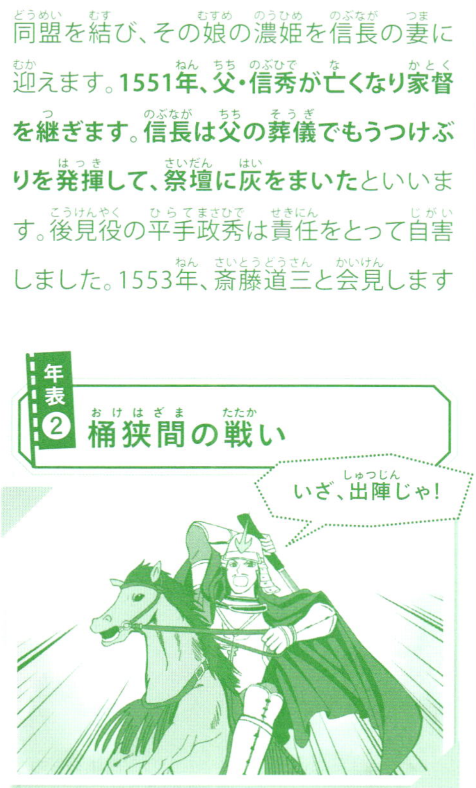

1560年《ねん》、桶狭間《おけはざま》の戦《たたか》いで信長《のぶなが》に危機《きき》が訪《おとず》れます。遠江《とおとうみ》（静岡県《しずおかけん》）の今川義元《いまがわよしもと》が京《きょう》を目指《めざ》し25,000の大軍《たいぐん》を率《ひき》いて出発《しゅっぱつ》しました。対《たい》する織田軍《おだぐん》は5,000の軍《ぐん》で出陣《しゅつじん》します。戦《たたか》いに臨《のぞ》み、**「人間五十年《にんげんごじゅうねん》下天《げてん》のうちをくらぶれば、ゆめまぼろしのごとくなり ひとたび生《せい》をえて滅《めっ》せぬ者《もの》のあるべきか…」と謡《うた》い舞《ま》った**といいます。義元《よしもと》の本陣《ほんじん》をさがし、田楽狭間《でんがくはざま》で休息《きゅうそく》

しているところを、突如《とつじょ》降《ふ》りだした雨《あめ》も味方《みかた》して、織田軍《おだぐん》は義元《よしもと》の本陣《ほんじん》への奇襲《きしゅう》に成功《せいこう》します。油断《ゆだん》しているところをつかれた義元《よしもと》は討《う》たれ、今川軍《いまがわぐん》は敗走《はいそう》しました。1562年《ねん》、今川義元《いまがわよしもと》との戦《たたか》いでは敵《てき》だった松平元康《まつだいらもとやす》（のちの徳川家康《とくがわいえやす》）と清須同盟《きよすどうめい》を結《むす》び、互《たが》いの背後《はいご》をかためました。1567年《ねん》、斎藤道三《さいとうどうさん》の孫《まご》・龍興《たつおき》を攻《せ》め、美濃国《みののくに》を手《て》に入《い》れます。稲葉山《いなばやま》の名《な》を岐阜《ぎふ》と改名《かいめい》し上洛《じょうらく》の拠点《きょてん》とします。1588年《ねん》、足利義昭《あしかがよしあき》を担《かつ》ぎあげ京《きょう》に入《はい》り、義昭《よしあき》を将軍《しょうぐん》の座《ざ》につけました。**義昭《よしあき》から官位《かんい》をもらう代《か》わりに草津《くさつ》、大津《おおつ》、堺《さかい》の3つの町《まち》を直轄地《ちょっかつち》として拝領《はいりょう》**します。

信長《のぶなが》が愛《あい》した濃姫《のうひめ》

この刀《かたな》は父上《ちちうえ》を刺《さ》すことになるかもしれませぬ

道三《どうさん》は濃姫《のうひめ》が織田家《おだけ》に嫁《とつ》ぐ際《さい》に、「織田信長《おだのぶなが》がまことうつけものであったならこの刀《かたな》で刺《さ》せ」と懐剣《かいけん》を渡《わた》したという話《はなし》は、江戸時代《えどじだい》に創作《そうさく》されたとされます。美濃《みの》から来《き》た姫《ひめ》なので濃姫《のうひめ》と呼《よ》ばることの多《おお》い彼女《かのじょ》ですが、その実像《じつぞう》はよくわかっていません。濃姫《のうひめ》に関《かん》しての正確《せいかく》な史料《しりょう》は残《のこ》っていないからです。当時女性《とうじじょせい》の本名《ほんみょう》は明《あ》かさないのが普通《ふつう》でした。「出生地《しゅっせいち》・親《おや》の居城《きょじょう》」に「殿《どの》・姫《ひめ》・方《かた》」という呼《よ》び名《な》をつけられることは珍《めずら》しくないのですが、濃姫《のうひめ》については、それ以外《いがい》のことはまるで不明《ふめい》なのです。「信長《のぶなが》との間《あいだ》に子供《こども》はいなかった」といわれており、嫡男《ちゃくなん》の信忠《のぶただ》は側室《そくしつ》の子《こ》ですが、濃姫《のうひめ》が養母《ようぼ》となっています。近年《きんねん》の研究《けんきゅう》で、信長《のぶなが》の側《そば》にいたらしいことがわかりました。小説《しょうせつ》の世界《せかい》では、「信長《のぶなが》のやりたいことを予想《よそう》・理解《りかい》できる唯一《ゆいいつ》の人間《にんげん》」と紹介《しょうかい》されています。

年表③ 本能寺《ほんのうじ》で天下統一《てんかとういつ》の夢《ゆめ》がやぶれる

　織田信長《おだのぶなが》は強引《ごういん》な金集《かねあつ》めや、従《したが》わない者《もの》へは強硬《きょうこう》な武力《ぶりょく》を行使《こうし》しました。不安《ふあん》を持《も》った足利義昭《あしかがよしあき》は、各地《かくち》の大名《だいみょう》に密書《みっしょ》を送《おく》り、信長《のぶなが》を討《う》つように指令《しれい》を出《だ》します。**1570年《ねん》、徳川家康《とくがわいえやす》と連合《れんごう》した信長《のぶなが》は、浅井《あざい》・朝倉連合軍《あさくられんごうぐん》を「姉川《あねがわ》の戦《たたか》い」で破《やぶ》ります**。1571年《ねん》、信長《のぶなが》に従《したが》わない比叡山《ひえいざん》を焼《や》き討《う》ちしました。1572年《ねん》、甲斐《かい》（山梨県《やまなしけん》）の武田信玄《たけだしんげん》が京《きょう》を目指《めざ》して進軍《しんぐん》、徳川家康《とくがわいえやす》を「三方ヶ原《みかたがはら》の戦《たたか》い」で破《やぶ》ります。しかし信玄《しんげん》の突然《とつぜん》の病死《びょうし》により、武田軍《たけだぐん》は甲斐《かい》に引《ひ》き返《かえ》しました。1573年《ねん》、繰《く》り返《かえ》し信長打倒《のぶながだとう》を企《くわだ》てる足利《あしかが》

[図解《ずかい》] 織田信長《おだのぶなが》はどんなことをした人物《じんぶつ》か

天下布武《てんかふぶ》 織田信長《おだのぶなが》

日本全国《にほんぜんこく》を武力《ぶりょく》で統一《とういつ》する野望《やぼう》を抱《いだ》く

勢力拡大《せいりょくかくだい》

敵対《てきたい》する勢力《せいりょく》を退《しりぞ》け、支配地《しはいち》を拡大《かくだい》し、国力《こくりょく》を増強《ぞうきょう》する

- 尾張統一《おわりとういつ》
- 伊勢長島攻《いせながしまぜ》め
- 桶狭間《おけはざま》の戦《たたか》い
- 長篠《ながしの》の戦《たたか》い
- 美濃攻《みのぜ》め
- 中国攻《ちゅうごくぜ》め
- 姉川《あねがわ》の戦《たたか》い
- 上杉攻《うえすぎぜ》め
- 延暦寺《えんりゃくじ》焼《や》き討《う》ち（比叡山《ひえいざん》）など

家庭《かてい》

濃姫《のうひめ》

政治革命《せいじかくめい》

因習《いんしゅう》にとらわれない人事《じんじ》

- 鉄砲《てっぽう》による戦法《せんぽう》
- 楽市《らくいち》・楽座《らくざ》による市場開放《しじょうかいほう》
- 関所《せきしょ》の廃止《はいし》
- キリスト教布教《きょうふきょう》の許可《きょか》

天下統一《てんかとういつ》

天下統一《てんかとういつ》の手続《てつづ》きを行《おこな》い、それを内外《ないがい》に告知《こくち》するための施策《しさく》を行《おこな》う

- 岐阜《ぎふ》の改名《かいめい》
- 安土城築城《あづちじょうちくじょう》
- 足利義昭《あしかがよしあき》を利用《りよう》して上洛《じょうらく》

文化改革《ぶんかかいかく》

新《あら》たな文化《ぶんか》を積極的《せっきょくてき》に取《と》り入《い》れる

- 茶《ちゃ》の湯《ゆ》
- 地球儀《ちきゅうぎ》
- 西洋《せいよう》ファッション

など

義昭《よしあき》を追放《ついほう》し、室町幕府《むろまちばくふ》は崩壊《ほうかい》しました。その年《とし》、浅井《あざい》・朝倉《あさくら》を滅《ほろ》ぼし、近江《おうみ》・越前《えちぜん》を支配下《しはいか》に置《お》きます。さらに1575年《ねん》、信玄《しんげん》の子《こ》・勝頼《かつより》の率《ひき》いる武田軍《たけだぐん》を「長篠《ながしの》の戦《たたか》い」で破《やぶ》り、鉄砲《てっぽう》の威力《いりょく》をみせつけた戦《たたか》いをしました。**1576年《ねん》、琵琶湖《びわこ》のほとりに安土城《あづちじょう》を築《きず》き、天下統一《てんかとういつ》の拠点《きょてん》にします**。安土《あづち》を豊《ゆた》かな商業《しょうぎょう》都市《とし》にするため、税《ぜい》を廃止《はいし》した「楽市《らくいち》・楽座《らくざ》」を行《おこな》います。またキリスト教《きょう》の布教《ふきょう》を許《ゆる》し、南蛮《なんばん》貿易《ぼうえき》にも力《ちから》をいれます。1579年《ねん》、安土城《あづちじょう》が完成《かんせい》した翌年《よくねん》、石山本願寺《いしやまほんがんじ》を屈服《くっぷく》させ、天下統一《てんかとういつ》は目前《もくぜん》となりました。1582年《ねん》、家臣《かしん》・明智光秀《あけちみつひで》の謀反《むほん》により、京《きょう》の本能寺《ほんのうじ》で信長《のぶなが》は自害《じがい》しました。後《のち》に家臣《かしん》の豊臣秀吉《とよとみひでよし》により天下統一《てんかとういつ》が達成《たっせい》されることになります。

▲安土城図《あづちじょうず》

③

- 1568…信長《のぶなが》、近江《おうみ》を平定《へいてい》し京《きょう》へ上《のぼ》る
- 1569…信長《のぶなが》、キリスト教《きょう》の布教《ふきょう》を許可《きょか》
- 1571…信長《のぶなが》、比叡山《ひえいざん》を焼《や》き討《う》ちにする
- 1573…信長《のぶなが》、将軍《しょうぐん》足利義昭《あしかがよしあき》を追放《ついほう》、室町幕府《むろまちばくふ》滅《ほろ》びる。浅井《あざい》・朝倉氏《あさくらし》を滅亡《めつぼう》させる
- 1575…信長《のぶなが》、長篠《ながしの》の戦《たたか》いで武田勝頼《たけだかつより》を破《やぶ》る。家督《かとく》を息子《むすこ》の信忠《のぶただ》へ譲《ゆず》る
- 1576…信長《のぶなが》、安土城《あづちじょう》の築城《ちくじょう》をはじめる
- 1579…安土城《あづちじょう》が完成《かんせい》する
- 1582…本能寺《ほんのうじ》の変《へん》が起《お》こり、信長《のぶなが》死没《しぼつ》。濃姫《のうひめ》、安土城《あづちじょう》から避難《ひなん》する
- 1612…濃姫《のうひめ》、死没《しぼつ》

▲「信長公《のぶながこう》と濃姫《のうひめ》」（岐阜市歴史博物館展示品《ぎふしれきしはくぶつかんてんじひん》）

アイデアマン、織田信長《おだのぶなが》

織田信長《おだのぶなが》の才能《さいのう》は戦《いくさ》のみならず、政治《せいじ》でもその常識《じょうしき》にとらわれない天才《てんさい》ぶりを発揮《はっき》していました。支配地《しはいち》では「楽市《らくいち》・楽座《らくざ》」を奨励《しょうれい》し、商工業《しょうこうぎょう》が自由《じゆう》に取引《とりひき》できるようにして商業《しょうぎょう》が発達《はったつ》しました。さらに関所《せきしょ》を廃止《はいし》し、流通《りゅうつう》を活性化《かっせいか》させました。寺社《じしゃ》など中世的権威《ちゅうせいてきけんい》を破壊《はかい》する一方《いっぽう》で、1569年《ねん》にはキリスト教《きょう》の布教《ふきょう》を許《ゆる》し南蛮貿易《なんばんぼうえき》にも力《ちから》を入《い》れました。また、新《あたら》しもの好《ず》きといわれた信長《のぶなが》は鉄砲《てっぽう》にも早《はや》くから目《め》をつけ、

1575年《ねん》の「長篠《ながしの》の戦《たたか》い」では騎馬隊《きばたい》で襲《おそ》いかかる武田軍《たけだぐん》を徳川家康《とくがわいえやす》と協力《きょうりょく》して鉄砲《てっぽう》3,000挺《ちょう》を使《つか》い、武田勝頼《たけだかつより》を打《う》ち破《やぶ》りました。また、1576年《ねん》には当時《とうじ》では例《れい》を見《み》ない斬新《ざんしん》な城《しろ》、八角《はっかく》の天主《てんしゅ》（天守閣《てんしゅかく》）がみごとな「安土城《あづちじょう》」を築《きず》きあげています。

略式年表《りゃくしきねんぴょう》 織田信長《おだのぶなが》と濃姫《のうひめ》

- 1534…織田信秀《おだのぶひで》の三男《さんなん》として、織田信長《おだのぶなが》生《う》まれる
- 1535…濃姫《のうひめ》、美濃国《みののくに》（岐阜県《ぎふけん》）に生《う》まれる
- 1546…濃姫《のうひめ》、土岐頼純《ときよりずみ》と結婚《けっこん》
- 1547…土岐頼純《ときよりずみ》、死没《しぼつ》
- 1549…信長《のぶなが》、斎藤道三《さいとうどうさん》の娘《むすめ》・濃姫《のうひめ》と結婚《けっこん》
- ① 1551…信秀《のぶひで》が死没《しぼつ》し、信長《のぶなが》が家督《かとく》を継《つ》ぐ
- 1553…家臣《かしん》で教育係《きょういくがかり》の平手政秀《ひらてまさひで》は信長《のぶなが》をいさめて自害《じがい》。信長《のぶなが》、斎藤道三《さいとうどうさん》と聖徳寺《しょうとくじ》で会見《かいけん》
- 1554…信長《のぶなが》、叔父《おじ》の信光《のぶみつ》と謀《はか》り、清州城《きよすじょう》を乗《の》っ取《と》る
- 1556…斎藤道三《さいとうどうさん》が濃姫《のうひめ》の兄《あに》・義龍《よしたつ》と長良川《ながらがわ》で戦《たたか》い、死没《しぼつ》
- 1559…信長《のぶなが》、尾張《おわり》を統一《とういつ》する
- ② 1560…信長《のぶなが》、桶狭間《おけはざま》の戦《たたか》いで今川軍《いまがわぐん》に勝《か》つ
- 1562…信長《のぶなが》、徳川家康《とくがわいえやす》と同盟《どうめい》（清須同盟《きよすどうめい》）

『豊臣秀吉《とよとみひでよし》』と『おね（高台院《こうだいいん》）』

—夫婦《ふうふ》—
恋愛《れんあい》、
かかあ天下《でんか》

一代限《いちだいかぎ》りだった
戦国一《せんごくいち》の出世頭《しゅっせがしら》

豊臣秀吉《とよとみひでよし》［1537〜1598年《ねん》］

［出　身《しゅっしん》］尾張国《おわりのくに》（愛知県《あいちけん》）
［　親《おや》　］木下弥右衛門《きのしたやえもん》、なか（大政所《おおまんどころ》）
［配偶者《はいぐうしゃ》］おね（高台院《こうだいいん》）

秀吉《ひでよし》は、木下弥右衛門《きのしたやえもん》の子《こ》として生《う》まれ、元服《げんぷく》して木下藤吉郎《きのしたとうきちろう》と名《な》のる。身分《みぶん》が低《ひく》かった時代《じだい》に織田信長《おだのぶなが》に仕《つか》え、城攻《しろぜ》め・築城《ちくじょう》の名手《めいしゅ》として活躍《かつやく》。本能寺《ほんのうじ》の変《へん》で信長《のぶなが》が亡《な》くなると、織田《おだ》家臣団《かしんだん》との争《あらそ》いに勝利《しょうり》して天下人《てんかびと》となる。しかし朝鮮出兵《ちょうせんしゅっぺい》などで子飼《こが》いの将軍《しょうぐん》らがとまどうなか、徳川家康《とくがわいえやす》に息子《むすこ》を託《たく》して病没《びょうぼつ》した。

太閤秀吉《たいこうひでよし》の
出世《しゅっせ》を支《ささ》えた妻《つま》

おね（高台院《こうだいいん》）［1548〜1624年《ねん》］

［出　身《しゅっしん》］尾張国《おわりのくに》（愛知県《あいちけん》）
［　親《おや》　］杉原定利《すぎはらさだとし》、朝日殿《あさひどの》?
［配偶者《はいぐうしゃ》］豊臣秀吉《とよとみひでよし》

名前《なまえ》は「おね」、「ねね」などとされ、「北政所《きたのまんどころ》」の通称《つうしょう》で知《し》られる。信長《のぶなが》の家臣《かしん》・木下藤吉郎《きのしたとうきちろう》（豊臣秀吉《とよとみひでよし》）と結婚《けっこん》。14歳《さい》だったという。豊臣家《とよとみけ》（羽柴家《はしばけ》）の家政《かせい》をとりしきっていた。1583年《ねん》、天下人《てんかびと》に昇《のぼ》りつめた秀吉《ひでよし》が築《きず》いた大坂城《おおさかじょう》に移《うつ》り住《す》み、北政所《きたのまんどころ》と称《しょう》する。強《つよ》い発言力《はつげんりょく》をもち、徳川《とくがわ》家康《いえやす》も一目《いちもく》おいた。

天下人《てんかびと》の豊臣秀吉《とよとみひでよし》と妻《つま》になり生涯《しょうがい》、秀吉《ひでよし》を支《ささ》え続《つづ》けた正室《せいしつ》のおね。二人《ふたり》は当時《とうじ》としては珍《めずら》しい恋愛結婚《れんあいけっこん》で、秀吉《ひでよし》がおねに一目《ひとめ》ぼれしてプロポーズしたといわれています。

年表① 秀吉《ひでよし》、信長《のぶなが》に仕《つか》える

豊臣秀吉《とよとみひでよし》は、1537年《ねん》、農家《のうか》に生《う》まれて日吉丸《ひよしまる》といいました。1551年《ねん》に元服《げんぷく》して木下藤吉郎《きのしたとうきちろう》と名《な》のり、今川家《いまがわけ》の家臣《かしん》・松下之綱《まつしたゆきつな》に士官《しかん》します。1554年《ねん》、尾張《おわり》の織田家《おだけ》に士官《しかん》、織田信長《おだのぶなが》に小者《こもの》として仕《つか》えます。尾張統一戦《おわりとういつせん》や桶狭間《おけはざま》の戦《たたか》いに参戦《さんせん》したのち、**1561年《ねん》、浅野長勝《あさのながかつ》の養女《ようじょ》・おねと結婚《けっこん》しました**。1566年《ねん》、岐阜攻略戦《ぎふこうりゃくせん》では墨俣《すのまた》に一晩《ひとばん》で城《しろ》を築《きず》き（墨俣一夜城《すのまたいちやじょう》）、稲葉山城《いなばやまじょう》陥落《かんらく》に大《おお》きく貢献《こうけん》し、美濃《みの》の重臣《じゅうしん》「美濃三人衆《みのさんにんしゅう》」を寝返《ねがえ》らせ、さらに竹中半兵衛《たけなかはんべえ》を

軍師《ぐんし》に迎《むか》えます。1573年《ねん》、織田家《おだけ》を裏切《うらぎ》った浅井長政《あざいながまさ》を小谷城《おだにじょう》で滅《ほろ》ぼします。その恩賞《おんしょう》として浅井《あざい》の領地《りょうち》と小谷城《おだにじょう》をもらい大名《だいみょう》の仲間入《なかまい》りをしました。名前《なまえ》も羽柴秀吉《はしばひでよし》と改名《かいめい》します。

年表② 天下統一《てんかとういつ》の遺志《いし》をつぐ

1574年《ねん》、秀吉《ひでよし》は拠点《きょてん》を近江《おうみ》の今浜《いまはま》に移《うつ》し、地名《ちめい》を長浜《ながはま》と変《か》え、長浜城《ながはまじょう》を築《きず》きました。1582年《ねん》、毛利氏《もうりし》の支配《しはい》する中国地方攻略《ちゅうごくちほうこうりゃく》を信長《のぶなが》から命《めい》じられます。1582年《ねん》、備中高松城《びっちゅうたかまつじょう》で水攻《みずぜ》め作戦《さくせん》を行《おこな》っていたとき、信長《のぶなが》が本能寺《ほんのうじ》で明智光秀《あけちみつひで》に討《う》ち取《と》られたとの知《し》らせが入《はい》ります。信長《のぶなが》の死《し》を毛利方《もうりがた》に知《し》られぬうちに敵《てき》と講和《こうわ》し、京《きょう》に軍《ぐん》を戻《もど》しました。その後《ご》、山崎《やまざき》の戦《たたか》いで光秀《みつひで》を破《やぶ》り、秀吉《ひでよし》は信長《のぶなが》の

遺志《いし》をつぎ、天下統一《てんかとういつ》を誓《ちか》います。やがて、織田家《おだけ》の後継者《こうけいしゃ》をめぐって柴田勝家《しばたかついえ》と対立《たいりつ》し、1583年《ねん》の賤ヶ岳《しずがたけ》の戦《たたか》いで勝家《かついえ》軍《ぐん》を破《やぶ》り信長継承者《のぶながけいしょうしゃ》の地位《ちい》を決定《けってい》づけました。大坂城《おおさかじょう》の築城《ちくじょう》がはじまり、1584年《ねん》、小牧《こまき》・長久手《ながくて》の戦《たたか》いで信長《のぶなが》の次男《じなん》・信雄《のぶかつ》が徳川《とくがわ》とむすんで、秀吉《ひでよし》に挑戦《ちょうせん》してきましたが、決着《けっちゃく》がつかず和議《わぎ》が成立《せいりつ》しました。**1585年《ねん》、大坂城本丸《おおさかじょうほんまる》が完成《かんせい》、関白《かんぱく》の地位《ちい》につきます**。1586年《ねん》、秀吉《ひでよし》は妹《いもうと》の朝日姫《あさひひめ》を徳川家康《とくがわいえやす》の正室《せいしつ》に、母《はは》を人質《ひとじち》に出《だ》し臣下《しんか》にします。秀吉《ひでよし》は太政大臣《だじょうだいじん》になり、天皇《てんのう》から豊臣《とよとみ》の姓《せい》をもらいました。

おねが貫《つらぬ》いた妻《つま》の役割《やくわり》

おねは母《はは》の反対《はんたい》を押《お》し切《き》り貧《まず》しい足軽《あしがる》の藤吉郎《とうきちろう》と結婚《けっこん》し、二人《ふたり》で豊臣家《とよとみけ》をつくり上《あ》げました。1561年《ねん》、秀吉《ひでよし》と結婚《けっこん》した時《とき》、おねは14歳《さい》だったと言《い》われます。実《じつ》の母《はは》、朝日《あさひ》殿《どの》の反対《はんたい》を押《お》し切《き》っての結婚《けっこん》でした。当時《とうじ》としては珍《めずら》しい恋愛結婚《れんあいけっこん》でした。叔母《おば》のふくと浅野長勝《あさのながかつ》は賛成《さんせい》していました。秀吉《ひでよし》の母《はは》・なかとは仲《なか》がよかったようです。当時《とうじ》の藤吉郎《とうきちろう》はまだ足軽《あしがる》で、長屋《ながや》暮《ぐ》らしの質素《しっそ》な生活《せいかつ》でした。このころ同《おな》じ長屋《ながや》で暮《く》らしていた前田利家《まえだとしいえ》・まつ（芳春院《ほうしゅんいん》）とも交友《こうゆう》があり、まつとは亡《な》くなるまで親《した》しい関係《かんけい》が続《つづ》きました。1568年《ねん》ごろから、美濃国岐阜《みののくにぎふ》に移《うつ》り住《す》みます。このころ秀吉《ひでよし》は信長《のぶなが》に付《つ》き従《したが》って京《きょう》にいることが多《おお》かったといいます。子供《こども》のいなかったおねは、加藤清正《かとうきよまさ》や福島正則《ふくしままさのり》などの親類《しんるい》の子《こ》を引《ひ》き取《と》って育《そだ》てました。

年表③ ついに天下統一《てんかとういつ》

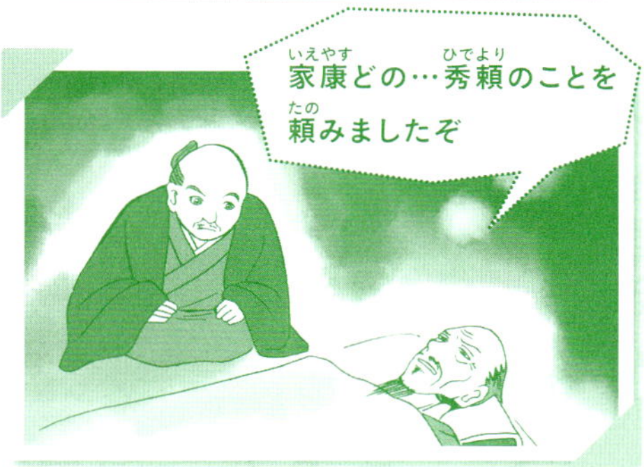

秀吉《ひでよし》は1581年《ねん》、九州《きゅうしゅう》の役《えき》で島津軍《しまづぐん》を破《やぶ》り、九州《きゅうしゅう》を平定《へいてい》しました。キリスト教《きょう》を禁止《きんし》しバテレンを国外追放《こくがいついほう》します。その年《とし》、京《きょう》の北野《きたの》で千利休《せんのりきゅう》らと大茶会《だいちゃかい》を開《ひら》きました。1588年《ねん》に刀狩令《かたながりれい》を出《だ》しました。これは農民《のうみん》と武士《ぶし》を区別《くべつ》するためと、農民《のうみん》が一揆《いっき》をおこさないようにするためでした。1589年《ねん》には大規模《だいきぼ》な検地《けんち》を行《おこな》います。田畑《たはた》（農地《のうち》）の広《ひろ》さを正《ただ》しくはかり、そこから年貢《ねんぐ》（税金《ぜいきん》）を決《き》める目的《もくてき》のものでした。1590年《ねん》、小田原攻《おだわらぜ》めで北条氏《ほうじょうし》は降伏《こうふく》し、伊達政宗《だてまさむね》ら、東北《とうほく》の大名《だいみょう》も秀吉《ひでよし》に従《したが》うことになり、ついに天下統一《てんかとういつ》が完成《かんせい》しました。1591年《ねん》、

豊臣秀吉《とよとみひでよし》とおねの人物相関図《じんぶつそうかんず》

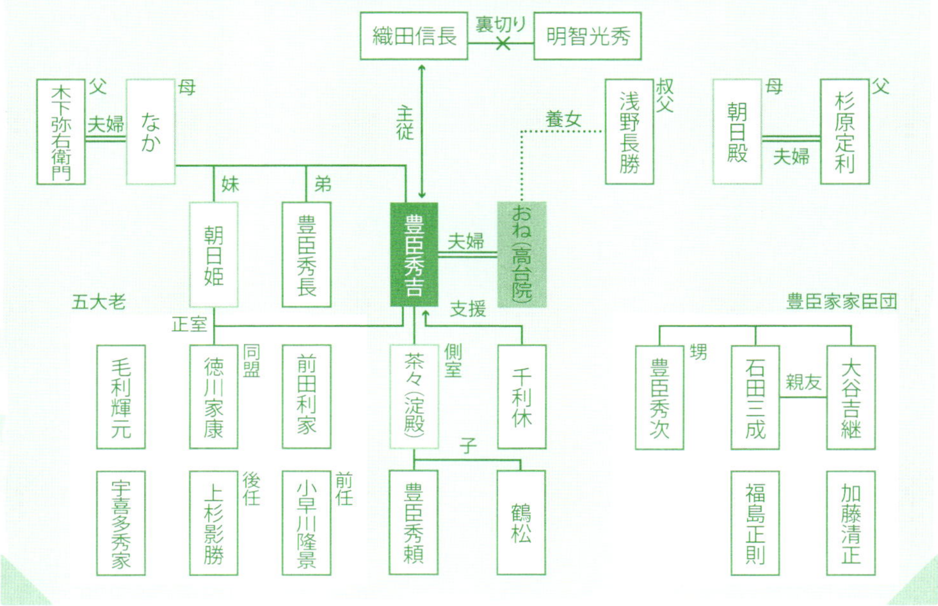

関白《かんぱく》を甥《おい》の秀次《ひでつぐ》にゆずり、秀吉《ひでよし》は太閤《たいこう》となりました。信長《のぶなが》の政策《せいさく》を受《う》け継《つ》ぎ、関所《せきしょ》を廃止《はいし》して楽市《らくいち》・楽座《らくざ》の制《せい》を広《ひろ》げ、重要都市《じゅうようとし》・鉱山《こうざん》を直轄《ちょっかつ》し、貨幣《かへい》を鋳造《ちゅうぞう》しました。1592年《ねん》、秀吉《ひでよし》は明国《みんこく》への戦《たたか》いを企《くわだ》て、諸大名《しょだいみょう》に朝鮮出兵《ちょうせんしゅっぺい》を命《めい》じました。1593年《ねん》、茶々《ちゃちゃ》（淀君《よどぎみ》）が拾丸《ひろいまる》（後《のち》の秀頼《ひでより》）を出産《しゅっさん》しました。関白秀次《かんぱくひでつぐ》に謀反《むほん》の容疑《ようぎ》で切腹《せっぷく》を命《めい》じます。1597年《ねん》の二度目《にどめ》の朝鮮出兵《ちょうせんしゅっぺい》の最中《さいちゅう》、朝鮮侵略《ちょうせんしんりゃく》は戦況《せんきょう》が思《おも》うにまかせぬまま、秀吉《ひでよし》は病《やまい》に倒《たお》れました。1598年《ねん》、秀吉《ひでよし》は秀頼《ひでより》のことを家康《いえやす》ら五大老《ごたいろう》に頼《たの》み、62歳《さい》で亡《な》くなりました。その後《ご》、天下《てんか》は徳川家康《とくがわいえやす》のものとなり、**豊臣家《とよとみけ》は1615年《ねん》、大坂夏《おおさかなつ》の陣《じん》で滅《ほろ》びました。**

▲『大坂夏《おおさかなつ》の陣図《じんず》（黒田屏風《くろだびょうぶ》）』に描《えが》かれた大坂城天守閣《おおさかじょうてんしゅかく》

③

なる。おねは北政所《きたのまんどころ》と呼《よ》ばれるようになる

- 1586…秀吉《ひでよし》、「豊臣氏《とよとみし》」へ改姓《かいせい》。太政大臣《だいじょうだいじん》に就任《しゅうにん》
- 1588…秀吉《ひでよし》、刀狩令《かたながりれい》を出《だ》す。後《のち》に豊臣家《とよとみけ》の政権《せいけん》を握《にぎ》る茶々《ちゃちゃ》（淀殿《よどどの》）を側室《そくしつ》に迎《むか》える
- 1589…秀吉《ひでよし》の側室《そくしつ》茶々《ちゃちゃ》が、鶴松《つるまつ》を出産《しゅっさん》し、山城国《やましろのくに》の淀《よど》城《じょう》に移《うつ》る
- 1592…秀吉《ひでよし》、文禄《ぶんろく》の役《えき》で朝鮮《ちょうせん》に出兵《しゅっぺい》
- 1595…茶々《ちゃちゃ》（淀殿《よどどの》）、豊臣秀頼《とよとみひでより》が淀城《よどじょう》から大坂城《おおさかじょう》に移《うつ》る
- 1597…秀吉《ひでよし》、慶長《けいちょう》の役《えき》で朝鮮《ちょうせん》に出兵《しゅっぺい》
- 1598…秀吉《ひでよし》、京都《きょうと》の木幡山伏見城《こはたやまふしみじょう》で死没《しぼつ》。おねは落飾《らくしょく》し、高台院《こうだいいん》を称《しょう》す
- 1599…おね、大坂城《おおさかじょう》の西《にし》の丸《まる》を徳川家康《とくがわいえやす》に譲《ゆず》り、京都《きょうと》に移《うつ》り住《す》む
- 1600…おね、関ケ原《せきがはら》の戦《いくさ》の直前《ちょくぜん》、西軍《せいぐん》についた甥《おい》の小早川秀秋《こばやかわひであき》に、恩《おん》のある徳川家康《とくがわいえやす》に味方《みかた》するよう諭《さと》す
- 1605…秀吉《ひでよし》の冥福《めいふく》を祈《いの》るために、京都東山《きょうとひがしやま》に高台寺《たかだいじ》を建立《こんりゅう》
- 1615…大坂夏《おおさかなつ》の陣《じん》で豊臣家滅亡《とよとみけめつぼう》。茶々《ちゃちゃ》（淀殿《よどどの》）、秀頼《ひでより》と自害《じがい》
- 1624…おね、死没《しぼつ》

おねと茶々《ちゃちゃ》（淀君《よどぎみ》）の関係《かんけい》

おねを語《かた》るうえで、外《はず》せない人物《じんぶつ》が織田《おだ》信長《のぶなが》の妹《いもうと》・お市《いち》の方《かた》の娘《むすめ》である茶々《ちゃちゃ》（淀君《よどぎみ》）です。時代劇《じだいげき》などでも多《おお》く登場《とうじょう》し、その勝気《かちき》な性格《せいかく》や横柄《おうへい》な態度《たいど》などは両親《りょうしん》の血《ち》を引《ひ》いているともいわれます。秀吉《ひでよし》の側室《そくしつ》で一番《いちばん》のお気《き》に入《い》りであり、十分《じゅうぶん》に可愛《かわい》がられていたようです。茶々《ちゃちゃ》は秀吉《ひでよし》の跡継《あとつ》ぎである秀頼《ひでより》を産《う》みます。おねと茶々《ちゃちゃ》は秀吉《ひでよし》の正室《せいしつ》と側室《そくしつ》の関係《かんけい》で、二人《ふたり》は不仲《ふなか》であったといわれています。その理由《りゆう》として正室《せいしつ》である、おねと秀吉《ひでよし》の間《あいだ》に子《こ》はおらず、何人《なんにん》もの養子《ようし》を迎《むか》え入《い》れています。子《こ》がいなく発言力《はつげんりょく》の低《ひく》いおねと、側室《そくしつ》なので立場《たちば》が低《ひく》いはずなのに、子《こ》がいるおかげで発言力《はつげんりょく》のある茶々《ちゃちゃ》。最終的《さいしゅうてき》に茶々《ちゃちゃ》は、徳川家康《とくがわいえやす》に追《お》われて自害《じがい》をします。母《はは》と同《おな》じ死《し》に方《かた》であり、運命的《うんめいてき》なものを感《かん》じる人《ひと》もいるほどです。

略式《りゃくしき》年表《ねんぴょう》

豊臣秀吉《とよとみひでよし》とおね

- 1537…秀吉《ひでよし》、木下弥右衛門《きのしたやえもん》の子《こ》として生《う》まれる
- 1548…おね、杉原定利《すぎはらさだとし》の次女《じじょ》として生《う》まれる
- 1554…秀吉《ひでよし》、織田信長《おだのぶなが》に小者《こもの》として仕《つか》える
- 1560…秀吉《ひでよし》、桶狭間《おけはざま》の戦《たたか》いに参戦《さんせん》
- ① 1561…秀吉《ひでよし》とおねが結婚《けっこん》する
- 1570…秀吉《ひでよし》、金ケ崎《かねがさき》の戦《たたか》いで撤退《てったい》する織田軍《おだぐん》のしんがりを務《つと》め、撤退戦《てったいせん》の成功《せいこう》に貢献《こうけん》
- 1573…秀吉《ひでよし》、羽柴秀吉《はしばひでよし》に改名《かいめい》。近江国北三郡《おうみのくにきたさんぐん》12万石《まんごく》を任《まか》され、長浜城《ながはまじょう》におねと家族《かぞく》と共《とも》に移《うつ》り住《す》む
- 1582…秀吉《ひでよし》、山崎《やまざき》の戦《たたか》いで明智光秀《あけちみつひで》を破《やぶ》り織田家臣《おだかしん》の中《なか》でも強《つよ》い発言力《はつげんりょく》を得《え》る。清州会議《きよすかいぎ》で柴田《しばた》勝家《かついえ》と対立《たいりつ》する
- 1583…秀吉《ひでよし》、賤ケ岳《しずがたけ》の戦《たたか》いで柴田勝家《しばたかついえ》に勝利《しょうり》
- 1584…秀吉《ひでよし》、徳川家康《とくがわいえやす》と小牧《こまき》・長久手《ながくて》で戦《たたか》う
- ② 1585…大坂城完成《おおさかじょうかんせい》。関白《かんぱく》となり改姓《かいせい》、藤原秀吉《ふじわらのひでよし》と

『武田勝頼《たけだかつより》』と『北条夫人《ほうじょうふじん》』

—夫婦《ふうふ》—

歳《とし》の差《さ》

兄《あに》が謀反《むほん》したため予定外《よていがい》に
武田《たけだ》を継《つ》ぐことになった武将《ぶしょう》

武田勝頼《たけだかつより》 [1546〜1582年《ねん》]

[出身《しゅっしん》] 不明《ふめい》

[親《おや》] 武田信玄《たけだしんげん》、諏訪御寮人《すわごりょうにん》

[配偶者《はいぐうしゃ》] 龍勝院《りゅうしょういん》、北条夫人《ほうじょうふじん》

武田信玄《たけだしんげん》の4男、信濃《しなの》（長野県《ながのけん》）の有力者《ゆうりょくしゃ》諏訪《すわ》氏《し》を信玄《しんげん》が攻《せ》めた際《さい》に、信玄《しんげん》が諏訪御寮人《すわごりょうにん》を側室《そくしつ》にし、勝頼《かつより》が生《う》まれる。当初勝頼《とうしょかつより》は母親《ははおや》の姓《せい》である諏訪《すわ》を名乗《なの》っていたが、信玄《しんげん》の長男《ちょうなん》が謀反《むほん》を起《お》こしたため、勝頼《かつより》が武田《たけだ》の後継者《こうけいしゃ》になるが家臣《かしん》からは認《みと》められず、最後《さいご》は天目山《てんもくざん》で生涯《しょうがい》を終《お》えることとなる。

勝頼《かつより》との別《わか》れを拒《こば》み
最期《さいご》まで付《つ》き添《そ》った薄命《はくめい》の美人《びじん》

北条夫人《ほうじょうふじん》 [1564〜1582年《ねん》]

[出身《しゅっしん》] 小田原《おだわら》（神奈川県小田原市《かながわけんおだわらし》）

[親《おや》] 北条氏康《ほうじょううじやす》、松田殿《まつだどの》

[配偶者《はいぐうしゃ》] 武田勝頼《たけだかつより》

北条氏康《ほうじょううじやす》の6女《じょ》、武田《たけだ》と北条氏《ほうじょうし》（後北条氏《ごほうじょうし》）の同盟《どうめい》である「甲相同盟《こうそうどうめい》」強化《きょうか》のために妻《つま》を亡《な》くした勝頼《かつより》に嫁《とつ》ぐ。二人《ふたり》の間《あいだ》に子《こ》どもはなかったが、仲《なか》は良《よ》かったとされ、この時代《じだい》を生《い》きた勝頼《かつより》の師匠《ししょう》の一人《ひとり》で名僧《めいそう》と呼《よ》ばれた快川和尚《かいせんおしょう》が残《のこ》した記録《きろく》では、高貴《こうき》で貞淑《ていしゅく》な女性《じょせい》だったと伝《つた》えられている。

同盟関係《どうめいかんけい》を築《きず》くために武田勝頼《たけだかつより》に嫁《とつ》いだ北条夫人《ほうじょうふじん》。上杉謙信《うえすぎけんしん》の後継者争《こうけいしゃあらそ》いで実家《じっか》との関係《かんけい》が悪化《あっか》する中《なか》、最後《さいご》まで勝頼《かつより》の元《もと》を離《はな》れなかった夫婦《ふうふ》です。

年表① 諏訪《すわ》から武田《たけだ》の跡取《あとと》りに

勝頼《かつより》の母親《ははおや》は武田家《たけだけ》の本拠地《ほんきょち》である甲斐《かい》（山梨県《やまなしけん》）の出身《しゅっしん》ではなく、信濃《しなの》・諏訪《すわ》氏《し》の出身《しゅっしん》で、父親《ちちおや》の武田信玄《たけだしんげん》の正妻《せいさい》は京都《きょうと》の公家《くげ》で、長男《ちょうなん》（武田義信《たけだよしのぶ》）も生《う》まれていたので、信玄《しんげん》も**武田《たけだ》の跡継《あとつ》ぎは義信《よしのぶ》、信濃《しなの》は勝頼《かつより》に任《まか》せるという考《かんが》えだったのかもしれません**が、義信《よしのぶ》が信玄《しんげん》に対《たい》して反乱《はんらん》を起《お》こします。これは義信《よしのぶ》の妻《つま》が今川義元《いまがわよしもと》の娘《むすめ》で、義元《よしもと》が桶狭間《おけはざま》で死《し》んだために、信玄《しんげん》は義元《よしもと》の領地《りょうち》を奪《うば》おうとしたためです。当然《とうぜん》妻《つま》が今川家《いまがわけ》の義信《よしのぶ》は反対《はんたい》しますが、信玄《しんげん》は心《こころ》を動《うご》かされず義信《よしのぶ》は跡取《あとと》りから外《はず》されます。納得《なっとく》がいかず、反乱《はんらん》を起《お》こしましたが、成功《せいこう》せず死《し》んだため、信玄《しんげん》は勝頼《かつより》を跡継《あとつ》ぎにしようと考《かんが》えます。勝頼《かつより》にとっても想定外《そうていがい》のことだったに違《ちが》いありません。

年表② 北条夫人《ほうじょうふじん》との出会《であ》い

信玄《しんげん》は三方ヶ原《みかたがはら》の戦《たたか》い（1572年《ねん》）で、織田《おだ》・徳川《とくがわ》との連合《れんごう》に勝利《しょうり》するも、数《すう》か月後《げつご》に病《やまい》で亡《な》くなってしまいます。その跡継《あとつ》ぎは勝頼《かつより》なのですが、家臣《かしん》たちや勝頼《かつより》の姉妹《しまい》の嫁《とつ》ぎ先《さき》である義理《ぎり》の兄弟《きょうだい》たちは納得《なっとく》がいきません。結局《けっきょく》その不和《ふわ》も一《ひと》つの原因《げんいん》で**1575年《ねん》に起《お》きた長篠《ながしの》の戦《たたか》いで敗北《はいぼく》**。信玄《しんげん》の頃《ころ》からいた有力《ゆうりょく》な武将《ぶしょう》を失《うしな》った勝頼《かつより》は、信玄《しんげん》の今川侵攻《いまがわしんこう》で関係《かんけい》が悪化《あっか》した北条氏《ほうじょうし》との同盟《どうめい》が不可欠《ふかけつ》と考《かんが》え、**北条氏《ほうじょうし》から妻《つま》を迎《むか》えます。それが北条《ほうじょう》夫人《ふじん》です**。北条夫人《ほうじょうふじん》は大変美《たいへんうつく》しく、教養《きょうよう》も高《たか》い女性《じょせい》だったようです。

年表③ 甲相同盟《こうそうどうめい》の破綻《はたん》

結婚後《けっこんご》の二人《ふたり》の仲《なか》は良《よ》く、武田《たけだ》と北条《ほうじょう》の同盟《どうめい》も強固《きょうこ》なものと考《かんが》えられていましたが、戦国《せんごく》の雄《ゆう》で信玄《しんげん》のライバルだった上杉謙信《うえすぎけんしん》の死《し》で、その関係《かんけい》は崩《くず》れてしまいます。謙信《けんしん》は実《じつ》の子《こ》がなく、甥《おい》の景勝《かげかつ》と北条氏《ほうじょうし》から養子《ようし》に入《はい》った景虎《かげとら》の間《あいだ》で後継者争《こうけいしゃあらそ》いが始《はじ》まります。勝頼《かつより》は当初《とうしょ》北条夫人《ほうじょうふじん》の弟《おとうと》で自分《じぶん》にとって義理《ぎり》の兄弟《きょうだい》である景虎《かげとら》を支援《しえん》しましたが、後《のち》に景勝《かげかつ》を支援《しえん》したので関係《かんけい》が悪化《あっか》。最終的《さいしゅうてき》に景勝《かげかつ》が上杉氏《うえすぎし》を継《つ》ぎ、景虎《かげとら》は殺《ころ》されてしまい、北条氏《ほうじょうし》は武田《たけだ》との同盟《どうめい》を解消《かいしょう》し徳川氏《とくがわし》と同盟《どうめい》を結《むす》んでしまいます。実家《じっか》が敵《てき》になることは北条夫人《ほうじょうふじん》にとっても辛《つら》かったことでしょう。

年表④ 裏切《うらぎ》りで終《お》わる武田氏《たけだし》の最期《さいご》

北条氏《ほうじょうし》が敵《てき》となった結果《けっか》、武田《たけだ》は西《にし》の織田《おだ》、南《みなみ》の徳川《とくがわ》、東《ひがし》の北条《ほうじょう》、三方《さんぼう》に敵《てき》を抱《かか》えることになりました。まず信玄《しんげん》の時代《じだい》に今川《いまがわ》から奪《うば》った駿河《するが》（静岡県《しずおかけん》）を徳川《とくがわ》と北条《ほうじょう》が攻《せ》め、駿河《するが》を失《うしな》います。その後家臣《ごかしん》や親族《しんぞく》の裏切《うらぎ》りなどがある中《なか》、勝頼《かつより》は何度《なんど》か北条夫人《ほうじょうふじん》を実家《じっか》である北条家《ほうじょうけ》に戻《もど》そうとしますが、北条夫人《ほうじょうふじん》はそれを拒《こば》み、武田八幡宮《たけだはちまんぐう》へ勝頼《かつより》の勝利《しょうり》を祈《いの》る文書《ぶんしょ》を納《おさ》めるなど、最後《さいご》まで勝頼《かつより》の勝利《しょうり》を祈《いの》っていました。しかし、1582年《ねん》、勝頼《かつより》も追《お》い詰《つ》められ、北条夫人《ほうじょうふじん》や息子信勝《むすこのぶかつ》を連《つ》れて、家臣《かしん》の元《もと》に逃《に》げ込《こ》もうとしますが、家臣《かしん》が勝頼《かつより》一行《いっこう》をかくまうのを拒否《きょひ》、勝頼《かつより》もこれが最後《さいご》と武田《たけだ》に縁《えん》がある天目山《てんもくざん》で北条夫人《ほうじょうふじん》らとともに自害《じがい》します。北条夫人《ほうじょうふじん》は19歳《さい》。最後《さいご》まで勝頼《かつより》と一緒《いっしょ》にいることを望《のぞ》んだ生涯《しょうがい》でした。

武田勝頼《たけだかつより》と北条夫人《ほうじょうふじん》の人物相関図《じんぶつそうかんず》

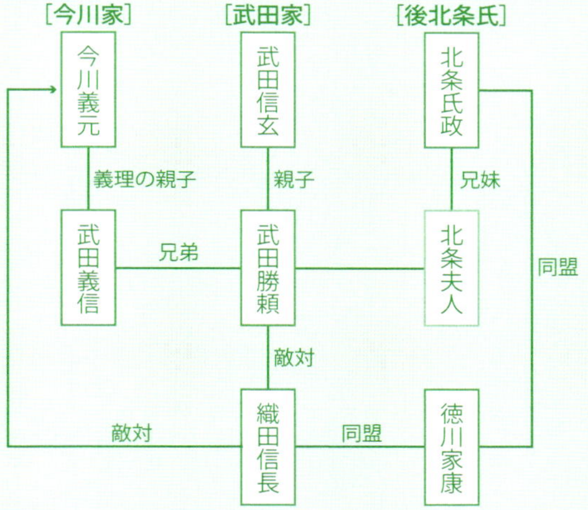

略《りゃく》式《しき》年《ねん》表《ぴょう》 武田勝頼《たけだかつより》と北条夫人《ほうじょうふじん》

①
- 1546…勝頼《かつより》、武田晴信《たけだはるのぶ》（信玄《しんげん》）の4男《なん》として生《う》まれる
- 1562…母親《ははおや》の実家《じっか》、諏訪家《すわけ》を継《つ》ぎ高遠城主《たかとおじょうしゅ》に
- 1564…北　条夫人《ほうじょうふじん》、北条氏康《ほうじょううじやす》の6女《じょ》として生《う》まれる
- 1565…勝頼《かつより》、織田信長《おだのぶなが》の養女遠山夫人《ようじょとおやまふじん》を正妻《せいさい》に迎《むか》える
- 1567…長男《ちょうなん》、信勝誕生《のぶかつたんじょう》。遠山夫人《とおやまふじん》は難産《なんざん》のため死没《しぼつ》
- 1573…父《ちち》、武田信玄《たけだしんげん》が上洛戦途上病死《じょうらくせんとじょうびょうし》

②
- 1575…長篠《ながしの》の戦《たたか》いで、織田信長《おだのぶなが》と家康連合軍《いえやすれんごうぐん》により大敗《たいはい》
- 1577…勝頼《かつより》、同盟強化《どうめいきょうか》のため、北条氏政《ほうじょううじまさ》の妹《いもうと》北条《ほうじょう》夫人《ふじん》を継室《けいしつ》に迎《むか》える

③
- 1578…上杉謙信死没《うえすぎけんしんしぼつ》
- 1579…御館《おたて》の乱《らん》に巻《ま》き込《こ》まれ、北条家《ほくじょうけ》から同盟《どうめい》を破棄《はき》される

④
- 1582…天目山《てんもくざん》で北条夫人《ほうじょうふじん》らと共《とも》に自害《じがい》（勝頼享年《かつよりきょうねん》37、北条夫人享年《ほうじょうふじんきょうねん》19）

戦国《せんごく》

『山内一豊《やまうちかつとよ》』と『千代《ちよ》（見性院《けんしょういん》）』

―夫婦《ふうふ》―

相思相愛《そうしそうあい》、

助《たす》け合《あ》い、盟友《めいゆう》

土佐《とさ》・高知城主《こうちじょうしゅ》まで

出世《しゅっせ》した戦国大名《せんごくだいみょう》

山内一豊《やまうちかつとよ》 [1545～1605年《ねん》]

[出身《しゅっしん》] 尾張国《おわりのくに》(愛知県《あいちけん》)

[親《おや》] 山内盛豊《やまうちもりとよ》、法秀院《ほうしゅういん》

[配偶者《はいぐうしゃ》] 見性院《けんしょういん》

1545年《ねん》、山内盛豊《やまうちもりとよ》の子《こ》として尾張《おわり》に生《う》まれる。父《ちち》・盛豊《もりとよ》が織田信長《おだのぶなが》に討《う》たれ、流浪《るろう》の身《み》となるが、やがて信長《のぶなが》、秀吉《ひでよし》に仕《つか》える。浅井《あざい》・朝倉《あさくら》攻《ぜ》め、毛利《もうり》攻《ぜ》め、賤ヶ岳《しずがたけ》の戦《たたか》いと転戦《てんせん》し、領国《りょうごく》も替《か》えながら出世《しゅっせ》していくが、秀吉没後《ひでよしぼつご》、いち早《はや》く家康《いえやす》への忠誠《ちゅうせい》を示《しめ》し、関ヶ原《せきがはら》には東軍《とうぐん》として参戦《さんせん》、土佐《とさ》24万石《まんごく》を得《え》る。

夫《おっと》の出世《しゅっせ》につくした

良妻賢母《りょうさいけんぼ》の見本《みほん》

千代《ちよ》(見性院《けんしょういん》) [1557～1617年《ねん》]

[出身《しゅっしん》] 近江国《おうみのくに》(滋賀県《しがけん》)?

[親《おや》] 若宮友興《わかみやともおき》?、母《はは》:不詳《ふしょう》

[配偶者《はいぐうしゃ》] 山内一豊《やまうちかつとよ》

近江《おうみ》・浅井氏家臣《あざいしかしん》の若宮友興《わかみやともおき》の娘《むすめ》として生《う》まれたとされる。千代《ちよ》が10歳《さい》の時《とき》、友興《ともおき》が戦死《せんし》したため、縁者《えんじゃ》の美濃《みの》の不破氏《ふわし》に預《あず》けられ、その後《ご》、故郷《こきょう》に戻《もど》り、近《ちか》くで暮《く》らしていた一豊《かつとよ》の母《はは》・法秀院《ほうしゅういん》に裁縫《さいほう》などを習《なら》う。利発《りはつ》な千代《ちよ》を気《き》に入《い》った法秀院《ほうしゅういん》が、一豊《かつとよ》の妻《つま》に迎《むか》えた。教養《きょうよう》が高《たか》く政治《せいじ》・外交的《がいこうてき》にも優《すぐ》れていた。

一豊《かつとよ》の妻《つま》、千代《ちよ》はただ夫《おっと》に尽《つ》くすだけの従順《じゅうじゅん》な妻《つま》ではなかったようです。愚直《ぐちょく》なまでに真面目《まじめ》な夫《おっと》を、時《とき》には励《はげ》まし、導《みちび》きながら、二人《ふたり》で戦国《せんごく》の世《よ》を生《い》き抜《ぬ》きました。

年表① 愚直《ぐちょく》に功績《こうせき》を重《かさ》ねる

山内一豊《やまうちかつとよ》は岩倉織田氏《いわくらおだし》の重臣《じゅうしん》、山内盛豊《やまうちもりとよ》の息子《むすこ》として生《う》まれました。岩倉織田氏《いわくらおだし》が織田信長《おだのぶなが》に滅《ほろ》ぼされると同時《どうじ》に父《ちち》と兄《あに》が戦死《せんし》してしまいます。流浪《るろう》の生活《せいかつ》を送《おく》ることとなりましたが、やがて信長《のぶなが》に仕《つか》えることになり、秀吉《ひでよし》の与力《よりき》につけられます。このころ、千代《ちよ》（見性院《けんしょういん》）と結婚《けっこん》しました。姉川《あねがわ》の戦《たたか》いのころになると、**秀吉《ひでよし》の家臣《かしん》になり数々《かずかず》の功績《こうせき》を重《かさ》ねます**。秀吉《ひでよし》の出世《しゅっせ》とともに配下《はいか》の一豊《かつとよ》の所領《しょりょう》も増《ふ》え、小牧《こまき》・長久手《ながくて》の戦《たたか》いの後《のち》には長浜《ながはま》2万石《まんごく》の領主《りょうしゅ》となり、

命《いのち》を捨《す》てる覚悟《かくご》でなければ、
運《うん》など拾《ひろ》えるものではない

中村一氏《なかむらかずうじ》、堀尾吉晴《ほりおよしはる》らとともに豊臣秀次《とよとみひでつぐ》の宿老《しゅくろう》となります。地震《じしん》によって一人娘《ひとりむすめ》を失《うしな》ったのはこの長浜時代《ながはまじだい》です。小田原攻《おだわらぜ》めの後《あと》に秀次《ひでつぐ》が尾張《おわり》に移《うつ》るとともに掛川城主《かけがわじょうしゅ》になり、5万石《まんごく》を領有《りょうゆう》しました。

年表② 夫《おっと》の出世《しゅっせ》を陰《かげ》で支《ささ》える

この持参金《じさんきん》で名馬《めいば》を手《て》に入《い》れて

秀吉《ひでよし》の出世《しゅっせ》とともに、一豊《かつとよ》も引《ひ》き立《た》てられましたが、千代《ちよ》の**内助《ないじょ》の功《こう》も大《おお》きなもの**でした。主君《しゅくん》・織田信長《おだのぶなが》の馬揃《うまぞろ》えに際《さい》し、持参金《じさんきん》としてもってきていた**10両《りょう》で名馬《めいば》を一豊《かつとよ》に買《か》い、面目《めんぼく》をあげました**。また、関ヶ原《せきがはら》の合戦《かっせん》の際《さい》には、大坂方《おおさかがた》の状況《じょうきょう》を徳川家康《とくがわいえやす》にいち早《はや》く伝《つた》えるように夫《おっと》に手紙《てがみ》をしたためたことにより、一豊《かつとよ》は家康《いえやす》の信頼《しんらい》を厚《あつ》くしました。後年《こうねん》は

一豊《かつとよ》の間《あいだ》に子宝《こだから》には恵《めぐ》まれず、千代《ちよ》は出家《しゅっけ》して見性院《けんしょういん》となり最後《さいご》まで山内家《やまうちけ》を助《たす》け、京都《きょうと》で余生《よせい》を過《す》ごしました。

▲高知城《こうちじょう》 天守《てんしゅ》 Photo taken by Taisyo

年表③ 乱世《らんせい》を生《い》き抜《ぬ》き ついに一国《いっこく》を治《おさ》める

一豊《かつとよ》は豊臣秀次《とよとみひでつぐ》に家老《かろう》のひとりとして付《つ》けられていましたが、秀次失脚《ひでつぐしっきゃく》の際《さい》は無関係《むかんけい》の立場《たちば》を貫《つらぬ》き、処分《しょぶん》を逃《のが》れました。秀吉《ひでよし》の死後《しご》、東海道《とうかいどう》に所領《しょりょう》をもつ大名《だいみょう》の中《なか》で先駆《さきが》けて**家康《いえやす》に領地《りょうち》を献上《けんじょう》し、家康《いえやす》の歓心《かんしん》を買《か》いました。**この功績《こうせき》により、関ヶ原《せきがはら》本戦《ほんせん》ではこれといった手柄《てがら》はありませんでしたが、**土佐一国《とさいっこく》を与《あた》えられました。**土佐《とさ》入国後《にゅうこくご》は長宗我部氏《ちょうそかべし》の旧臣《きゅうしん》による反乱《はんらん》を武力制圧《ぶりょくせいあつ》します。この禍根《かこん》が残《のこ》り続《つづ》けたため、山内系藩士《やまうちけいはんし》を「上士《じょうし》」、長宗我部系藩士《ちょうそかべけいはんし》を「郷士《ごうし》」とする土佐藩独特《とさはんどくとく》の身分制度《みぶんせいど》が幕末《ばくまつ》まで続《つづ》くことになりました。1605年《ねん》、一豊《かつとよ》は高知城《こうちじょう》にて死没《しぼつ》しました。

③

- 1584…一豊《かつとよ》、小牧《こまき》・長久手《ながくて》の戦《いくさ》に参陣《さんじん》。若狭国《わかさのくに》高浜《たかはま》城主《じょうしゅ》に（5千石《せんごく》）
- 1585…一豊《かつとよ》、近江国《おうみのくに》長浜城主《ながはまじょうしゅ》に（1万《まん》9800石《こく》）。天正大地震《てんしょうおおじしん》で娘《むすめ》よねを失《うしな》う
- 1590…小田原城《おだわらじょう》攻《ぜ》めに参陣《さんじん》。遠江国《とおとうみのくに》掛川城主《かけがわじょうしゅ》に（5万石《まんごく》）
- 1600…関ケ原《せきがはら》の戦《たたか》いに参陣《さんじん》。一豊《かつとよ》、掛川城《かけがわじょう》を家康《いえやす》に献上《けんじょう》する。居城《きょじょう》の献上《けんじょう》を真《ま》っ先《さき》に申《もう》し入《い》れたことが家康《いえやす》から高《たか》く評価《ひょうか》され、土佐国《とさのくに》一国《いっこく》24万《まん》石《ごく》を拝領《はいりょう》し浦戸城《うらどじょう》に入城《にゅうじょう》
- 1605…一豊《かつとよ》、高知城《こうちじょう》で病没《びょうぼつ》
- 1606…千代《ちよ》、京都《きょうと》へ移《うつ》り住《す》む
- 1617…千代《ちよ》、死没《しぼつ》

▲山内一豊像《やまうちかつとよぞう》（鉄山宗鈍賛《てつざんそうどんさん》、模写《もしゃ》）

内助《ないじょ》の功《こう》で土佐《とさ》24万石《まんごく》の大名《だいみょう》に

手紙《てがみ》を未開封《みかいふう》で家康様《いえやすさま》にお渡《わた》しを

一豊《かつとよ》が、徳川家康《とくがわいえやす》の上杉討伐《うえすぎとうばつ》に同行《どうこう》していたとき、石田三成《いしだみつなり》からの挙兵《きょへい》を知《し》らせる手紙《てがみ》を、千代《ちよ》が家臣《かしん》にそのまま一豊《かつとよ》に届《とど》けさせました。さらに、「この手紙《てがみ》は、あなた様《さま》が封《ふう》を切《き》る前《まえ》に、そのまま直接《ちょくせつ》、家康様《いえやすさま》にお渡《わた》しなさりませ。この際《さい》ですから、先年《せんねん》拝領《はいりょう》した掛川《かけがわ》の城《しろ》を、家康様《いえやすさま》に『ご自由《じゆう》にお使《つか》いください』と申《もう》し出《で》ては…」という書《しょ》まで付《つ》けたことは、江戸時代《えどじだい》の書《しょ》にもうたわれている話《はなし》です。千代《ちよ》の提言《ていげん》が的確《てきかく》だったことから、一豊《かつとよ》は一《ひと》つ一《ひと》つを忠実《ちゅうじつ》に守《まも》りました。一豊《かつとよ》のように、下積《したづ》みからのし上《あ》がり、信長《のぶなが》、秀吉《ひでよし》、家康《いえやす》の三時代《さんじだい》を乗《の》り切《き》った武将《ぶしょう》はまれな存在《そんざい》です。土佐《とさ》24万石《まんごく》の大名《だいみょう》になれたのは、千代《ちよ》の「内助《ないじょ》の功《こう》」も大《おお》きかったといわれています。

略《りゃく》式《しき》年《ねん》表《びょう》

山内一豊《やまうちかつとよ》と千代《ちよ》

- 1545…一豊《かつとよ》、山内盛豊《やまうちもりとよ》の子《こ》として生《う》まれる
- 1557…千代《ちよ》、生《う》まれる。一豊《かつとよ》の兄《あに》・十郎《じゅうろう》が織田信長《おだのぶなが》に攻《せ》められ死没《しぼつ》
- 1559…一豊《かつとよ》の父《ちち》・盛豊《もりとよ》が信長《のぶなが》に攻《せ》められ自害《じがい》。一豊《かつとよ》、尾張国《おわりのくに》、美濃国《みののくに》、近江国《おうみのくに》などの豪族《ごうぞく》に次々《つぎつぎ》と仕《つか》える
- ① 1566…一豊《かつとよ》、尾張国《おわりのくに》で信長《のぶなが》に仕《つか》え、豊臣秀吉《とよとみひでよし》の与力《よりき》となる
- 1570…千代《ちよ》（見性院《けんしょういん》）と結婚《けっこん》。金ケ崎《かねがさき》の退《の》き口《くち》に従軍《じゅうぐん》。姉川《あねがわ》の戦《いくさ》でも功《こう》をたてる
- 1573…一豊《かつとよ》、朝倉《あさくら》攻《ぜ》めの戦《いくさ》で、顔面《がんめん》に矢《や》を受《う》けながらも奮戦《ふんせん》。これらの功績《こうせき》から、近江国《おうみのくに》唐国《からくに》400石《こく》の領主《りょうしゅ》に
- ② 1581…京都《きょうと》の馬揃《うまぞろ》えに、千代《ちよ》が嫁入《よめい》りの際《さい》持参《じさん》した支度金《したくきん》10両《りょう》で買《か》った馬《うま》を一豊《かつとよ》にさしだし、注目《ちゅうもく》を浴《あ》びる
- 1583…一豊《かつとよ》、賤ケ岳《しずがたけ》の戦《いくさ》に参陣《さんじん》

『真田信之《さなだのぶゆき》』と『小松姫《こまつひめ》』

—夫婦《ふうふ》—
政略結婚《せいりゃくけっこん》、
相思相愛《そうしそうあい》

真田幸村《さなだゆきむら》の兄《あに》で 真田家《さなだけ》を後世《こうせい》に残《のこ》した男《おとこ》

真田信之《さなだのぶゆき》（信幸《のぶゆき》から改名《かいめい》）［1566～1658年《ねん》］

［出　身《しゅっしん》］甲斐国《かいのくに》（山梨県《やまなしけん》）

［　親《おや》　］真田昌幸《さなだまさゆき》、山之手殿《やまのてどの》

［配偶者《はいぐうしゃ》］小松姫《こまつひめ》

信濃国上田《しなののくにうえだ》の武将《ぶしょう》・真田昌幸《さなだまさゆき》の長男《ちょうなん》。弟《おとうと》は真田信繁《さなだのぶしげ》（幸村《ゆきむら》）。昌幸《まさゆき》が武田信玄《たけだしんげん》に仕《つか》えていたため武田家《たけだけ》に人質《ひとじち》として幼少期《ようしょうき》を過《す》ごした。後《のち》に徳川氏家臣《とくがわしかしん》として幕府《ばくふ》に対《たい》する忠誠《ちゅうせい》を続《つづ》けた武将《ぶしょう》。信濃国上田藩《しなののくにうえだはん》そして松代藩《まつしろはん》の初代藩主《しょだいはんしゅ》として、明治《めいじ》まで続《つづ》く松代藩《まつしろはん》真田家《さなだけ》の基礎《きそ》をつくりあげた真田家最大《さなだけさいだい》の功労者《こうろうしゃ》。

真田家《さなだけ》を守《まも》りぬいた 武士《ぶし》の気性《きしょう》を持《も》つ才女《さいじょ》

小松姫《こまつひめ》［1573～1620年《ねん》］

［出　身《しゅっしん》］三河国《みかわのくに》（静岡県《しずおかけん》）？

［　親《おや》　］本多忠勝《ほんだただかつ》、乙女《おとめ》

［配偶者《はいぐうしゃ》］真田信之《さなだのぶゆき》

徳川四天王《とくがわしてんのう》のひとり本多忠勝《ほんだただかつ》の娘《むすめ》。1586年《ねん》、徳川家康《とくがわいえやす》の養女《ようじょ》として、真田昌幸《さなだまさゆき》の嫡男《ちゃくなん》・信之《のぶゆき》に嫁《とつ》ぐ。家康《いえやす》は小松姫《こまつひめ》に婿選《むこえら》びをさせ、姫《ひめ》はひげをつかんで顔《かお》をのぞき込《こ》むが、信之《のぶゆき》だけが「無礼《ぶれい》だ」と断《ことわ》った。姫《ひめ》はその性格《せいかく》にほれ、結婚《けっこん》を決《き》めたという逸話《いつわ》がある。倹約家《けんやくか》で気配《きくば》りの出来《でき》る女性《じょせい》でもあったといわれる。

関ヶ原《せきがはら》の戦《たたか》いが真田家《さなだけ》を二《ふた》つに分《わ》けてしまいます。徳川《とくがわ》に味方《みかた》した真田信之《さなだのぶゆき》と家《いえ》を守《まも》るため、武家《ぶけ》の妻《つま》、小松姫《こまつひめ》が活躍《かつやく》し、後《のち》に信之《のぶゆき》から「真田家《さなだけ》の灯火《ともしび》」と讃《たた》えられました。

年表① 勇猛果敢《ゆうもうかかん》な若武者《わかむしゃ》

真田信之《さなだのぶゆき》は父《ちち》・昌幸《まさゆき》が武田氏《たけだし》に仕《つか》えていたため、少年期《しょうねんき》を武田氏《たけだし》の人質《ひとじち》として過《す》ごしました。1582年《ねん》に主家《しゅけ》である武田氏《たけだし》が滅亡《めつぼう》すると、真田家《さなだけ》の自領《じりょう》と家名《かめい》を守《まも》るため父《ちち》・昌幸《まさゆき》とともに奮戦《ふんせん》しました。特《とく》に**1585年《ねん》の第一次上田合戦《だいいちじうえだかっせん》では、徳川方《とくがわがた》の大軍勢《だいぐんぜい》を相手《あいて》に弱冠《じゃっかん》20歳《さい》の信之《のぶゆき》はたった300余人《よにん》の兵力《へいりょく》で勝利《しょうり》**するという大金星《だいきんぼし》を挙《あ》げました。その後《ご》、父《ちち》・昌幸《まさゆき》が豊臣秀吉《とよとみひでよし》に仕《つか》え、真田家《さなだけ》が徳川家康《とくがわいえやす》の与力大名《よりきだいみょう》になると、昌幸《まさゆき》は信之《のぶゆき》を家康《いえやす》に出仕《しゅっし》させました。1586年《ねん》、家康《いえやす》は信之《のぶゆき》の才能《さいのう》を高《たか》く買《か》い、重臣《じゅうしん》・本多忠勝《ほんだただかつ》の娘《むすめ》である小松姫《こまつひめ》を自分《じぶん》の養女《ようじょ》とし、信之《のぶゆき》と結婚《けっこん》させました。1590年《ねん》、信之夫妻《のぶゆきふさい》は沼田城《ぬまたじょう》の城主《じょうしゅ》になりました。夫婦《ふうふ》は仲《なか》よく、二男《になん》二女《にじょ》をもうけています。

年表② 義理《ぎり》の父《ちち》・昌幸《まさゆき》を甲冑姿《かっちゅうすがた》で追《お》い返《かえ》す

非常《ひじょう》のこのとき、どなたであれ、
主《あるじ》の留守《るす》にこの城門《じょうもん》を
お通《とお》しすることは出来《でき》ませぬ

1600年《ねん》、関ヶ原《せきがはら》の戦《たたか》いがおきました。父《ちち》・昌幸《まさゆき》と弟《おとうと》・幸村《ゆきむら》（信繁《のぶしげ》）は西軍《せいぐん》に、信之《のぶゆき》は一人《ひとり》徳川方《とくがわがた》の東軍《とうぐん》につき、父《ちち》と弟《おとうと》を相手《あいて》に戦《たたか》うことになりました。袂《たもと》を分《わ》かった昌幸《まさゆき》が、居城《きょじょう》である上田城《うえだじょう》に向《む》かう途中《とちゅう》、小松姫《こまつひめ》が留守《るす》を預《あず》かっていた沼田城《ぬまたじょう》に立《た》ち寄《よ》りました。「孫《まご》の顔《かお》を見《み》たい」と願《ねが》ったからでした。しかし、**小松姫《こまつひめ》は甲冑《かっちゅう》を身《み》につけ、武装《ぶそう》した兵《へい》を従《したが》えて入城《にゅうじょう》を拒否《きょひ》**したといいます。ただ、思《おも》いやりも忘《わす》れず、密《ひそ》かに近《ちか》くの寺《てら》に昌幸《まさゆき》を招《まね》き、そこで孫《まご》の顔《かお》を見《み》せたそうです。

年表③ 家族《かぞく》を大切《たいせつ》にする 男気《おとこぎ》あふれる信之《のぶゆき》

関ヶ原《せきがはら》の戦《たたか》いの後《あと》、東軍勝利《とうぐんしょうり》に貢献《こうけん》した信之《のぶゆき》は父《ちち》・昌幸《まさゆき》の旧領《きゅうりょう》である上田《うえだ》の地《ち》を与《あた》えられ上田藩主《うえだはんしゅ》となりました。**信之《のぶゆき》は家康《いえやす》に敗者《はいしゃ》となった父《ちち》と弟《おとうと》の助命嘆願《じょめいたんがん》を行《おこな》い**、これにより昌幸《まさゆき》と幸村《ゆきむら》は死罪《しざい》を免《まぬが》れ紀伊九度山《きいくどやま》へ流罪《るざい》となりました。信之《のぶゆき》と小松姫《こまつひめ》は二人《ふたり》の九度山《くどやま》での生活《せいかつ》を陰《かげ》ながら援助《えんじょ》したといいます。上田藩主《うえだはんしゅ》となった信之《のぶゆき》は城下町《じょうかまち》の整備《せいび》や農村事業《のうそんじぎょう》に力《ちから》を入《い》れ上田藩《うえだはん》を豊《ゆた》かにしていきました。しかし1622年《ねん》、信之《のぶゆき》は信濃国松代藩《しなののくにまつしろはん》へ加増《かぞう》移封《いふう》され、真田家《さなだけ》ゆかりの地《ち》である上田《うえだ》を去《さ》りました。1658年《ねん》に亡《な》くなるまで現役《げんえき》として藩政《はんせい》を執《と》り続《つづ》けました。

- 1590…信之《のぶゆき》、秀吉《ひでよし》の小田原城《おだわらじょう》攻《ぜ》めに従軍《じゅうぐん》。戦後《せんご》分家《ぶんけ》され、上野国《こうずけのくに》沼田城主《ぬまたじょうしゅ》に
- 1597…小松姫《こまつひめ》、次男《じなん》・信政《のぶまさ》を産《う》む
- ② 1600…信之《のぶゆき》、父《ちち》・昌幸《まさゆき》、弟《おとうと》・幸村《ゆきむら》と犬伏《いぬぶし》にて家族会議《かぞくかいぎ》。信之《のぶゆき》は東軍《とうぐん》、昌幸《まさゆき》と幸村《ゆきむら》は西軍《せいぐん》に付《つ》くことを決定《けってい》。関ヶ原《せきがはら》の戦《たたか》いに東軍《とうぐん》として参加《さんか》。東軍勝利後上田《とうぐんしょうりごうえだ》藩主《はんしゅ》となる。家康《いえやす》に昌幸《まさゆき》、幸村《ゆきむら》を討《う》つように言《い》われたが助命嘆願《じょめいたんがん》し九度山流罪《くどやまるざい》で許《ゆる》される
- 1611…信之《のぶゆき》の父《ちち》、真田昌幸《さなだまさゆき》が九度山《くどやま》で死没《しぼつ》
- 1614…信之《のぶゆき》、大坂冬《おおさかふゆ》の陣《じん》には、病気《びょうき》のため参戦《さんせん》できず
- 1615…信之《のぶゆき》、大坂夏《おおさかなつ》の陣《じん》にも、病気《びょうき》のため参戦《さんせん》できず。弟《おとうと》、幸村《ゆきむら》が死没《しぼつ》
- 1620…小松姫《こまつひめ》が病没《びょうぼつ》。信之《のぶゆき》は「我《わ》が家《や》から光《ひかり》が消《き》えた」と大変嘆《たいへんなげ》いたという
- ③ 1622…家康《いえやす》により上田《うえだ》から松代《まつしろ》へ領土替《りょうどが》えさせられる
- 1658…信之《のぶゆき》、死没《しぼつ》。当時《とうじ》としては異例《いれい》の長寿《ちょうじゅ》(93歳《さい》)であった

真田信之《さなだのぶゆき》と小松姫《こまつひめ》の人物相関図《じんぶつそうかんず》

▲真田信之《さなだのぶゆき》（作成《さくせい》：江戸時代《えどじだい》）

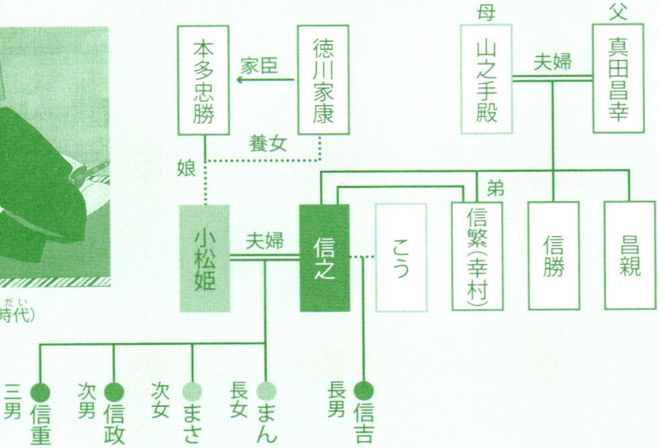

略《りゃく》式《しき》年《ねん》表《ぴょう》

真田信之《さなだのぶゆき》と小松姫《こまつひめ》

- 1566…真田昌幸《さなだまさゆき》の長男《ちょうなん》として信之《のぶゆき》が生《う》まれ、甲斐国《かいのくに》古府中《こふちゅう》で過《す》ごす
- 1573…小松姫《こまつひめ》、本多忠勝《ほんだただかつ》の次女《じじょ》として生《う》まれる
- 1575…信之《のぶゆき》、長篠《ながしの》の戦《いくさ》で武田勝頼勢《たけだかつよりぜい》が織田《おだ》・徳川軍《とくがわぐん》に大敗《たいはい》した際《さい》、叔父《おじ》二人《ふたり》が戦死《せんし》したことから、父《ちち》・昌幸《まさゆき》が家督《かとく》を継《つ》ぎ、それにともない信濃国《しなののくに》上田《うえだ》に移《うつ》る
- 1582…信之《のぶゆき》、武田勝頼《たけだかつより》が織田《おだ》・徳川軍《とくがわぐん》に追《お》われ自害《じがい》し、武田家《たけだけ》が滅亡《めつぼう》（天目山《てんもくざん》の戦《いくさ》）したことから織田《おだ》信長《のぶなが》に降《お》り本領《ほんりょう》を安堵《あんど》される。本能寺《ほんのうじ》の変《へん》で信長《のぶなが》が死《し》ぬと、後《うし》ろ盾《だて》を失い北条氏直《ほうじょううじなお》に下《くだ》る
- 1585…信之《のぶゆき》、第一次上田合戦《だいいちじうえだかっせん》で家康軍《いえやすぐん》に勝利《しょうり》
- 1586…信之《のぶゆき》と小松姫《こまつひめ》が結婚《けっこん》する
- 1589…信之《のぶゆき》、羽柴《はしば》（豊臣《とよとみ》）秀吉《ひでよし》の命《めい》で、徳川家康《とくがわいえやす》の与力《よりき》となる

『伊達政宗《だてまさむね》』と『愛姫《めごひめ》』

―夫婦《ふうふ》―

不仲《ふなか》を乗《の》り越《こ》えて夫婦《ふうふ》に

東北統一《とうほくとういつ》を目的《もくてき》に
暴《あば》れ回《まわ》った独眼竜《どくがんりゅう》

伊達政宗《だてまさむね》 [1567～1636年《ねん》]

[出身《しゅっしん》] 出羽国米沢《でわのくによねざわ》（山形県米沢市《やまがたけんよねざわし》）
[親《おや》] 伊達輝宗《だててるむね》、義姫《よしひめ》
[配偶者《はいぐうしゃ》] 愛姫《めごひめ》、新造《しんぞう》の方《かた》など

米沢周辺《よねざわしゅうへん》を治《おさ》める伊達輝宗《だててるむね》の長男《ちょうなん》。片目《かため》が悪《わる》かったため、母《はは》に嫌《きら》われるも父《ちち》の理解《りかい》もあり跡継《あとつ》ぎになる。奥州《おうしゅう》（東北《とうほく》）統一《とういつ》のために駆《か》け回《まわ》るも、豊臣秀吉《とよとみひでよし》の到来《とうらい》で野望《やぼう》が絶《た》たれ、徳川家康《とくがわいえやす》の天下統一《てんかとういつ》の後《あと》には名領主《めいりょうしゅ》として当時《とうじ》漁村《ぎょそん》でしかなかった仙台《せんだい》を開拓《かいたく》し、62万石《まんごく》の藩《はん》にまで成長《せいちょう》させる。

人質《ひとじち》の身《み》でありながら
政宗第一《まさむねだいいち》に動《うご》いた賢妻《けんさい》

愛姫《めごひめ》 [1568～1653年《ねん》]

[出身《しゅっしん》] 陸奥国田村郡《むつのくにたむらぐん》（福島県《ふくしまけん》）
[親《おや》] 田村清顕《たむらきよあき》、於北《おきた》
[配偶者《はいぐうしゃ》] 伊達政宗《だてまさむね》

平安時代《へいあんじだい》の英雄《えいゆう》坂上田村麻呂《さかのうえのたむらまろ》の末裔《まつえい》といわれる田村清顕《たむらきよあき》の娘《むすめ》。政宗《まさむね》とは従妹《いとこ》の間柄《あいだがら》で、政略結婚《せいりゃくけっこん》で政宗《まさむね》に嫁《とつ》ぐ。政宗《まさむね》の暗殺《あんさつ》に実家《じっか》が関《かか》わった疑惑《ぎわく》や、政宗《まさむね》が原因《げんいん》で実家《じっか》が無《な》くなるなど、不仲《ふなか》な時期《じき》もあったが、後《のち》に和解《わかい》し、子《こ》どもにも恵《めぐ》まれる。豊臣政権下《とよとみせいけんか》では大坂《おおさか》の情報《じょうほう》を知《し》らせる伊達家《だてけ》の外交官的《がいこうかんてき》な役割《やくわり》も果《は》たした。

伊達政宗《だてまさむね》は、現在《げんざい》の宮城県《みやぎけん》に仙台藩《せんだいはん》を開《ひら》き、愛姫《めごひめ》はその妻《つま》として政宗《まさむね》を支《ささ》え、彼女《かのじょ》の産《う》んだ忠宗《ただむね》が仙台藩《せんだいはん》の藩主《はんしゅ》となり、幕末《ばくまつ》まで続《つづ》きました。

年表① 親戚同士《しんせきどうし》の結婚《けっこん》

伊達政宗《だてまさむね》は、出羽国《でわのくに》（山形県《やまがたけん》）の有力《ゆうりょく》勢力《せいりょく》伊達家《だてけ》の嫡男《ちゃくなん》として生《う》まれます。奥州《おうしゅう》（東北《とうほく》）は血縁関係《けつえんかんけい》が多《おお》く、特《とく》に**曾祖父《そうそふ》の稙宗《たねむね》が婚姻政策《こんいんせいさく》で伊達家《だてけ》を中心《ちゅうしん》とした同盟関係《どうめいかんけい》をつくろうと考《かんが》えたものの、失敗《しっぱい》したことが原因《げんいん》です。**政宗《まさむね》は13歳《さい》で結婚《けっこん》しますが、結婚相手《けっこんあいて》は**政宗《まさむね》にとって従姉妹《いとこ》にあたる愛姫《めごひめ》12歳《さい》。**愛姫《めごひめ》の父《ちち》である田村清顕《たむらきよあき》には息子《むすこ》がおらず、子《こ》どもは愛姫《めごひめ》のみ。芦名家《あしなけ》や相馬家《そうまけ》など周囲《しゅうい》の勢力《せいりょく》に圧《お》されて苦《くる》しい状況《じょうきょう》の中《なか》で、頼《たよ》ったのが伊達家《だてけ》でした。二人《ふたり》の間《あいだ》に二人目《ふたりめ》の男《おとこ》の子《こ》が生《う》まれたら田村家《たむらけ》の跡継《あとつ》ぎにするという約束《やくそく》が親同士《おやどうし》であったようです。しかし、この約束《やくそく》が果《は》たされるのは、江戸時代《えどじだい》に入《はい》ってからのことでした。

▲伊達政宗像《だてまさむねぞう》（東福寺霊源院蔵《とうふくじれいげんいんぞう》、土佐光貞筆《とさみつさだひつ》）

年表② 政宗《まさむね》の行動《こうどう》が奥州《おうしゅう》を刺激《しげき》 暗殺未遂《あんさつみすい》で 夫婦関係《ふうふかんけい》が悪化《あっか》

伊達政宗《だてまさむね》が1581年《ねん》に初陣《ういじん》を迎《むか》えてから奥州《おうしゅう》の状況《じょうきょう》が少《すこ》し変化《へんか》します。今《いま》までは、戦《たたか》いがあったとしても親戚同士《しんせきどうし》なので勝《か》っても負《ま》けてもなあなあで終《お》わらせていましたが、政宗《まさむね》の方針《ほうしん》は他《ほか》の地域《ちいき》の戦国大名《せんごくだいみょう》のように**敵対《てきたい》するなら全《すべ》て滅《ほろ》ぼすものでした。**そのため、田村家《たむらけ》は政宗《まさむね》と組《く》むのは危険《きけん》として暗殺計画《あんさつけいかく》を立《た》てます。暗殺賛成派《あんさつさんせいは》に愛姫《めごひめ》の乳母《うば》や侍女《じじょ》がいたので、事前《じぜん》にそれを知《し》った政宗《まさむね》は彼女《かのじょ》たちを殺《ころ》してしまいます。その件《けん》で政宗《まさむね》と愛姫《めごひめ》の関係《かんけい》が悪化《あっか》してしまいます。

年表③ 田村氏《たむらし》の滅亡《めつぼう》と、跡継《あとつ》ぎの誕生《たんじょう》

愛姫《めごひめ》にとって悲《かな》しい出来事《できごと》は続《つづ》きます。秀吉《ひでよし》が関東《かんとう》を支配《しはい》していた北条氏《ほうじょうし》を亡《ほろ》ぼすまでの間《あいだ》に奥州《おうしゅう》の大名《だいみょう》は臣従《しんじゅう》するか決断《けつだん》を迫《せま》られ、政宗《まさむね》も最後《さいご》には秀吉《ひでよし》に臣従《しんじゅう》しますが、愛姫《めごひめ》の実家《じっか》田村家《たむらけ》の臣従《しんじゅう》を政宗《まさむね》が潰《つぶ》してしまったため、田村《たむら》家《け》は取《と》り潰《つぶ》されてしまいます。この件《けん》でも愛姫《めごひめ》の政宗《まさむね》に対《たい》する印象《いんしょう》は悪化《あっか》しますが、**政宗《まさむね》は愛姫《めごひめ》を時間《じかん》かけて接《せっ》し、次第《しだい》に愛姫《めごひめ》も心《こころ》を開《ひら》いていきます。「この人《ひと》も生《い》き残《のこ》るために必死《ひっし》なのだと」**理解《りかい》した愛姫《めごひめ》と政宗《まさむね》の間《あいだ》に愛情《あいじょう》と信頼《しんらい》が生《う》まれ、やがて待望《たいぼう》の子《こ》どもである忠宗《ただむね》が生《う》まれます。愛姫《めごひめ》はその時《とき》30歳《さい》。当時《とうじ》としてはかなりの高齢出産《こうれいしゅっさん》でした。

人質《ひとじち》として政宗《まさむね》を支《ささ》える

秀吉《ひでよし》に臣従《しんじゅう》した政宗《まさむね》は人質《ひとじち》として愛姫《めごひめ》を送《おく》ります。愛姫《めごひめ》としては辛《つら》いことでもありましたが、同時《どうじ》に大阪《おおさか》でのできごとを東北《とうほく》にいる政宗《まさむね》に伝《つた》えることで、政宗《まさむね》を支《ささ》える役割《やくわり》を担《にな》っていました。愛姫《めごひめ》は人質《ひとじち》でありながら外交官的《がいこうかんてき》な役割《やくわり》も持《も》っていたのです。秀吉《ひでよし》が甥《おい》の豊臣秀次《とよとみひでつぐ》を殺《ころ》した時《とき》にも、状況《じょうきょう》を察知《さっち》した愛姫《めごひめ》の情報《じょうほう》があったのかもしれません。秀吉《ひでよし》が亡《な》くなると政宗《まさむね》は長女《ちょうじょ》の五郎八姫《いろはひめ》と徳川家康《とくがわいえやす》の六男《ろくなん》松平忠輝《まつだいらただてる》を婚約《こんやく》させるなど関係《かんけい》が近《ちか》づき、関ヶ原《せきがはら》の戦《たたか》いでも政宗《まさむね》は家康《いえやす》の味方《みかた》をします。その際大阪《さいおおさか》にいた愛姫《めごひめ》は、「自分《じぶん》のために家《いえ》の選択《せんたく》を誤《あやま》らないように」と伝《つた》え、常《つね》に自害《じがい》するための短刀《たんとう》を肌身離《はだみはな》さなかったといいます。政宗《まさむね》は勝利《しょうり》し、仙台藩《せんだいはん》を開《ひら》くことに成功《せいこう》、後世《こうせい》にも知《し》られる大名《だいみょう》となるのです。

田村家《たむらけ》の再興《さいこう》

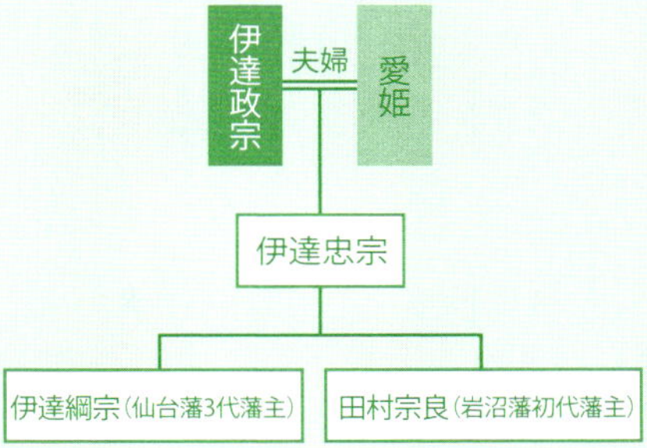

政宗《まさむね》は1636年《ねん》に江戸幕府《えどばくふ》の将軍《しょうぐん》も家光《いえみつ》の時代《じだい》、太平《たいへい》となった世《よ》を見届《みとど》けてこの世《よ》を去《さ》り、愛姫《めごひめ》も18年後《ねんご》の1653年《ねん》に84歳《さい》という長寿《ちょうじゅ》でこの世《よ》を去《さ》ります。遺品《いひん》を整理《せいり》していると一《ひと》つの箱《はこ》があり政宗《まさむね》が愛姫《めごひめ》に送《おく》っていた手紙《てがみ》をまとめたものが見《み》つかったそうです。政宗《まさむね》の幼少時代《ようしょうじだい》の手紙《てがみ》もあったことから愛姫《めごひめ》は政宗《まさむね》を深《ふか》く愛《あい》していたのでしょう。しかし愛姫《めごひめ》には一《ひと》つの願《ねが》いがありました。それは田村家《たむらけ》の再興《さいこう》。愛姫《めごひめ》との間《あいだ》には男子《だんし》が一人《ひとり》しかいないため、政宗《まさむね》の時代《じだい》にはかないませんでした。忠宗《ただむね》は母《はは》の言葉《ことば》を受《う》け止《と》め自分《じぶん》の三男《さんなん》に一関《いちのせき》の地《ち》を与《あた》え、田村宗良《たむらむねよし》と名乗《なの》らせ田村氏《たむらし》を復興《ふっこう》させます。田村氏《たむらし》は幕末《ばくまつ》まで続《つづ》き、明治時代《めいじじだい》に入《はい》ると子爵《ししゃく》になりました。

略《りゃく》式《しき》年《ねん》表《ぴょう》

伊達政宗《だてまさむね》と愛姫《めごひめ》

- 1567…政宗《まさむね》、伊達輝宗《だててるむね》の長男《ちょうなん》として生《う》まれる
- 1568…愛姫《めごひめ》、田村清顕《たむらきよあき》の長女《ちょうじょ》として生《う》まれる
- ① 1579…政宗《まさむね》と愛姫《めごひめ》と結婚《けっこん》
- 1584…政宗《まさむね》、家督《かとく》を継《つ》ぐ
- ② 1586…政宗《まさむね》を毒殺《どくさつ》しようとした愛姫《めごひめ》の乳母《うば》や侍女《じじょ》全員《ぜんいん》を殺《ころ》す
- ③ 1590…秀吉《ひでよし》に臣従《しんじゅう》、愛姫《めごひめ》は大阪《おおさか》で人質《ひとじち》に
- 1591…一揆《いっき》を促《うなが》した疑《うたが》いから米沢《よねざわ》など約《やく》150万石《まんごく》から陸前玉造郡《りくぜんたまづくりぐん》など58万石《まんごく》に減封《げんふう》
- 1600…関ケ原《せきがはら》の戦《たたか》いで徳川家康《とくがわいえやす》の東軍《とうぐん》に属《ぞく》し戦《たたか》う
- 1601…仙台城《せんだいじょう》（青葉城《あおばじょう》）を築城《ちくじょう》
- 1605…娘《むすめ》の五郎八姫《いろはひめ》が、松平忠輝《まつだいらただてる》と結婚《けっこん》
- 1636…政宗《まさむね》、死没《しぼつ》（享年《きょうねん》70歳《さい》）
- 1653…愛姫《めごひめ》、死没《しぼつ》（享年《きょうねん》86歳《さい》）

戦国《せんごく》

『立花宗茂《たちばなむねしげ》』と『立花誾千代《たちばなぎんちよ》』

—夫婦《ふうふ》—

似《に》たもの同士《どうし》、不仲《ふなか》、娘婿《むすめむこ》

九州無双《きゅうしゅうむそう》と称《しょう》された名将《めいしょう》

立花宗茂《たちばなむねしげ》［1567～1643年《ねん》］

［出身《しゅっしん》］豊後国《ぶんごのくに》(大分県《おおいたけん》)

［親《おや》］高橋紹運《たかはしじょううん》、宋雲院《そううんいん》

［配偶者《はいぐうしゃ》］立花誾千代《たちばなぎんちよ》

宗茂《むねしげ》はその才能《さいのう》を、豊臣秀吉《とよとみひでよし》や徳川家康《とくがわいえやす》からも高《たか》く評価《ひょうか》されていた。また、宗茂《むねしげ》の関ヶ原《せきがはら》の戦《たたか》い後《ご》の大名《だいみょう》としての復帰《ふっき》も、幕府《ばくふ》が寛大《かんだい》な処置《しょち》を取《と》ったまれな例《れい》となった。戦上手《いくさじょうず》だけではなく、常《つね》に温厚《おんこう》で誠実《せいじつ》に人《ひと》に接《せっ》し、そして義理堅《ぎりがた》く正直《しょうじき》な人物《じんぶつ》などから「武士《ぶし》の中《なか》の武士《ぶし》」とも呼《よ》ばれた。

高橋《たかはし》・立花家《たちばなけ》の女武将《おんなぶしょう》

立花誾千代《たちばなぎんちよ》［1569～1602年《ねん》］

［出身《しゅっしん》］筑後国《ちくごのくに》(福岡県南西部《ふくおかけんなんせいぶ》)

［親《おや》］立花道雪《たちばなどうせつ》、仁志姫《にしひめ》

［配偶者《はいぐうしゃ》］立花宗茂《たちばなむねしげ》

立花道雪《たちばなどうせつ》の娘《むすめ》で、立花宗茂《たちばなむねしげ》の妻《つま》。道雪《どうせつ》には男児《だんじ》が生《う》まれなかったため、家督《かとく》を継《つ》ぐこととなる。このことにより戦国時代《せんごくじだい》でも稀《まれ》な女性当主《じょせいとうしゅ》となった。高橋紹運《たかはしじょううん》の子《こ》で幼《おさな》なじみになる、立花《たちばな》宗茂《むねしげ》を婿《むこ》に迎《むか》えた。男勝《おとこまさ》りの逸話《いつわ》が多《おお》く残《のこ》されおり、誾千代《ぎんちよ》は甲冑《かっちゅう》をまとい鉄砲隊《てっぽうたい》を指揮《しき》したなど数多《かずおお》く伝《つた》えられている。

立花宗茂《たちばなむねしげ》はその優《すぐ》れた人格《じんかく》と武勇《ぶゆう》で有名《ゆうめい》ですが、夫《おっと》に負《ま》けない個性《こせい》を持《も》っている妻《つま》の誾千代《ぎんちよ》。男勝《おとこまさ》りの性格《せいかく》で宗茂《むねしげ》とは、あまりうまくいかなかったといわれています。

年表① 秀吉《ひでよし》がほめたたえた宗茂《むねしげ》の忠義《ちゅうぎ》と武勇《ぶゆう》

優《すぐ》れた人格《じんかく》と器量《きりょう》を
併《あわ》せ持《も》つと言《い》われた

1567年《ねん》、九州《きゅうしゅう》で絶大《ぜつだい》な勢力《せいりょく》を誇《ほこ》った大名《だいみょう》・大友宗麟《おおともそうりん》の重臣《じゅうしん》・高橋紹運《たかはしじょううん》の嫡男《ちゃくなん》として立花宗茂《たちばなむねしげ》は生《う》まれました。宗茂《むねしげ》は幼《おさな》いころに同《おな》じく大友氏《おおともし》の重臣《じゅうしん》であった立花道雪《たちばなどうせつ》の元《もと》に養子《ようし》に出《だ》され、道雪《どうせつ》の娘《むすめ》・立花誾千代《たちばなぎんちよ》と結婚《けっこん》して婿養子《むこようし》となりました。**1585年《ねん》、宗茂《むねしげ》は立花姓《たちばなせい》を継《つ》ぎ、立花城《たちばなじょう》の城主《じょうしゅ》**となりました。その後《ご》大友宗麟《おおともそうりん》、豊臣秀吉《とよとみひでよし》と仕《つか》えます。1587年《ねん》、豊臣秀吉《とよとみひでよし》の九州征伐《きゅうしゅうせいばつ》の時《とき》、宗茂《むねしげ》は十分《じゅうぶん》とはいえない兵《へい》を率《ひき》いて先鋒《せんぽう》として働《はたら》き、**秀吉《ひでよし》に「手柄《てがら》の上《うえ》の手柄《てがら》、誠《まこと》に比類《ひるい》なき働《はたら》きなり、忠義《ちゅうぎ》の士《し》、九州第一《きゅうしゅうだいいち》**」といわしめる活躍《かつやく》を見《み》せました。九州平定《きゅうしゅうへいてい》により、秀吉《ひでよし》から13万《まん》2000石《ごく》をあたえられました。大友家《おおともけ》から独立《どくりつ》した大名《だいみょう》となり、筑後《ちくご》・柳川城《やながわじょう》の城主《じょうしゅ》となりました。

年表② わずか7歳《さい》で女城主《おんなじょうしゅ》

男勝《おとこまさ》りの激《はげ》しい気性《きしょう》じゃ
7歳《さい》

誾千代《ぎんちよ》は、父《ちち》が56歳《さい》の時《とき》に生《う》まれた一粒種《ひとつぶだね》でした。男子《だんし》のなかった大友家臣《おおともかしん》の**立花道雪《たちばなどうせつ》は、娘《むすめ》の誾千代《ぎんちよ》がわずか7歳《さい》のときに立花家《たちばなけ》の家督《かとく》を譲《ゆず》りました**。やがて15歳《さい》のときに高橋紹運《たかはしじょううん》（鎮種《しげたね》）の息子《むすこ》・高橋統虎《たかはしむねとら》（立花宗茂《たちばなむねしげ》）と結婚《けっこん》しました。戦乱《せんらん》が続《つづ》き不穏《ふおん》な空気《くうき》が漂《ただよ》う中《なか》、次代《じだい》を担《にな》う若《わか》き夫婦《ふうふ》の誕生《たんじょう》は領内《りょうない》に久《ひさ》しく明《あか》るい話題《わだい》となり、家中《かちゅう》・領民《りょうみん》は喜《よろこ》びに沸《わ》いたといわれます。この二人《ふたり》の婚姻《こんいん》により立花《たちばな》・高橋両家《たかはしりょうけ》の結束《けっそく》は更《さら》に深《ふか》まりました。しかし、この後《あと》の夫婦《ふうふ》は大変仲《たいへんなか》が悪《わる》く、常《つね》に険悪《けんあく》ムードだったといわれています。

▲宗茂《むなしげ》を讃《たた》える錦絵《にしきえ》
江戸末期《えどまっき》、歌川芳虎筆《うたがわよしとらひつ》

年表③ 大名復帰《だいみょうふっき》を果《は》たす

その後《ご》、立花宗茂《たちばなむねしげ》は小田原征伐《おだわらせいばつ》、朝鮮《ちょうせん》の役《えき》にも出陣《しゅつじん》して碧蹄館《へきていかん》の戦《たたか》いでめざましい功績《こうせき》を挙《あ》げました。秀吉《ひでよし》は諸大名《しょだいみょう》の前《まえ》で「東《ひがし》に本多忠勝《ほんだただかつ》という天下無双《てんかむそう》の大将《たいしょう》がいるように、西《にし》には立花宗茂《たちばなむねしげ》という天下《てんか》無双《むそう》の大将《たいしょう》がいる」と、その武将《ぶしょう》としての器量《きりょう》を高《たか》く褒《ほ》め称《たた》えています。関ヶ原《せきがはら》において西軍《せいぐん》に属《ぞく》したため、所領《しょりょう》を奪《うば》われましたが、1603年《ねん》、江戸《えど》で徳川《とくがわ》秀忠《ひでただ》に気《き》に入《い》られて、その後《ご》奥州棚倉城《おうしゅうたなぐらじょう》に1万石《まんごく》で封《ふう》じられました。これにより、大坂《おおさか》の陣《じん》では徳川《とくがわ》方《がた》に属《ぞく》することとなりました。この時《とき》の戦功《せんこう》により、**1620年《ねん》、筑後柳川《ちくごやながわ》に10万石《まんごく》を与《あた》えられ、見事《みごと》に返《かえ》り咲《ざ》きました。**

③

城主《じょうしゅ》に。佐々成政《さっさなりまさ》に不満《ふまん》をもった肥後国《ひごのくに》の国人一揆平定《こくじんいっきへいてい》に活躍《かつやく》。戦後《せんご》、ともに戦《たたか》った小早川《こばやかわ》(毛利《もうり》)秀包《ひでかね》と義兄弟《ぎきょうだい》の契《ちぎ》りを結《むす》ぶ

- 1590…宗茂《むねしげ》、小田原城攻《おだわらじょうぜ》めに参陣《さんじん》
- 1592〜1597…宗茂《むねしげ》、二度《にど》にわたる朝鮮《ちょうせん》への侵攻《しんこう》(文禄《ぶんろく》の役《えき》・慶長《けいちょう》の役《えき》)でも数々《かずかず》の貢献《こうけん》
- 1594…この頃《ころ》から夫婦関係《ふうふかんけい》が破綻《はたん》し、誾千代《ぎんちよ》は城《しろ》を出《で》て宮永村《みやながむら》に居《きょ》を構《かま》えて「宮永殿《みやながどの》」と呼《よ》ばれる
- 1600…宗茂《むねしげ》、関ヶ原《せきがはら》の戦《いくさ》では、石田三成《いしだみつなり》の西軍《せいぐん》につくが、京極高次《きょうごくたかつぐ》の大津城攻《おおつじょうぜ》めを行《おこな》っていたため本戦《ほんせん》には参陣《さんじん》できず
- 1602…誾千代《ぎんちよ》、死没《しぼつ》
- 1603…宗茂《むねしげ》、徳川家康《とくがわいえやす》の御書院番頭《ごしょいんばんとう》に召《め》し出《だ》される。陸奥国棚倉《むつのくにたなぐら》に1万石《まんごく》を拝領《はいりょう》し、大名《だいみょう》に復帰《ふっき》
- 1610…宗茂《むねしげ》、3万《まん》5千石《せんごく》に加増《かぞう》される
- 1615…宗茂《むねしげ》、大坂夏《おおさかなつ》の陣《じん》では、将軍徳川秀忠《しょうぐんとくがわひでただ》の指揮下《しきか》で活躍《かつやく》
- 1620…宗茂《むねしげ》、旧領《きゅうりょう》、筑後国柳川城主《ちくごのくにやながわじょうしゅ》となる
- 1637…宗茂《むねしげ》、島原《しまばら》の乱《らん》にも参陣《さんじん》
- 1638…宗茂《むねしげ》、家督《かとく》を養子立花忠茂《ようしたちばなただしげ》に譲《ゆず》る
- 1643…宗茂《むねしげ》、江戸《えど》の藩邸《はんてい》で死没《しぼつ》

夫婦仲《ふうふなか》は良《よ》くなかった？

宗茂《むねしげ》と誾千代《ぎんちよ》は幼《おさな》なじみでしたが、お互《たが》い気質《きしつ》が似《に》ていたためか、夫婦仲《ふうふなか》は悪《わる》かったとされ、子《こ》にも恵《めぐ》まれていません。誾千代《ぎんちよ》は男勝《おとこまさ》りの性格《せいかく》に育《そだ》ちました。一人娘《ひとりむすめ》だったために男子《だんし》と同《おな》じように相続《そうぞく》をするものと父《ちち》が決《き》めており、教育《きょういく》も受《う》けていたはずです。そこへ本当《ほんとう》の跡取《あとと》りとして宗茂《むねしげ》がやってきたのですから、心中穏《しんちゅうおだ》やかではなかったのかもしれません。豊臣秀吉《とよとみひでよし》の命《めい》により宗茂《むねしげ》が柳川城《やながわじょう》へ移《うつ》ると、立花城《たちばなじょう》の明《あ》け渡《わた》しに反対《はんたい》して別居《べっきょ》しました。ただし宗茂《むねしげ》が不在《ふざい》の際《さい》には、立花城《たちばなじょう》の守《まも》り妻《づま》である誾千代《ぎんちよ》が、その役割《やくわり》を果《は》たしており、侍女《じじょ》らと武装《ぶそう》して、敵《てき》からの攻撃《こうげき》に備《そな》えていました。関ヶ原《せきがはら》の戦《たたか》いの際《さい》には、甲冑《かっちゅう》を身《み》につけ、柳川《やながわ》を守《まも》ったという武勇伝《ぶゆうでん》があります。宗茂《むねしげ》が改易《かいえき》された2年後《ねんご》に誾千代《ぎんちよ》はこの世《よ》を去《さ》りました。

略式年表《りゃくしきねんぴょう》

立花宗茂《たちばなむねしげ》と立花誾千代《たちばなぎんちよ》

①
- 1567…宗茂《むねしげ》、大友家《おおともけ》の家臣《かしん》、高橋紹運《たかはしじょううん》の嫡男《ちゃくなん》として生《う》まれる
- 1569…誾千代《ぎんちよ》、立花道雪《たちばなどうせつ》の娘《むすめ》として生《う》まれる

②
- 1581…大友家《おおともけ》の家臣《かしん》、立花道雪《たちばなどうせつ》の娘婿《むすめむこ》（養子《ようし》）となり、家督《かとく》を相続《そうぞく》
- 1584…立花道雪《たちばなどうせつ》の出陣後《しゅつじんご》、秋月種実《あきづきたねざね》率《ひき》いる8千に立花城《たちばなじょう》が攻《せ》められるが、撃退《げきたい》
- 1585…養父《ようふ》、立花道雪《たちばなどうせつ》が死没《しぼつ》。立花姓《たちばなせい》を継《つ》ぎ、城主《じょうしゅ》となる
- 1586…宗茂《むねしげ》、侵攻《しんこう》してきた島津軍《しまづぐん》との戦《たたか》いで、実父《じっぷ》高橋紹運《たかはしじょううん》が戦死《せんし》（岩屋城《いわやじょう》の戦《たたか》い）。立花城《たちばなじょう》も攻《せ》められるが、徹底抗戦《てっていこうせん》し島津軍《しまづぐん》を追《お》う。さらに高鳥居城《たかとりいじょう》を攻《せ》め落《お》とし、岩屋城《いわやじょう》と宝満城《ほうまんじょう》を奪回《だっかい》する大功《たいこう》をたてる
- 1587…宗茂《むねしげ》、豊臣秀吉《とよとみひでよし》の九州《きゅうしゅう》攻《ぜ》めにも、主君《しゅくん》の大友《おおとも》宗麟《そうりん》らとともに参陣《さんじん》し戦功《せんこう》をたてる。この功《こう》により、筑後国《ちくごのくに》柳川《やながわ》13万石《まんごく》の大名《だいみょう》となり、柳川《やながわ》

豊臣家滅亡《とよとみけめつぼう》を招《まね》いた秀吉《ひでよし》の側室《そくしつ》

茶々《ちゃちゃ》(淀君《よどぎみ》)[1569〜1615年《ねん》]

[出身《しゅっしん》] 近江国《おうみのくに》(滋賀県《しがけん》)…三姉妹共通《さんしまいきょうつう》

[親《おや》] 浅井長政《あざいながまさ》、お市《いち》の方《かた》…三姉妹共通《さんしまいきょうつう》

[配偶者《はいぐうしゃ》] 豊臣秀吉《とよとみひでよし》

浅井三姉妹《あざいさんしまい》の長女《ちょうじょ》。父母《ふぼ》の仇《あだ》・豊臣秀吉《とよとみひでよし》の側室《そくしつ》となり、秀頼《ひでより》を出産《しゅっさん》。秀吉《ひでよし》の実子《じっし》を産《う》んだことで、ゆるぎない地位《ちい》を獲得《かくとく》する。しかし秀吉《ひでよし》の死後《しご》、豊臣家《とよとみけ》と徳川家《とくがわけ》の政権争《せいけんあらそ》いの渦中《かちゅう》に身《み》を置《お》くこととなり、徳川家康《とくがわいえやす》と戦《たたか》った大坂《おおさか》の陣《じん》で敗《やぶ》れ秀頼《ひでより》とともに大坂城《おおさかじょう》で自害《じがい》。

姉《あね》と妹《いもうと》の間《あいだ》に立《た》ち大坂《おおさか》の陣《じん》の和解《わかい》につくす

初《はつ》 [1570〜1633年《ねん》]

[配偶者《はいぐうしゃ》] 京極高次《きょうごくたかつぐ》

浅井三姉妹《あざいさんしまい》の次女《じじょ》。豊臣秀吉《とよとみひでよし》の計《はか》らいで京極高次《きょうごくたかつぐ》に嫁《とつ》ぐ。大坂《おおさか》の陣《じん》では徳川方《とくがわがた》の妹《いもうと》・江《ごう》と豊臣方《とよとみがた》の姉《あね》・淀《よど》が敵同士《てきどうし》に。初《はつ》は二人《ふたり》の姉妹《しまい》という立場《たちば》から、豊臣方《とよとみがた》の代表《だいひょう》として、豊臣《とよとみ》・徳川《とくがわ》の和平《わへい》の交渉《こうしょう》にあたる。晩年《ばんねん》は小浜《おばま》の常高寺《じょうこうじ》で過《す》ごし、姉妹《しまい》のなかでは一番長《いちばんなが》く生《い》きた。

数奇《すうき》な運命《うんめい》をたどった徳川家光《とくがわいえみつ》の生母《せいぼ》

江《ごう》 [1573〜1626年《ねん》]

[配偶者《はいぐうしゃ》] 徳川秀忠《とくがわひでただ》

浅井三姉妹《あざいさんしまい》の三女《さんじょ》。庇護《ひご》を受《う》けていた豊臣秀吉《とよとみひでよし》の政略結婚《せいりゃくけっこん》に利用《りよう》され、2度《ど》の結婚《けっこん》を経《へ》て、のちの2代将軍徳川秀忠《だいしょうぐんとくがわひでただ》に嫁《とつ》ぎ3代将軍家光《だいしょうぐんいえみつ》を産《う》む。のちに後水尾天皇《ごみずのおてんのう》に嫁《とつ》ぎ次期天皇《じきてんのう》を産《う》むことになる娘《むすめ》・和子《かずこ》の母《はは》となったことで、織田《おだ》・浅井《あざい》の血《ち》を将軍家《しょうぐんけ》・天皇家《てんのうけ》に残《のこ》した。

[番外編《ばんがいへん》⑧／戦国《せんごく》]

—姉妹《しまい》—
戦国《せんごく》の乱世《らんせい》に
名を残す

浅井三姉妹《あざいさんしまい》
『茶々《ちゃちゃ》（淀君《よどぎみ》）』、『初《はつ》』、『江《ごう》』

浅井長政《あざいながまさ》と織田信長《おだのぶなが》の妹《いもうと》・お市《いち》の方《かた》の間《あいだ》に生《う》まれた三姉妹《さんしまい》。織田家《おだけ》の血《ち》を引《ひ》きながら、結婚《けっこん》により豊臣家《とよとみけ》、徳川家《とくがわけ》とも深《ふか》いつながりを持《も》ち、歴史《れきし》の一端《いったん》を担《にな》いました。

浅井家《あざいけ》の消滅《しょうめつ》

1573年《ねん》、浅井家《あざいけ》は天下統一《てんかとういつ》を進《すす》めた織田家《おだけ》と対立《たいりつ》し滅《ほろ》ぼされ、母《はは》と三姉妹《さんしまい》は織田信包《おだのぶかね》に保護《ほご》されて尾張《おわり》へ逃《のが》れました。お市《いち》の方《かた》は柴田勝家《しばたかついえ》と再婚《さいこん》しますが、本能寺《ほんのうじ》の変後《へんご》の争《あらそ》いで勝家《かついえ》は羽柴《はしば》（豊臣《とよとみ》）秀吉《ひでよし》に賤ヶ岳《しずがたけ》の戦《たたか》いで敗《やぶ》れ、お市《いち》の方《かた》は勝家《かついえ》とともに自害《じがい》します。三姉妹《さんしまい》は秀吉《ひでよし》の庇護《ひご》を受《う》けました。その後三人《ごさんにん》はバラバラの生涯《しょうがい》を歩《あゆ》んでいきますが、三姉妹《さんしまい》の絆《きずな》は最後《さいご》まで固《かた》かったといいます。幼《おさな》い頃《ころ》から仲《なか》の良《よ》かった姉妹《しまい》は美女《びじょ》といわれた母《はは》・お市《いち》の方《かた》の血《ち》を受《う》け継《つ》ぎ、三人《さんにん》ともかなりの美貌《びぼう》だったといわれています。長女《ちょうじょ》の茶々《ちゃちゃ》は豊臣秀吉《とよとみひでよし》の側室《そくしつ》となり、豊臣家《とよとみけ》の後継者《こうけいしゃ》となる豊臣秀頼《とよとみひでより》を産《う》み、秀頼《ひでより》の後見人《こうけんにん》・淀君《よどぎみ》となりました。次女《じじょ》の初《はつ》は秀吉《ひでよし》の計《はか》らいで従兄《いとこ》の京極高次《きょうごくたかつぐ》に嫁《とつ》ぎました。

大坂夏《おおさかなつ》の陣《じん》で敵《てき》となった三姉妹《さんしまい》

1598年《ねん》、秀吉《ひでよし》が亡《な》くなると、徳川家《とくがわけ》と豊臣家《とよとみけ》の間《あいだ》で政権争《せいけんあらそ》いの暗雲《あんうん》が立《た》ち込《こ》め、関ヶ原《せきがはら》の戦《たたか》いが始《はじ》まります。徳川《とくがわ》に嫁《とつ》いだ江《ごう》と豊臣《とよとみ》に嫁《とつ》いだ淀《よど》（茶々《ちゃちゃ》）は敵同士《てきどうし》となってしまいます。その後《ご》、江《ごう》の子《こ》・千姫《せんひめ》と淀《よど》の子《こ》・豊臣秀頼《とよとみひでより》の結婚《けっこん》の話《はなし》がまとまり、三姉妹《さんしまい》に穏《おだ》やかな日々《ひび》が戻《もど》るのですが、1615年《ねん》、大坂夏《おおさかなつ》の陣《じん》が起《お》こります。次女《じじょ》の初《はつ》が両陣営《りょうじんえい》の和平交渉《わへいこうしょう》に尽力《じんりょく》するも、徳川家《とくがわけ》が豊臣家《とよとみけ》を攻《せ》め、淀《よど》は秀頼《ひでより》と自害《じがい》します。その後《ご》、徳川家《とくがわけ》による江戸幕府《えどばくふ》が開《ひら》かれ、三姉妹《さんしまい》が望《のぞ》んだ戦《いくさ》のない世《よ》が訪《おとず》れることになります。

浅井三姉妹《あざいさんしまい》と戦国大名《せんごくだいみょう》たちの人物相関図《じんぶつそうかんず》

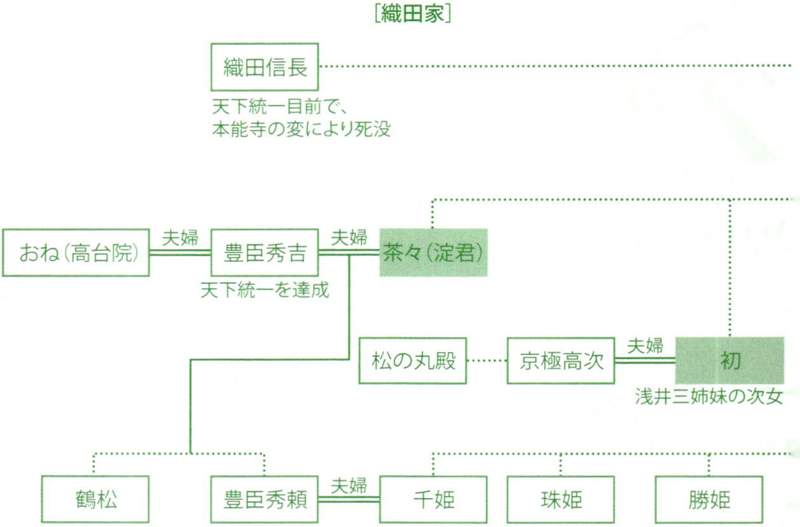

凡例《はんれい》　――――― 婚姻関係《こんいんかんけい》・子《こ》ども　……… 兄弟《きょうだい》・姉妹《しまい》・兄妹《けいまい》・姉弟関係《していかんけい》

茶々《ちゃちゃ》が秀吉《ひでよし》の側室《そくしつ》となる

●1592…江《ごう》、秀吉《ひでよし》の養子《ようし》・豊臣秀勝《とよとみひでかつ》に嫁《とつ》ぐも、秀勝《ひでかつ》が朝鮮出兵先《ちょうせんしゅっぺいさき》で病没《びょうぼつ》
秀勝《ひでかつ》との子《こ》・完子《さだこ》を産《う》む

●1593…茶々《ちゃちゃ》、豊臣秀頼《とよとみひでより》を産《う》む

●1595…江《ごう》、徳川家康《とくがわいえやす》の三男《さんなん》の秀忠《ひでただ》に嫁《とつ》ぐ

●1597…江《ごう》、千姫《せんひめ》を産《う》む

●1598…豊臣秀吉《とよとみひでよし》、伏見城《ふしみじょう》で死没《しぼつ》

●1604…江《ごう》、千代丸《ちよまる》(家光《いえみつ》)を産《う》む

●1609…初《はつ》、京極高次《きょうごくたかつぐ》が亡《な》くなると剃髪《ていはつ》・出家《しゅっけ》して
常高院《じょうこういん》と号《ごう》す

●1614…大坂冬《おおさかふゆ》の陣《じん》。和平交渉《わへいこうしょう》に初《はつ》が奔走《ほんそう》

●1615…大坂夏《おおさかなつ》の陣《じん》。茶々《ちゃちゃ》、豊臣秀頼《とよとみひでより》とともに自害《じがい》

●1616…徳川家康《とくがわいえやす》、駿府城《すんぷじょう》で死没《しぼつ》

●1620…江《ごう》の娘《むすめ》・和子《かずこ》が後水尾天皇《ごみずのおてんのう》に入内《じゅだい》

●1623…江《ごう》の長男《ちょうなん》・徳川家光《とくがわいえみつ》が3代将軍《だいしょうぐん》となる

●1626…江《ごう》、江戸城《えどじょう》で死没《しぼつ》

●1633…初《はつ》、江戸《えど》で死没《しぼつ》

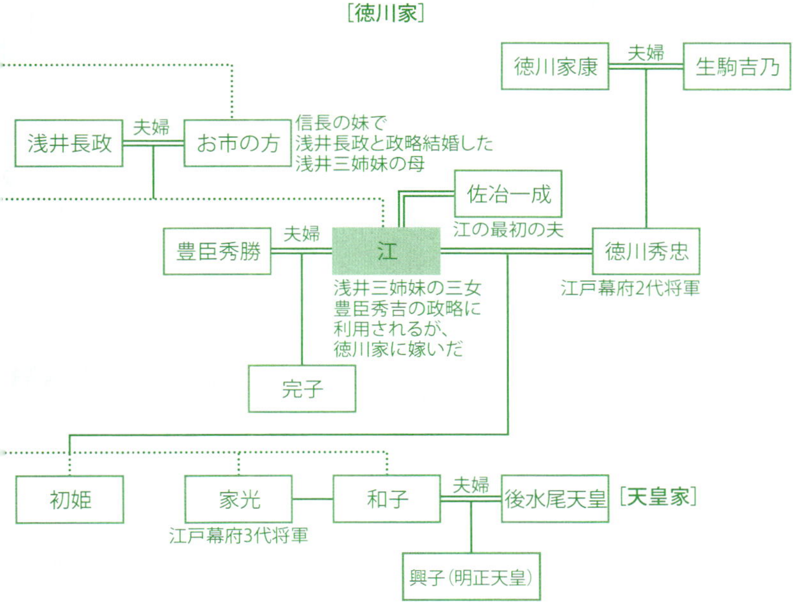

略式《りゃくしき》年表《ねんぴょう》

浅井三姉妹《あざいさんしまい》

- 1567…浅井長政《あざいながまさ》とお市《いち》の方《かた》が結婚《けっこん》
- 1569…浅井三姉妹《あざいさんしまい》の長女《ちょうじょ》、茶々《ちゃちゃ》（淀殿《よどどの》）が生《う》まれる
- 1570…浅井三姉妹《あざいさんしまい》の次女《じじょ》、初《はつ》が生《う》まれる
- 1573…浅井三姉妹《あざいさんしまい》の三女《さんじょ》、江《ごう》が生《う》まれる。小谷《こだに》城《じょう》の戦《たたか》いに敗《やぶ》れた父《ちち》・浅井長政《あざいながまさ》が自害《じがい》。母《はは》・お市《いち》の方《かた》と三姉妹《さんしまい》は伊勢上野城《いせうえのじょう》へ
- 1579…織田信長《おだのぶなが》の居城《きょじょう》・安土城《あづちじょう》が完成《かんせい》、お市《いち》の方《かた》と三姉妹《さんしまい》が招《まね》かれる
- 1582…本能寺《ほんのうじ》の変《へん》で織田信長《おだのぶなが》死没《しぼつ》。母《はは》・お市《いち》の方《かた》に従《したが》い、越前北ノ庄《えちぜんきたのしょう》に赴《おもむ》く
- 1583…柴田勝家《しばたかついえ》とお市《いち》の方《かた》が自害《じがい》
- 1584…茶々《ちゃちゃ》と初《はつ》は大坂城《おおさかじょう》へ
- 1587…初《はつ》、京極高次《きょうごくたかつぐ》に嫁《とつ》ぐ

戦国《せんごく》

『徳川秀忠《とくがわひでただ》』と『江《ごう》』

―夫婦《ふうふ》―

姉《あね》さん女房《にょうぼう》

二代目将軍《にだいめしょうぐん》として戦国時代《せんごくじだい》の空気《くうき》を終《お》わらせた男《おとこ》

徳川秀忠《とくがわひでただ》 [1579～1632年《ねん》]

[出身《しゅっしん》] 遠江国《とおとうみのくに》(静岡県浜松市《しずおかけんはままつし》)

[親《おや》] 徳川家康《とくがわいえやす》、西郷局《さいごうのつぼね》

[配偶者《はいぐうしゃ》] 小姫《おひめ》、江《ごう》

徳川家康《とくがわいえやす》の三男《さんなん》で、江戸幕府二代将軍《えどばくふにだいしょうぐん》。長男《ちょうなん》の信康《のぶやす》は切腹《せっぷく》、次男《じなん》の秀康《ひでやす》は豊臣秀吉《とよとみひでよし》の養子《ようし》になったため、徳川家《とくがわけ》の跡継《あとつ》ぎとして育《そだ》てられる。秀忠《ひでただ》も後《のち》に人質《ひとじち》として秀吉《ひでよし》の元《もと》に送《おく》られ、そこで江《ごう》と出会《であ》い結婚《けっこん》。将軍《しょうぐん》としては父家康《ちちいえやす》の代《だい》には完結《かんけつ》できなかった国家《こっか》の安定《あんてい》に尽力《じんりょく》し、息子家光《むすこいえみつ》に無事《ぶじ》譲《ゆず》り渡《わた》した。

家《いえ》や政治《せいじ》の事情《じじょう》などに翻弄《ほんろう》され続《つづ》けた女性《じょせい》

江《ごう》 1573～1626年《ねん》]

[出身《しゅっしん》] 近江国《おうみのくに》小谷《おだに》(滋賀県《しがけん》長浜市《ながはまし》)

[親《おや》] 浅井長政《あざいながまさ》、お市《いち》の方《かた》

[配偶者《はいぐうしゃ》] 佐治一成《さじかずなり》、豊臣秀勝《とよとみひでかつ》、徳川秀忠《とくがわひでただ》

浅井長政《あざいながまさ》と織田信長《おだのぶなが》の妹《いもうと》お市《いち》の方《かた》の三女《さんじょ》。物心《ものごころ》付《つ》く前《まえ》に父《ちち》とは死《し》に別《わか》れ、母《はは》も養父《ようふ》となった柴田勝家《しばたかついえ》と豊臣秀吉《とよとみひでよし》の間《あいだ》の争《あらそ》いで失《うしな》ってしまう。その後最初《ごさいしょ》の夫《おっと》は政治的《せいじてき》な都合《つごう》で別《わか》れさせられ、二番目《にばんめ》の夫《おっと》は病死《びょうし》、三番目《さんばんめ》の夫《おっと》である秀忠《ひでただ》の元《もと》に嫁《とつ》いで子《こ》どもにも恵《めぐ》まれたが、姉《あね》と対立《たいりつ》することとなる。

江戸幕府《えどばくふ》の2代目将軍《だいめしょうぐん》として幕府《ばくふ》の体制《たいせい》を安定化《あんていか》させた徳川秀忠《とくがわひでただ》と、その妻《つま》として秀忠《ひでただ》を支《ささ》え、3代将軍家光《だいしょうぐんけみつ》の母《はは》になった江《ごう》。夫婦《ふうふ》は生涯仲睦《しょうがいなかむつ》まじかったといわれています。

年表① 実《じつ》の父《ちち》、実《じつ》の母《はは》との別《わか》れ

江《ごう》は近江《おうみ》(滋賀県《しがけん》)の大名《だいみょう》である浅井《あざい》長政《ながまさ》と、美濃《みの》(岐阜県《ぎふけん》)、尾張《おわり》(愛知県《あいちけん》)の大名《だいみょう》である織田信長《おだのぶなが》の妹《いもうと》、お市《いち》の方《かた》の三女《さんじょ》として生《う》まれます。しかし、父《ちち》の長政《ながまさ》が同盟相手《どうめいあいて》で義理《ぎり》の兄《あに》でもある信長《のぶなが》を裏切《うらぎ》ると、信長《のぶなが》は激怒《げきど》し浅井家《あざいけ》を亡《ほろ》ぼしてしまいます。**その時江《ときごう》は母《はは》や姉《あね》と一緒《いっしょ》に生《い》き残《のこ》りますが、生《う》まれたばかりの江《ごう》は父《ちち》の顔《かお》を知《し》らずに育《そだ》ちます**。1582年《ねん》に起《お》きた本能寺《ほんのうじ》の変《へん》で信長《のぶなが》が死《し》ぬと、母《はは》お市《いち》の方《かた》は信長《のぶなが》の筆頭家老《ひっとうがろう》だった柴田勝家《しばたかついえ》と再婚《さいこん》し、江《ごう》も勝家《かついえ》の元《もと》で育《そだ》てられますが、織田家《おだけ》の後継者争《こうけいしゃあらそ》いで勝家《かついえ》ともう一人《ひとり》の有力者《ゆうりょくしゃ》の秀吉《ひでよし》が対立《たいりつ》。秀吉《ひでよし》が勝利《しょうり》した結果《けっか》、勝家《かついえ》とお市《いち》の方《かた》は自害《じがい》し、江《ごう》たち姉妹《しまい》は母《はは》の敵《てき》である秀吉《ひでよし》の保護《ほご》を受《う》けて育《そだ》つことになります。

▲江《ごう》(崇源院《すうげんいん》)像《ぞう》(京都養源院所蔵《きょうとようげんいんしょぞう》)

年表② 二人《ふたり》の夫《おっと》との別《わか》れと秀忠《ひでただ》との出会《であ》い

秀吉《ひでよし》の元《もと》で育《そだ》った江《ごう》は、秀吉《ひでよし》の命令《めいれい》で、伯父《おじ》の織田信雄《おだのぶかつ》の家臣《かしん》で、江《ごう》の従兄《いとこ》にあたる佐治一成《さじかずなり》の元《もと》に嫁《とつ》ぎます。しかし、秀吉《ひでよし》と信雄《のぶかつ》が対立《たいりつ》すると江《ごう》は一成《かずなり》と別《わか》れさせられ、今度《こんど》は秀吉《ひでよし》の甥《おい》である豊臣秀勝《とよとみひでかつ》の元《もと》に嫁《とつ》ぎます。政略結婚《せいりゃくけっこん》でも二人《ふたり》の仲《なか》は良《よ》かったといわれ、娘《むすめ》の完子《さだこ》が生《う》まれます。しかし、秀勝《ひでかつ》は朝鮮《ちょうせん》との戦《たたか》いで亡《な》くなり、夫《おっと》と死別《しべつ》した江《ごう》は23歳《さい》の時《とき》に家康《いえやす》の三男《さんなん》で跡継《あとつ》ぎの秀忠《ひでただ》と再婚《さいこん》し

ます。秀忠《ひでただ》も信雄《のぶかつ》の娘《むすめ》である小姫《おひめ》と結婚《けっこん》していましたが、小姫《おひめ》は7歳《さい》で亡《な》くなったため、秀忠《ひでただ》にとっては実質的《じっしつてき》には初婚《しょこん》だったかもしれません。

年表③ 2男《なん》5女《じょ》に恵《めぐ》まれるも姉《あね》や甥《おい》と対立《たいりつ》

秀忠《ひでただ》にとって江《ごう》は6つ年上《としうえ》の姉《あね》さん女房《にょうぼう》でしたが、仲《なか》が良《よ》く2男《なん》5女《じょ》の子《こ》どもに恵《めぐ》まれます。しかし、秀吉《ひでよし》が死《し》ぬと政治《せいじ》を誰《だれ》が見《み》るのかで家康《いえやす》と石田三成《いしだみつなり》が対立《たいりつ》。**1600年《ねん》の関ヶ原《せきがはら》の戦《たたか》いで家康《いえやす》が勝《か》ち、1603年《ねん》に江戸《えど》に幕府《ばくふ》を開《ひら》き将軍《しょうぐん》になります**。秀忠《ひでただ》は1605年《ねん》に将軍職《しょうぐんしょく》を譲《ゆず》られて二代将軍《にだいしょうぐん》になりますが、まだ豊臣家《とよとみけ》をどうするかという問題《もんだい》が残《のこ》っていました。家康《いえやす》も江《ごう》の姉《あね》である淀殿《よどどの》や秀頼《ひでより》が家康《いえやす》の下《した》に付《つ》けば生《い》かしておくつもりだったのですが、交渉《こうしょう》が上手《うま》くいかず、**1615年《ねん》の大坂《おおさか》の陣《じん》で結果《けっか》滅《ほろ》ぼしてしまうことになります**。江《ごう》にとっても辛《つら》いことだったでしょう。

③
- 1597…千姫誕生《せんひめたんじょう》
- 1600 関ヶ原《せきがはら》の戦《いくさ》で、徳川《とくがわ》の東軍《とうぐん》が勝利《しょうり》
- 1601…勝姫誕生《かつひめたんじょう》
- 1602…初姫誕生《はつひめたんじょう》
- 1604…のちの三代将軍家光誕生《さんだいしょうぐんいえみつたんじょう》
- 1605…秀忠《ひでただ》が二代将軍《にだいしょうぐん》に
- 1606…忠長誕生《ただながたんじょう》
- 1607…後水尾天皇《ごみずのおてんのう》に嫁《とつ》ぐ、和子誕生《かずこたんじょう》
- 1615…秀忠《ひでただ》、大坂《おおさか》の陣《じん》で江《ごう》の甥《おい》であり、千姫《せんひめ》の夫《おっと》豊臣《とよとみ》秀頼《ひでより》を亡《ほろ》ぼす

④
- 1620…和子《かずこ》が、後水尾天皇《ごみずのおてんのう》に入内《じゅだい》
- 1623…徳川家光《とくがわいえみつ》が、三代将軍《さんだいしょうぐん》となる
- 1626…江死没《ごうしぼつ》（享年《きょうねん》54）
- 1632…秀忠死没《ひでただしぼつ》（享年《きょうねん》54）

年表④ 娘《むすめ》が天皇《てんのう》に嫁《とつ》ぎ、息子《むすこ》が将軍《しょうぐん》に

豊臣家《とよとみけ》を亡《ほろ》ぼした秀忠《ひでただ》は、父家康《ちちいえやす》が亡《な》くなると本格的《ほんかくてき》に政治《せいじ》を始《はじ》めます。家康《いえやす》時代《じだい》とうってかわりリーダーシップを発揮《はっき》し、父《ちち》の時代《じだい》にはできなかった外様大名《とざまだいみょう》や親戚《しんせき》の力《ちから》を削《けず》りました。そして**末娘《すえむすめ》の和子《かずこ》を天皇《てんのう》の妻《つま》として送《おく》りこみ、朝廷《ちょうてい》にも干渉《かんしょう》をします**。その後《ご》、後継者《こうけいしゃ》である**家光《いえみつ》**に将軍職《しょうぐんしょく》を譲《ゆず》った秀忠《ひでただ》ですが、1626年《ねん》に京都《きょうと》に息子《むすこ》たちと一緒《いっしょ》に上洛《じょうらく》した間《あいだ》に江《ごう》が死去《しきょ》。自分《じぶん》を支《ささ》えてくれた妻《つま》の死《し》を悼《いた》んだのか、秀忠《ひでただ》はその後妻《ごつま》を設《もう》けようとしませんでした。1630年《ねん》に和子《かずこ》の娘《むすめ》で孫《まご》の女一宮《おんないちのみや》が**明正天皇《めいしょうてんのう》**として即位《そくい》し、政治的《せいじてき》に徳川家《とくがわけ》が安泰《あんたい》であること、家光《いえみつ》が将軍《しょうぐん》として立派《りっぱ》にやっていることを見届《みとど》けた秀忠《ひでただ》は1632年《ねん》に死去《しきょ》。家光《いえみつ》は父《ちち》の期待《きたい》を果《は》たし、**幕藩体制《ばくはんたいせい》を確立《かくりつ》**しました。

略式《りゃくしき》年表《ねんぴょう》 徳川秀忠《とくがわひでただ》と江《ごう》

①
- 1573…江《ごう》、近江国小谷城主《おうみのくにおだにじょうしゅ》、浅井長政《あざいながまさ》とお市《いち》の方《かた》の三女《さんじょ》として生《う》まれる　父長政《ちちながまさ》が自害《じがい》、母《はは》お市《いち》の方《かた》や姉《あね》たちとともに城《しろ》から落《お》ちのびる
- 1579…秀忠《ひでただ》、徳川家康《とくがわいえやす》の三男《さんなん》として生《う》まれる
- 1583…江《ごう》の母《はは》、お市《いち》の方《かた》が再婚《さいこん》した柴田勝家《しばたかついえ》が秀吉《ひでよし》に攻《せ》められ、勝家《かついえ》と母《はは》お市《いち》の方《かた》が自害《じがい》、秀吉《ひでよし》の庇護下《ひごか》に
- 1584…江《ごう》、従兄《いとこ》で、尾張国大野城主《おわりのくにおおのじょうしゅ》、佐治一成《さじかずなり》に嫁《とつ》ぐが後《のち》に離縁《りえん》
- 1586…江《ごう》、秀吉《ひでよし》の甥《おい》で養子《ようし》の豊臣秀勝《とよとみひでかつ》に嫁《とつ》ぐ　秀忠《ひでただ》、秀吉《ひでよし》の人質《ひとじち》として大坂《おおさか》で暮《く》らす
- 1592…豊臣秀勝《とよとみひでかつ》が文禄《ぶんろく》の役《えき》で戦死《せんし》、長女《ちょうじょ》、完子《さだこ》（豊臣《とよとみ》完子《さだこ》）を出産《しゅっさん》

②
- 1595…江《ごう》、徳川秀忠《とくがわひでただ》に嫁《とつ》ぐ

戦国《せんごく》

『豊臣秀頼《とよとみひでより》』と『千姫《せんひめ》』

—夫婦《ふうふ》—
従兄妹同士《いとこどうし》、
政略結婚《せいりゃくけっこん》

秀吉《ひでよし》と茶々《ちゃちゃ》の子《こ》

豊臣秀頼《とよとみひでより》 [1593〜1615年《ねん》]

[出身《しゅっしん》] 摂津国《せっつのくに》(大阪府《おおさかふ》)

[　親《おや》　] 豊臣秀吉《とよとみひでよし》、茶々《ちゃちゃ》(淀殿《よどどの》)

[配偶者《はいぐうしゃ》] 千姫《せんひめ》

豊臣秀頼《とよとみひでより》は、豊臣秀吉《とよとみひでよし》の次男《じなん》。秀吉《ひでよし》の側室《そくしつ》であった茶々《ちゃちゃ》(淀殿《よどどの》)の子《こ》として生《う》まれた。徳川《とくがわ》家康《いえやす》の将軍就任《しょうぐんしゅうにん》に伴《ともな》い、一大名《いちだいみょう》となる。徳川《とくがわ》秀忠《ひでただ》の娘千姫《むすめせんひめ》と結婚《けっこん》。方広寺鐘銘事件《ほうこうじしょうめいじけん》をきっかけに徳川家《とくがわけ》との間《あいだ》に大坂冬《おおさかふゆ》の陣《じん》を起《お》こす。一旦講和《いったんこうわ》するが再度開戦《さいどかいせん》し、大坂夏《おおさかなつ》の陣《じん》に敗《やぶ》れ、母《はは》の淀殿《よどどの》とともに自害《じがい》。

炎《ほのお》に包《つつ》まれた大坂城《おおさかじょう》から
脱出《だっしゅつ》した悲運《ひうん》の姫君《ひめぎみ》

千姫《せんひめ》 [1597〜1666年《ねん》]

[出身《しゅっしん》] 山城国《やましろのくに》(京都府《きょうとふ》)

[　親《おや》　] 徳川秀忠《とくがわひでただ》、江《ごう》

[配偶者《はいぐうしゃ》] 豊臣秀頼《とよとみひでより》、本多忠刻《ほんだただとき》

二代将軍《にだいしょうぐん》・徳川秀忠《とくがわひでただ》と江《ごう》の長女《ちょうじょ》として京都《きょうと》・伏見城内《ふしみじょうない》の徳川屋敷《とくがわやしき》で生《う》まれる。7歳《さい》で豊臣《とよとみ》秀頼《ひでより》に嫁《とつ》ぎ、大坂城《おおさかじょう》に入《はい》る。秀頼《ひでより》とは従兄妹同士《いとこどうし》の関係《かんけい》にあたり、たいへん夫婦仲《ふうふなか》がよかったというが秀頼《ひでより》との間《あいだ》に子《こ》はいなかった。1615年《ねん》の大坂夏《おおさかなつ》の陣《じん》で大坂落城《おおさからくじょう》の際《さい》に脱出《だっしゅつ》するという悲劇《ひげき》に襲《おそ》われてしまう。

秀頼《ひでより》と千姫《せんひめ》が夫婦《ふうふ》だったのは12年《ねん》くらいで、とても仲睦《なかむつ》まじかったといわれます。豊臣家《とよとみけ》と徳川家《とくがわけ》の政略結婚《せいりゃくけっこん》でありましたが、大坂城落城《おおさかじょうらくじょう》という悲劇《ひげき》に襲《おそ》われます。

年表1 徳川家康《とくがわいえやす》の征夷大将軍《せいいたいしょうぐん》就任《しゅうにん》のための政略結婚《せいりゃくけっこん》

豊臣秀吉《とよとみひでよし》は息子《むすこ》の秀頼《ひでより》を五大老《ごたいろう》の筆頭《ひっとう》徳川家康《とくがわいえやす》以下《いか》の有力諸大名《ゆうりょくしょだいみょう》に託《たく》して亡《な》くなりました。秀頼《ひでより》は6歳《さい》で家督《かとく》を相続《そうぞく》し、前田利家《まえだとしいえ》に養育《よういく》されましたが、関ヶ原《せきがはら》の戦《たたか》いののち、摂津《せっつ》・河内《かわち》・和泉《いずみ》60余万石《よまんごく》の大名《だいみょう》におとされました。**1603年《ねん》、徳川秀忠《とくがわひでただ》の娘《むすめ》である千姫《せんひめ》と結婚《けっこん》**しました。この縁談《えんだん》は秀吉存命中《ひでよしぞんめいちゅう》に秀吉《ひでよし》と徳川家康《とくがわいえやす》の間《あいだ》で決《き》められていたのですが、家康《いえやす》は約束《やくそく》を守《まも》ることで豊臣家《とよとみけ》の疑念《ぎねん》を一時的《いちじてき》にはらいます。秀頼《ひでより》11歳《さい》、千姫《せんひめ》7歳《さい》で当時《とうじ》としても早《はや》すぎる結婚《けっこん》ですが、この政略結婚《せいりゃくけっこん》により無事《ぶじ》征夷大将軍《せいいたいしょうぐん》に就任《しゅうにん》した家康《いえやす》はさらに天下取《てんかと》りの準備《じゅんび》を進《すす》めます。1605年《ねん》、秀頼《ひでより》は関白太政大臣《かんぱくだじょうだいじん》になります。豊臣家《とよとみけ》は幕府《ばくふ》からは公家《くげ》として扱《あつか》われました。

▲豊臣秀頼像《とよとみひでよりぞう》（養源院蔵《ようげんいんぞう》）

年表2 一度《いちど》も戦場《せんじょう》に出《で》ることなく母《はは》と自害《じがい》

1611年《ねん》、家康《いえやす》との会見《かいけん》が実現《じつげん》しましたが、その3年後《ねんご》の1614年《ねん》11月《がつ》、大坂冬《おおさかふゆ》の陣《じん》が起《お》こり一時的《いちじてき》に和議《わぎ》が結《むす》ばれました。和議《わぎ》により、大坂城《おおさかじょう》の外堀《そとぼり》を埋《う》める事《こと》になりましたが、大坂方《おおさかがた》が拒否《きょひ》をして、和議《わぎ》が破《やぶ》られたとして1615年《ねん》5月《がつ》、大坂夏《おおさかなつ》の陣《じん》になります。大坂城《おおさかじょう》は徳川《とくがわ》軍《ぐん》の総攻撃《そうこうげき》を受《う》け炎上《えんじょう》します。秀頼《ひでより》は戦場《せんじょう》に自《みずか》ら出陣《しゅつじん》しようとしていましたが、度々《たびたび》、**母《はは》の淀君《よどぎみ》から止《と》められ、戦場《せんじょう》に一度《いちど》**

も出《で》ることなく母《はは》とともに自害《じがい》し、豊臣氏《とよとみし》は滅亡《めつぼう》しました。かつて天下《てんか》を極《きわ》めた豊臣家《とよとみけ》は2代《だい》にして終《お》わりました。

年表③ 千姫《せんひめ》のその後《ご》

千姫《せんひめ》は、家康《いえやす》の命《めい》で落城《らくじょう》する大坂城《おおさかじょう》から救出《きゅうしゅつ》されました。**1616年《ねん》、本多忠勝《ほんだただかつ》の孫《まご》・忠刻《ただとき》と再婚《さいこん》**します。忠刻《ただとき》の母《はは》は家康《いえやす》の長子松平信康《ちょうしまつだいらのぶやす》の次女国姫《じじょくにひめ》で、この縁《えん》で結《むす》ばれたと考《かんが》えられます。再嫁《さいか》に当《あ》たり、千姫《せんひめ》には化粧料《けしょうりょう》10万石《まんごく》が与《あた》えられました。**忠刻《ただとき》との間《あいだ》に1男《なん》1女《じょ》を設《もう》けました**が、男子《だんし》が亡《な》くなり、忠刻《ただとき》が病没《びょうぼつ》して絶家《ぜっけ》となり、娘《むすめ》の勝姫《かつひめ》とともに江戸《えど》に戻《もど》ります。その後《ご》、千姫《せんひめ》は出家《しゅっけ》して天樹院《てんじゅいん》と号《ごう》し、娘《むすめ》と二人《ふたり》で竹橋御殿《たけばしごてん》で暮《く》らしました。その後《ご》、時《とき》の将軍《しょうぐん》であった弟《おとうと》の徳川家光《とくがわいえみつ》や三男《さんなん》の綱重《つなしげ》と同居《どうきょ》し、大奥《おおおく》への影響力《えいきょうりょく》を増《ま》したといわれます。

③

- 1615…大坂夏《おおさかなつ》の陣《じん》でも秀頼《ひでより》、出陣《しゅつじん》しないまま敗戦《はいせん》。母《はは》の淀殿《よどどの》とともに大坂城《おおさかじょう》で自害《じがい》
- 1616…千姫《せんひめ》、本多忠刻《ほんだただとき》と再婚《さいこん》する
- 1617…本多家《ほんだけ》が播磨姫路《はりまひめじ》に移封《いふう》になり千姫《せんひめ》、姫路城《ひめじじょう》へ
- 1618…千姫《せんひめ》の長女《ちょうじょ》、勝姫《かつひめ》が誕生《たんじょう》
- 1619…千姫《せんひめ》の長男《ちょうなん》、幸千代《ゆきちよ》が誕生《たんじょう》
- 1626…本多忠刻《ほんだただとき》らが死没《しぼつ》したため、出家《しゅっけ》して天樹院《てんじゅいん》と号《ごう》す
- 1666…千姫《せんひめ》、江戸《えど》で死没《しぼつ》

▲千姫《せんひめ》（天樹院《てんじゅいん》）の肖像画《しょうぞうが》

方広寺鐘銘事件《ほうこうじしょうめいじけん》とは?

1614年《ねん》に、大坂《おおさか》の陣《じん》の直接《ちょくせつ》の原因《げんいん》となった方広寺鐘銘事件《ほうこうじしょうめいじけん》が起《お》こります。天下《てんか》をほぼ手中《しゅちゅう》に収《おさ》めた徳川家《とくがわけ》でしたが、豊臣家《とよとみけ》の存在《そんざい》はどうしても邪魔《じゃま》なものでした。そこでまずは豊臣家《とよとみけ》の財力《ざいりょく》を減《へ》らしていこうと、家康《いえやす》は豊臣秀頼《とよとみひでより》に多《おお》くの寺社《じしゃ》の再建《さいけん》を提案《ていあん》します。再建《さいけん》する寺社《じしゃ》の1つが、方広寺《ほうこうじ》というお寺《てら》でした。再建《さいけん》が終《お》わった後《あと》に、とある事件《じけん》が発生《はっせい》します。鐘《かね》に書《か》かれている文中《ぶんちゅう》に「国家安康《こっかあんこう》」「君臣豊楽《くんしんほうらく》」とあったものを、「国家安康《こっかあんこう》」は家康《いえやす》を分断《ぶんだん》し、「君臣豊楽《くんしんほうらく》」は豊臣家《とよとみけ》の繁栄《はんえい》を願《ねが》い、徳川家《とくがわけ》が没落《ぼつらく》するように呪《のろ》いが込《こ》められていると家康側《いえやすがわ》がいいがかりをつけたのです。こうして戦《いくさ》の口実《こうじつ》を作《つく》った家康《いえやす》は、豊臣家《とよとみけ》を滅《ほろ》ぼすべく大坂冬《おおさかふゆ》の陣《じん》、夏《なつ》の陣《じん》と呼《よ》ばれる戦《いくさ》をしかけていくことになるのです。

略式年表《りゃくしきねんぴょう》 豊臣秀頼《とよとみひでより》と千姫《せんひめ》

- 1593…秀頼《ひでより》、大坂城《おおさかじょう》で生《う》まれる
- 1595…豊臣秀吉《とよとみひでよし》の後継者《こうけいしゃ》の豊臣秀次《とよとみひでつぐ》が自害《じがい》させられ、秀頼《ひでより》が後継《こうけい》となり伏見城《ふしみじょう》に入城《にゅうじょう》
- 1597…千姫《せんひめ》、京都《きょうと》で生《う》まれる
- 1598…秀吉《ひでよし》、死没《しぼつ》。秀頼《ひでより》が豊臣家当主《とよとみけとうしゅ》に
- 1599…秀頼《ひでより》、豊臣秀吉《とよとみひでよし》の遺命《いめい》により、大坂城《おおさかじょう》の本丸《ほんまる》に入城《にゅうじょう》。大坂城《おおさかじょう》の西《にし》の丸《まる》に徳川家康《とくがわいえやす》が入城《にゅうじょう》
- 1600…秀頼《ひでより》、関ケ原《せきがはら》の戦《たたか》いで、西軍《せいぐん》の総大将《そうだいしょう》に担《かつ》がれるが敗戦《はいせん》。これにより直轄領《ちょっかつりょう》200万石《まんごく》を、65万石《まんごく》に削《けず》られる
- ① 1603…豊臣秀頼《とよとみひでより》と千姫《せんひめ》が結婚《けっこん》する
- 1605…秀頼《ひでより》、関白太政大臣《かんぱくだいじょうだいじん》に任《にん》じられる
- ② 1611…秀頼《ひでより》、京都《きょうと》・二条城《にじょうじょう》で徳川家康《とくがわいえやす》と対面《たいめん》
- 1614…方広寺鐘銘事件《ほうこうじしょうめいじけん》。大坂冬《おおさかふゆ》の陣《じん》では、母《はは》の淀殿《よどどの》が反対《はんたい》したことから秀頼《ひでより》、出陣《しゅつじん》せず

「夫婦列伝《ふうふれつでん》」さくいん

●人物《じんぶつ》を50音順《おんじゅん》に並《なら》べました。
●本書《ほんしょ》でとりあげた人物名《じんぶつめい》は太字《ふとじ》になっています。

「夫婦列伝《ふうふれつでん》」さくいん

［編　集］　浅井 精一
本田 玲二
魚住 有
佐々木 秀治
中村 萌美

［デザイン］　CD,AD：玉川 智子
D：石嶋 春菜
D：里見 遥
I：松井 美樹

［制　作］　カルチャーランド

調べ学習にも役立つ 日本の歴史
「夫婦列伝」古代〜戦国編

2016年12月5日　第1版・第1刷発行

著　者　カルチャーランド
発行者　メイツ出版株式会社
代表者　三渡治
〒102-0093 東京都千代田区平河町一丁目 1-8
TEL：03-5276-3050（編集・営業）
03-5276-3052（注文専用）
FAX：03-5276-3105
印　刷　株式会社厚徳社

メイツ出版ホームページアドレス　http://www.mates-publishing.co.jp/
編集長：折居かおる　　企画担当：堀明研斗